MW00915341

Mi vida entre mujeres

Confesiones, anécdotas, reminiscencias y reflexiones de un mujeriego incidental

Mi vida entre mujeres

Confesiones, anécdotas, reminiscencias y reflexiones de un mujeriego incidental

Sorian

Primera edición, Marzo 2023
ISBN: 979-8-38797-550-9

"CONFIESO QUE HE VIVIDO, PERO AÚN
MÁS CONFIESO QUE NO VIVIRÉ YA LO QUE
YA NO NECESITE VIVIR: SÓLO SE VIVE
UNA VEZ LO NECESARIO".

"La fantasía del hombre es la mejor arma de la mujer".

Sofía Loren.

A mis padres, mi abuela materna
y a Claudia por tener fe en mí.

ÍNDICE

Introducción

—Eres un mujeriego... sí, eres un mujeriego. ¿Acaso no lo sabías? —me inquirió detrás de una cortinilla de humo, caprichosa fumarola, a través de la cual, de soslayo, se adivinaban sus ojos seductores e inquisitivos.

Sus labios finos, firmes y pequeños tornaron a reafirmar su aseveración: yo estaba en realidad imbuido en su rostro, el cual no coincidía con el de la foto que me envió. Sus rasgos orientales eran similares, en esa foto, a los de una amante, una modelo con quien mantuve una intensa relación unos años antes.

Mi estupefacción la detonó la prostituta de refinados labios en la cama cuando después de tener relaciones comenzamos a conversar. En verdad no es común entablar una conversación, por lo menos no convencional, con una prostituta; es imprescindible tener tacto para relacionarse con ellas. Yo ya tenía mucha experiencia en ello. La falta de un compromiso sentimental que ese tipo de relaciones involucra me impelía a explayarme plenamente y sin tapujos. Una relación a este nivel es extraña. Mi madre ya me había aconsejado a mí y a mis hermanos: "Para no embarazar a alguien o jugar con los sentimientos de una mujer, mejor soliciten los servicios de una prostituta". Sin embargo, una prostituta es un ser humano y se involucra poco o mucho con sus clientes; tanto así que me llegué a casar con una. En realidad, una relación de este tipo o es fría para mantener una barrera y separar la relación personal por completo, o bien, hay un involucramiento, por pequeño que sea, como en la película *El cartero siempre llama dos veces,* donde la mujer rebasa ese umbral de la solemnidad.

Para romper por completo el hielo con las mujeres sólo tiene que haber manifestación de confianza hacia ellas. Algunas, dependiendo de la cultura, mantendrán resistencia y se obstinarán en ni siquiera dirigir la palabra. Aprendí con el tiempo a romper el hielo con ellas, a ser agradablemente cínico y gracioso, haciéndolas reír y entonces entablar conversación. No obstante, lo más importante es hacerles olvidar el oficio al que se dedican. ¿Acaso ellas comentan los infortunios o las anécdotas de su actividad? Ya lo hagan por cuenta propia, nunca hay que llamarles prostitutas —en ocho años de matrimonio, aun en las peleas más infames, jamás le dije prostituta a mi exesposa, nunca rompí esa barrera—. En cierta forma las convertía en amigas y confidentes. Por eso me estrujó tal aseveración, pese a que antes un amigo me lo había remarcado, pero, ahora provenía de una mujer… quizá por eso quedé atónito. La mujer tiene una percepción de nuestro inconsciente y las intenciones ocultas masculinas. Ciertamente, muy en el fondo de mi mente quedé estupefacto ante una develación nueva, estrambótica y bizarra, tal como si alguien me revelara que yo padecía de una desviación psicológica o sexual. Sin embargo, a la vez abrigaba también un orgullo por el convencionalismo de tener múltiples "amores". En verdad que nunca me lo propuse, acepté mi condición y supe que no era ni un don Juan ni un casanova. En cierta forma me acercaba al segundo, pero no me identificaba con éste por cuanto siempre me considere tímido, huraño quizá y con baja autoestima por mi físico sin muchos atributos.

Al compararme con otros hombres de mi edad, a mis hermanos, a un primo que siempre tenía todo tipo de mujeres a su disposición, me sentía ninguneado, máxime por mi físico, en un inicio obeso, y la piel morena en mi faz, pero blanca en mi cuerpo, extraña mezcla que venía de mis padres; padre moreno y madre blanca. Cada cual era mujeriego diferente.

En verdad nunca ostenté ser mujeriego y siempre oculté a mis amistades a cada mujer con la que andaba, pues no encontraba placer al presumir mis aventuras, por lo tanto, las mantenía de forma discreta. En verdad no estaba consciente de ello, ya que estaba enfocado en encontrar el amor, la pareja ideal o por lo menos alguien de quien pudiere enamorarme; inclusive la compatibilidad pasaba a segundo plano. En ese entonces aún creía en la monogamia y el amor romántico.

Como la mayoría de la gente, tengo una dicotomía: puedo ser personas diferentes acordes al trabajo que tenga, y en lo personal puedo ser un artista, un intelectual o el hombre más ordinario. He aprendido a ser extrovertido sin dejar de lado el recato y la timidez. Mi propósito no ha sido, como mujeriego, acumular un número excesivo de mujeres ni conquistar sólo por el goce del placer. Aprendí que mi búsqueda fue encontrar el amor y ser reconocido y apreciado por otro ser. Considero que todos, mayormente las mujeres, estamos en persecución de este objetivo; curiosamente, entonces mi lógica es femenina, pero insertada en un hombre. A la fecha no creo —ni tengo ya esperanza— encontrar al amor verdadero, único y romántico, mucho menos la creación de una familia funcional y nuclear. Estuve casado; he experimentado muchos tipos de experiencias y técnicas sexuales; he estado con modelos, con prostitutas, con intelectuales, con mujeres ordinarias; he experimentado situaciones similares a películas como *Mujer bonita, El juego de las lágrimas, Nueve semanas y media, Mar de amor* y *La dulce vida*; he sido amigo, cliente y compañero de trabajo; estuve casado con una prostituta, y me vi relacionado directa e indirectamente con artistas de renombre, en especial poetisas. Empero, mis experiencias amorosas, sexuales y amistosas con el sexo opuesto no se remiten a ello, sino que se extienden hacia el círculo tan amplio de mujeres con el cual me he relacionado, ya sea de forma armónica o conflictiva, y datan desde antes de nacer.

Exploré mi entorno familiar y vi a las mujeres que han estado cercanas a mí de alguna forma, desde compañeras de clase y de escuela hasta familiares cercanos y lejanos. He descubierto también que fui criado por mujeres y que mi ser está imbuido en gran parte del modo de ser femenino. Puedo comprar e identificar diferentes productos de consumo femenino; puedo entrar a un departamento de mujeres o tienda de prendas femeninas sin ningún recato ni vergüenza; puedo cocinar, criar niños y algunas otras tareas asociadas con lo femenino, sin excluir que también he aprendido a componer aparatos y reparar máquinas y artilugios. Me gusta la poesía, el teatro, la literatura, las artes plásticas y practiqué infinidad de deportes. Sin embargo, hay una parte determinante que me formó de manera negativa en la infancia, un abuso sexual; casi fui víctima de otros tantos que por fortuna no pudieron consumarse. Soy cínico para bien y para mal. Sé zaherir a la mujer porque conozco cómo funciona su estado de ánimo y su mente, ya que, indirectamente, mi madre me enseñó a escudriñar en el alma femenina; aunque aún desconozco mucho, tanto como una persona desconoce de sí misma.

Este libro no es sólo una catarsis, es una exploración de mis experiencias íntimas con mujeres y las no íntimas; es una visión de la mujer desde un hombre honesto; es un experimento psicoanalítico y directo de mis sinsabores y experiencias sublimes con la mujer, no sólo como un mujeriego, sino también como un ser que tiene una perspectiva íntima de su relación con la mujer. Sea lo aquí escrito un fiel testimonio y fuente de exploración referente y psicológica abierta a la intuición, la curiosidad y la necesidad de hurgar en la mente hermética de un mujeriego y del hombre en general. Esta es la mente en la cual se puede explorar sin ningún recato, pero en la anonimidad; nacionalidad, nombre y apariencia son reservadas a cambio de mi honestidad. Espero y mi testimonio honesto sea de utilidad abiertamente a todo tipo de lector, en especial a las mujeres, con quienes requiero congraciarme, reconciliar y enmendar desavenencias acumuladas.

El libro está dividido en dos secciones: la primera es una exploración cronológica de mi vida enfocada en mi relación con las mujeres, la segunda, una división temática de cada aspecto singular, mediante perspectivas diferentes de mi visión y experiencia, con todas las mujeres con las que me he relacionado de todo tipo de forma. Algunos aspectos cronológicos serán abordados en lo temático.

Siempre tuve una sensación de que el amor era algo natural pero que nadie definía; estaba por todos lados: en las canciones, en las películas, en las telenovelas, en las fotohistorietas, en las caricaturas, en la farándula, en la familia, en la escuela, en todos lados, pero nadie sabía definirlo. Era algo que no necesitaba definirse —ni podía hacerse—, pues se podía percibir como un fantasma. Esta narración es mi odisea en busca del amor por caminos no convencionales; es mi experiencia en eso que llamamos amor, pero que no sabemos definir, durante la larga travesía con la que no todos se atreven a lidiar, ese cauce que nadie quiere nadar.

La poesía, el arte erótico y romántico, la música clásica y folklórica, así como la popular, son la visión machista del amor que observan a la mujer como un ser endeble y delicado, como un ser pasivo cuyo único atributo es la belleza física. Desde la poesía del *Cantar de los Cantares* hasta el jazz, el rap y el rock... nada se salva. Yo hurgué en los recovecos de lo que pudiere llamarse amor en diversas expresiones y convenciones, así como las no convencionales; yo lo hice. He aquí mi testimonio.

SECCIÓN UNO
CRONOLOGÍA DE MI DESAZÓN

Capítulo 1

Ser o no ser aun antes de nacer

Es indudable que nuestra forma de ser y pensar, nuestra geografía emocional y nuestra percepción y criterio moral son formados por la familia, principalmente, y por el entorno social en el cual nos desenvolvemos. La unión de dos esposos, en el caso de mis padres, fue la unión de una hija de madre soltera criada por la sociedad, no por la familia, pues mi abuela enviudó tempranamente, lo cual instó a dejar la crianza de mi madre en manos de monjas. La percepción rígida e hipócrita de muchas monjas, fluctuante entre su autorepresión sexual, su autoculpa moral, poca autoestima y, en muchos casos, la negación de su orientación sexual, desemboca en un halo de sentimientos reprimidos y en una proyección de autoculpa que infringen hacia las personas a su cargo. Esta situación influyó de forma indirecta en mi educación familiar.

Mi madre relataba que las monjas la llevaban a trabajar a casas de acaudalados cuando contaba con siete años. Tenía que subirse sobre un banco para fregar los platos, y, si acaso tenía la desgracia de tirar uno de ellos, las monjas le restregaban las astillas de éstos sobre sus tiernas manos hasta hacerlas sangrar. Indirectamente aprendí a guardar resentimiento a padres y monjas por su hipocresía contradictoria a la lógica. No tuve ni tengo resentimiento contra la religión católica, pese a ser ateo, más bien procuré llevar a cabo los requerimientos de la religión al pie de la letra y no sólo procurar la exegesis del nuevo testamento, sino también su práctica en el ocaso de mi existencia, que apenas se asoma.

Ese abuso físico me parece que era punta de lanza de un abuso sexual no relatado, pues mi madre, en su demencia senil, denotó ciertas situaciones que correspondían a un abuso sexual.

Cuando mi madre retornó con mi abuela, para terminar su crianza, no pudo terminar la escuela secundaria. Yo escribía las cartas de mi madre. Aunque ella no sabía escribir, tenía una inteligencia aguda y su lenguaje era muy locuaz. Mi abuela tenía un carácter severo y firme, pues aseveraba que no podía ser dúctil porque tenía que ser padre y madre al mismo tiempo. En los albores del siglo 20, ella tuvo que huir de revueltas sociales y alimentarse en los basureros. Mi abuela aprendió a hacer tareas masculinas, las cuales me inculcó cuando tenía apenas 5 años; me enseñó a destapar desagües, a resanar y pintar paredes. Ella era la madre más inmediata que tenía, pues mi madre era muy lejana y recatada. Mi madre cumplía con sus tareas de ama de casa, pero sólo tuvo dos acercamientos físicos amorosos conmigo: dos besos en la mejilla mientras estuvo en sus cabales, antes de que la demencia le cambiase su percepción. Mi abuela nunca me dio un beso. Curiosamente, quien me dio un beso en la mejilla fue mi padre. Él era muy sensible y amoroso. Sin embargo, sólo convivía con él durante las mañanas y parte de las noches; eso durante mi primera infancia, pues se fue alejando de mí conforme yo crecía. Él se volvió muy lacónico con el paso del tiempo. La relación entre mi madre y mi abuela fue muy tensa, de amor y desamor, mi madre siempre le guardó un resentimiento a mi abuela, pese a que la quería sobremanera. Esta relación de amor-desamor se reprodujo entre mis hermanas y mi madre, entre mi esposa y mi suegra y es muy frecuente entre madres e hijas.

Mi madre nunca tuvo juguetes y sus juegos se reducían a elemental interacción física con otros niños y niñas. Siempre fue muy pícara e incluso, a veces, un poco bergante. En varias ocasiones hurtaba o engañaba y usaba sus dotes de seducción y belleza a guisa de obtener los más urgentes satisfactores, como la comida. Su cliente favorito era un chino, dueño de un café, al cual ella y una amiga seducían y le proponían intercambiar un pan por un beso, pero al final las dos salían huyendo del lugar, perseguidas por un chino que blandía un cuchillo y al correr les profería insultos en mandarín. Ella relataba que se introducía junto con otra amiga en el establecimiento y, mientras seducía al oriental, su amiga introducía panes en su delantal. Evidentemente, con el rabillo del ojo, mi madre atisbaba con sagacidad la huida de su amiga, de lo cual el dueño no se percataba, pues tenía sus ojos cerrados y cuando los abría era ya demasiado tarde: las dos niñas estaban a la fuga. Siendo muy pobre, esa era la única forma de sobrellevar una infancia muy somera.

Cuando aún era una niña, mi madre se casó; contaba con apenas 13 años. Se casó con un médico que la maltrataba emocionalmente y la humillaba de todas formas, pues le recriminaba a mi madre su poca educación, amén de que el tipo era de una nacionalidad diferente y, pese a los dos ser de tez blanca, le denotaba su ascendencia europea. Al parecer el resentimiento era recíproco, pues mi madre desarrolló un carácter fuerte que, considero, fue derivado del abuso físico y sexual de las monjas. Mi madre huyó de casa cuando no soportó la humillación y, curiosamente, yo aprendí a odiar a su primer esposo. A cada persona que influyó negativamente en mi madre aprendí a detestar, pues sentí que tergiversaron un posible carácter amoroso de mi madre hacia mí.

Mamá pudo sobrevivir trabajando como obrera en laboratorios europeos, los cuales eran cruelmente explotadores y obligaban a las empleadas a hacer 5,000 ampolletas por día.

Obviamente detesté a los laboratorios y a sus dueños, pese a ser biólogo no titulado.

El carácter y personalidad de mi madre eran intensos y complicados. No era pasiva, era una mujer activa que se rebelaba a su manera y buscaba el reconocimiento de la gente, pero su carácter fuerte y asertivo la distanciaba de algunas personas. Mi madre no se detenía en decir lo que sentía ni en manifestar sus emociones y su sentir hacia alguien. Ese mismo sentimiento la impelía de defendernos de cualquier persona que abusara emocional y materialmente de nosotros, e iba hasta las últimas consecuencias a fin de lograr la justicia. Ella era dura con nosotros, pero nos procuraba sin ser sobreprotectora. En ocasiones mostraba su afecto a través de los manjares y los postres que nos preparaba. Cuando trabajaba y procuraba algún sustento para la casa, ella me consentía con licuados de leche y frutas, así como almuerzos para mi trabajo, de igual manera que cuando estaba en la escuela primaria. Mi madre era sagaz y perspicaz; intuía las cosas que no llevaban su curso natural y percibía las injusticias sociales y personales; además, era muy hábil para las tareas manuales y perfeccionista. Sin embargo, era aprehensiva y poco paciente cuando no hallaba una explicación ante eventos, o bien, se aterraba cuando las cosas no tenían solución —en contraste, mi padre era muy paciente, frío y calculador—. Esas situaciones la volvían muy emocional e impulsiva, aunque no exactamente violenta, pero sólo con nosotros, los hijos. A mí me llegaba a tundir más que a mis hermanos y nunca entendí el porqué.

Entretanto, mi padre, siendo el hijo de un padre mujeriego, irresponsable y dejado de la manutención de la familia, tomó las riendas desde muy pequeño y fue ayudante en un taller mecánico. Era muy inteligente y agudo en las matemáticas, álgebra y en la mecánica relacionada con los artilugios y componentes por armar —uno de mis hermanos y yo heredamos esa manera de armar y desarmar componentes, por cierto—. Esa situación irresponsable de mi abuelo impulsó a mi padre a fungir como jefe de familia. Con el tiempo mi padre adquirió experiencia y consiguió un empleo en una agencia de autos muy importante, a la cual una pintora de fama mundial llegó en una ocasión —por cierto, esta pintora de izquierda llevaba un estilo de vida pequeño-burgués y sólo gente con cierta afluencia económica podían ir a esa agencia—. En ese lugar mi padre fue desdeñado por la pintora.

Curiosamente conservador, como era mi padre, en los hechos era más de izquierda que muchos intelectuales, pues nos enseñó a respetar a la servidumbre y que tenían derecho a comer lo que nosotros comíamos, a que nunca les llamásemos criadas ni mucamas, a que nunca las humillásemos, a que compartiéramos nuestros alimentos y a no presumir lo que teníamos. Yo siempre compartí mis juguetes con la gente pobre del barrio y nunca humillé a alguien, incluso me incomodaba que me dijeran el rico de la colonia. Aunque para todo, en cierta forma, había límites, pues mis padres no habrían visto con mucho agrado que tuviese una relación sentimental con una mucama o alguien de menor clase social. No lo decían, pero yo lo intuía por sus comentarios.

Mi padre era muy reservado y casi nunca, o más bien nunca, habló de su infancia ni de sus pormenores e incidencias. Era recatado pero dedicado a su madre, quien lo adoraba; ella era un ser misterioso, hedónico, sexualmente concupiscente y gustaba de embriagarse y ser libertina sexual, al igual que mi abuelo. Sin embargo, adoraba a mi padre y detestaba a mi madre. Nunca le conocí y nunca deseé conocerle. Con todo y su seriedad, mi padre era muy inteligente; le encantaban los artilugios, las matemáticas, reparar todo tipo de enceres y de autos y gozaba de resolver horóscopos. Su deseo fue aprender algún idioma y haber sido ingeniero. De esta manera, una combinación de inteligencias sagaces dieron cuenta de un matrimonio funcional en lo pragmático. La inteligencia combinada de los dos originó la creación de riqueza y la ascensión a una clase media a partir de la combinación de dos familias pobres. Y mientras que mi abuela paterna era una tirana manipuladora y egoísta, mi abuelo, un hedonista, mujeriego y, evidentemente, adicto al sexo, mi abuela materna era recatada, lacónica y retraída en las novelas de televisión y quehaceres cotidianos, bajo el refugio que mi padre le ofreció; nunca hubo un enfrentamiento entre ellos, sino un respeto mutuo que duró hasta la muerte de ambos. Mi abuela materna era adorada por sus 28 nietos y, por fortuna, yo fui siempre su favorito y ella mi segunda madre.

Capítulo 2

De la puerilidad primaria a la infancia dubitativa. Adiós, *le petit prince*; bienvenido, *le petit* D' Artagnan

Mi madre tenía tales habilidades de actuación y de perspicacia que se convirtió en una sagaz detective privada; ella averiguaba todo lo que hacíamos a hurtadillas. A causa de esto, desarrollé una habilidad para escabullirme en muchas ocasiones y que ella no supiere lo que había hecho. Algunas veces me descubrió y me dio tremendas palizas. Recuerdo que en cierta forma buscaba que me diera palizas y sangrar para que ella se arrepintiera y lograra que me diera un beso... nunca pude hacerlo y lo único que conseguí fue rogarle que parase. En el fondo sólo rogaba indirectamente por afecto. Esto hizo que yo me refugiase en ciertas artes plásticas y allí hallase un escape.

Aprendí a muy corta edad, menos de un lustro de vida, a llevar a cabo artes plásticas, como niño prodigio. Mi madre me presumía, pero yo sólo quería su afecto más que su reconocimiento y me sentía mal porque me exhibía como monito cilindrero capaz de hacer actividades llenas de talento. Me sentía un pequeño Mozart, pero luego de la novedad vino la monotonía. El material que usaba en esas artes afectó parte de mi boca. En ese entonces no había tecnología láser ni de gas nitrógeno para congelar las verrugas producto de bacterias y hongos. Paradójicamente, mi habilidad pródiga fue mi desgracia, pues un cautín fue la única solución para quemar cada carnosidad que surgió.

El entorno de la clínica era lúgubre: un pequeño cuarto de los años cincuenta y una sala de recepción con un estilo frío y sin estética alguna. Cuando vi el cautín y el cordón casi desmayé del miedo; estaba sobre una plancha de metal. El médico, de forma fría y hosca, le dijo a mi madre que me contuviera de los pies. Mi padre no accedió, pues echó a llorar. Entonces, la enfermera, de forma maternal y tierna, me tomó de las manos mientras me quemaban la boca con el cautín. Varias veces lloré y la enfermera, delgada y bajita, me dio una paleta de caramelo, un beso en la mejilla y me abrazó muy tiernamente mientras yo lloraba de forma inconsolable. Aún recuerdo y siento aquel consuelo y amor. Estaba condenado a que me quemaran la boca, si seguía usando el óleo y los materiales de escultura. ¿Qué más daba? Seguí haciéndolo y seguí yendo al doctor. Quizá en el fondo quería sentir el abrazo y la ternura de la enfermera. Posteriormente ya no la encontré, pues había cambiado de empleo; todavía la recuerdo. Hoy día me paso la mano en las cicatrices y recuerdo la ternura de la enfermera. Tenía que comprar su afecto y quizá compasión con cicatrices en la boca, y a cambio recibí una cicatriz en mi corazón. Ese mismo afecto lo compré *a posteriori* con prostitutas cuando fui adulto.

Era un niño apenas y comenzó a resquebrajarse la nueva familia que mis padres formaban. Mi hermana mayor, rebelde como era, se involucró en protestas políticas durante una época en que el ejército de mi país asesinó a opositores del gobierno. Hubo un rompimiento y mi hermana, que me proyectaba devoción, comenzó a alejarse emocionalmente de mí cuanto más rebelde y opositora al régimen político se hacía. Ella me enseñó a ser reacio contra la gente inconforme políticamente, en lo especial de izquierda, pues era gente fría y sólo sentían compasión por el pobre; fuera de eso lo demás era aburguesamiento: sentir compasión por los animales, la buena alimentación, el arte fino, etc. Paralelamente a mi percepción del catolicismo, no odié a la izquierda, por el contrario, mis principios son de izquierda, pero forman parte de principios éticos que se consideran aburguesados. Mi alma es la del principito, pero considera la igualdad material entre los humanos, la renuncia a la riqueza y el amor a la austeridad y a la simpleza. Esa frialdad la sintió mi padre cuando una pintora de izquierda muy famosa a nivel mundial lo desdeñó. Aprendí, otra vez, indirectamente, a detestar no sólo su pintura, sino también su persona... aunque nunca la conocí. Mi padre era un modesto pero inteligente mecánico y sentí lo mismo que Freud sintió cuando humillaron a su padre. Ese fue mi primer encuentro indirecto con un artista famoso, pese a yo a profesar la misma actividad. El segundo ocurriría con una poetisa muy talentosa y a un nivel comparable con el de una de la cual mi madre decía que estábamos emparentados lejanamente. Posiblemente sería un mito, pero la poesía ya se estaba engendrando en mi mente y corazón.

Desde niño tendí a aislarme del mundo exterior, salvo de un misterioso amigo que tuve cuando tenía 3 años. Él me quería y adoraba mucho, era mi familiar más cercano, aunque de sangre no fuere. "J" me llevaba en moto al parque en donde él practicaba futbol. Mis hermanos me veían como un ser maleable a quien podían enseñar a "comportarse como hombre"; me ponían a boxear contra otros niños a mi tierna edad de 3 años y después a que las mujeres mayores me comieran a besos, pues sentían atracción por mis pestañas grandes y enrizadas y mis ojos tristes. Yo detestaba que me besasen y echaba a llorar... ese no era el afecto que buscaba.

Debido a que mi entorno familiar no era funcional, procuraba fugarme y perderme de la casa por horas. Contaba entonces con una urdimbre familiar que yo había creado:

mi amigo "J", mi amigo "I" y su hermanita de dos años (yo contaba con cuatro, él con tres). Los llevaba a explorar el mundo, el vecindario, por horas, hasta que me encontraba mi madre o mi abuela y una tunda de golpes sobrevenía. El otro miembro, más bien miembros, de la familia eran unos vecinos y un señor que hacía reír, pues se reía cómicamente y lo divertía con mis gestos y ocurrencias sólo para hacerlo reír. Yo adoraba a su hija, pues era la hermana mayor que necesitaba y el perrito de la familia era el hermanito menor, a quien abrazaba interminablemente. Esa era mi familia artificial... ah, y olvidaba mencionar a la enfermera que se compadecía de mí. Aprendí desde infante que una familia puede crearse no necesariamente de forma nuclear, sino parcharse con amigos, mascotas y familiares lejanos, quizá con quien uno se identifique. Últimamente he tenido familias que van y vienen, y otras, sencillamente, dejan de existir; tal es el caso de las adorables mascotas. He aprendido no sólo que se pueden formar nuevos lazos... sino también a cortar los lazos de sangre cuando son patológicos e irresolubles.

Mis primeros cuatro años de vida estuvieron llenos de sabores y sinsabores. La siguiente etapa ocurrió cuando me mudé a otro sitio; ese entorno era mucho más agresivo. Al llegar a ese nuevo barrio de clase media-baja fui visto como acomodado y detestaba que me vieran así. Por igual dio inicio otra etapa en mi vida: comencé a asistir a la preprimaria. El cambio de rutina, de horario y de actividades diarias implicaba renunciar a ser artista, a no ser capaz de contar con mis actividades artísticas, con mis aventuras en la calle, etc. Tales habían sido mis aventuras que a mi madre me le perdí múltiples veces; una vez terminó por encontrarme cuando yo cruzaba una avenida confluida con mucho tráfico. Ella casi se desmaya por mi atrevimiento. Quizá desde ese entonces me fascinaban ese tipo de experiencias, pese a mi acrofobia, agorafobia y claustrofobia. Esa misma excitación la sentí de adulto cuando me apuntaron con pistolas en diferentes ocasiones.

Por razones que desconozco, mi madre nunca me llevó al kínder, era la mucama quien lo hacía y por ella sentía mucho afecto. Ya desde ese entonces comenzaba a sentir un instinto sexual inexplicable, pues me excitaba el olor de su piel, en especial el humor que destilaba, sobre todo en sus senos discretos. Sin embargo, el primer día de escuela abracé sus piernas y comencé a llorar interminablemente. Ese día cancelaron las clases, regresé con ella y tuve que sufrir la primera experiencia de estar lejos de la casa al día siguiente; una prima me llevó a la escuela entonces y ella venía de visita desde otro país. Esa prima era idéntica a mi madre, desde su sentido del humor hasta la forma de reírse. Fue una paradoja que un familiar con una versión más somera de la personalidad de mi madre me llevara al kínder, a ese sitio llamado colegio, escuela, ese instituto con el que nunca pude congraciar y que aún detesto por su hipócrita formalidad. No obstante, en cierta forma agradezco que fuese un medio que me introdujo con las mujeres. Mi prima era hija de una hermana de mi madre, quien también era muy bella físicamente y de quien otra prima heredó su belleza, pero su codependencia de un marido zángano también. Mi tía era un ser muy amoroso y de ella recibí más amor físico que de mi madre en el poco tiempo que le conocí. Me quería mucho, pero murió repentinamente de un paro cardiaco en la soledad de su aposento durante una noche fútil. Curiosamente, entonces sólo recordaba las piernas de la gente adulta; me costaba trabajo recatar en el rostro de mi tía, ya fuera por mi estatura pequeña, mi corta edad, el hecho de que me abrazaba de sus piernas o su rostro lejano.

Recuerdo que, en una Navidad, la hija de un padrino, comprometida a casarse con un buen hombre —era ella de ojos enormes y expresivos tipo Betty Boop, labios carnosos, pelo negro azabache, voz melodiosamente ronca, pestañas grandes y tenía un aspecto gitano muy marcado—, me pidió que le diera un beso, pues le gustaban muchos mis ojos y mis pestañas. En verdad lo hice repetidamente por el afecto más que por los adornos de Navidad que me regalaba ella con cada beso que le daba. Lejos de aquellos acercamientos con mi mucama y familiar lejana, había un acercamiento con mi otra hermana, quien me llevaba al cine a ver dibujos animados. La infancia con mi hermana fue formidable, pues ella me brindó esa parte maternal que mi madre no tenía tiempo de atender y hacía las veces de hermana mayor, llenando el vacío que mi otra hermana dejó a su partida.

Mi madre era muy dedicada a sus labores domésticas y severa en el aseo, no aceptaba que le manchásemos el piso, pues lo tenía impecable y bien encerado. Ella era más cercano a mi hermano inmediato por cuanto era un deportista consumado y un estudiante modelo. Era mi talento nato versus su inteligencia elevada, un contraste de dos talentos; un virgo frío y distante y un sagitario talentoso, sonador y aventurero. Aprendí a resignarme a establecer una relación lejana con mi madre, a buscar migajas de afecto allá y acullá y establecer lazos diplomáticos y de protección con mi abuela maternal. Curiosamente, no he hablado mucho de mi abuela paterna.

A mi abuela paterna, como a otros familiares, nunca la conocí, pero influyó en mí de forma indirecta. Tampoco he hablado de mi abuelo, quien fue el mujeriego empedernido y degenerado más inmediato a mi familia. Mi abuelo era una persona con sentido del humor y apacible, pero inmaduro y se comportaba como un niño. Él hacía que mi padre responsable fuera el suyo y le solucionara sus problemas económicos toda la vida. Mi abuelo era la nítida personificación de Svidrigailov, el personaje sin escrúpulos y degenerado en *Crimen y Castigo*. Sin embargo, sus degeneraciones y sus indecencias, de las cuales él se ufanaba, me influyeron en mi edad adulta. Él, a la sazón, me dijo algo muy interesante: "Hijo, ¡cuando te cases sabrás lo que es tener suerte con las mujeres! Y con tan poco agraciado físicamente que soy, vaya que he tenido suerte desde que me casé". Siguió entonces espetando: "Yo carezco de vicio alguno: no juego, no tomo, no fumo y no soy goloso. Sólo padezco de lujuria". Mi abuelo se desentendió de la responsabilidad de criar a mis tíos y padres y delegó ello a mi padre, quien también procuraba a mi abuela. No obstante, al casarse mi padre, mi abuela se sintió relegada debido a mi madre, a quien le guardó un profundo resentimiento, en lo especial por ser una madre soltera. Mi abuela insultaba a mi madre y le profería todo tipo de ofensas; tal fue su odio que, a horas de su fallecimiento, en su lecho de muerte, expresó su odio hacia mi madre hasta su última exhalación. Mi abuela no era un dechado de decencia: engañaba a mi abuelo tanto como él lo hacía con ella. Sin embargo, tanta fue su degeneración que se acostó con su propio yerno, haciendo nacer un resentimiento entre mi tía y mi abuela. Mi madre siempre se lo echó en cara a mi abuela. Lejos de aprender a detestar a mi abuela, he sido totalmente indiferente... y creo que eso es aún peor: la indiferencia es el peor acto de venganza, en especial cuando hay intención en ello. Yo lo he hecho con mujeres, en su mayoría sin intención, sin embargo, les ha herido sobremanera.

Continuando con el orden cronológico de mi crecimiento en mi segunda morada, la educación preprimaria me resultó indiferente e insípida; las maestras no reparaban en mi creación artística. Me sentía como el principito y ante ello me rebelaba y me salía del salón; me perdía quizá para llamar su atención. Recuerdo que, en una excursión al campo, me llevé a otros niños y los reté a instigar a un toro enorme; lo incitamos a atacarnos y nos correteó por un buen tramo. Yo pude salvarme porque me lancé a una pequeña hondonada que derivaba en la rivera de un pequeño riachuelo. Ya abajo vi la cabeza enorme del toro, que se asomaba en lo alto de la superficie. Como en otras ocasiones, tuve doble satisfacción: perdérmele a las profesoras y la excitación del peligro.

En realidad, ese tiempo de mi vida fue soso y meramente transitorio. La escuela me ha hecho mucho daño y ha absorbido parte de mi existencia sin razón justificada, pero, curiosamente, me hizo adorar el verdadero conocimiento de manera indirecta. Naturalmente, otras profesoras me han perjudicado, sobre todo con su indiferencia al enseñarme lo que encontraba difícil en las ciencias exactas, entre ellas mi hermana, la que se fugó de casa. Dentro de esa etapa pueril recuerdo que aún estaba rodeado por un entorno provinciano: a espaldas de nuestra casa había gallos y animales de granja que hacían un ruido agradable por los mañanas. Emigraban a los árboles del vecindario todo tipo de aves pequeñas y su trinar era bello. Mi madre tenía dos pájaros que nos alegraban con su canto. Era un bello jolgorio campirano que, a la postre, fue desapareciendo, al grado de dejar un halo de tristeza y nostalgia.Sin saberlo, había dos niñas en la parte posterior de la casa que vivían en una parte oculta. Las dos eran muy bellas y parecidas entre sí, de tez blanca, con labios bien delineados y ojos negros muy grandes. Yo pasaba muy seguido por donde vivían y en cierta ocasión la hermana mayor le dijo de forma burlona a su congénere que ahí iba pasando el niño del cual ella estaba enamorada. Yo me apené sin razón alguna, pero a la postre mi autoestima hubo de alimentarse.

Cuando crecí también lo hicieron mis pleitos indeseados con otros niños picapleitos, en lo especial enfrente de donde vivía. Había uno con quien peleaba de manera constante, él siempre estaba resentido por mi posición social, mejor aspecto físico y educación. Nunca había un claro ganador. Sin embargo, sus hermanas eran muy tiernas conmigo. Mi enemistad no sólo era con él, sino también con sus primos.

A uno de ellos lo humillé a golpes y en verdad me remordió la consciencia; él nunca me lo perdonó. Aun así, su hermana tenía mucha atracción por mí y en una ocasión, mientras sacaba las compras del supermercado del auto de mi padre, me abordó y me acarició la espalda de forma sutil y amorosa. Ella era muy bella, pero yo la rechacé por timidez y por ciertos prejuicios raciales y clasistas que mi familia me inculcó, de los cuales me he liberado poco a poco. He de decir que, de forma irónica, yo también he sido discriminado por personas de tez blanca de mi propia nacionalidad.

Ciertamente, mi madre era de tez caucásica y ojos de un color claro, un tono color miel, y con un reflejo ecuánime que era acentuado por un par de párpados que descendían como dos cortinas, sugiriendo un halo de ensoñación. Mi padre tenía también una mirada afectiva y afable con un dejo de cierta melancolía. Mi madre tenía una silueta en sus ojos que adivinaba tristeza, pero su mirada era alerta y vivaracha, con un acento de coquetería. Mis ojos son el principal y uno de muchos atractivos en mí; atribuyo a mi padre el parecido de mis ojos con los suyos. Recuerdo que con respecto a mi padre, parco de palabra como él era, una vecina hizo notar que era muy atractivo, y considero que se debía a sus ojos. Él era de tez morena y pelo muy crespo, en contraste con mi madre, que era baja de estatura, tez blanca y pelo lacio.

Hay una foto de juventud de una época en la que salir a la calle en la ciudad requería vestir ropa elegante. Mi madre iba del brazo de mi padre y portaba un vestido negro muy elegante y zapatillas prístinas con una discreta hebilla en el empeine; su pelo largo estaba sujetado con una peineta encajada en el canto de su cabeza, en la parte superior. El tacón alto de sus zapatos le realzaban su elegancia y buen porte. Mi padre, por otra parte, tenía un porte altivo, el pelo "envaselinado" a la moda crespo y lucía un corte clásico. Iba enfundado en un traje de doble pechuga oscuro y con un sombrero de ala discreta, al parecer, de fieltro oscuro. También portaba unos zapatos negros pulcros y brillantes. Caminando en una banqueta céntrica de esa gran ciudad destilaban una imagen elegante, como dos estrellas de cine. Hay una foto del busto de mi padre y es por ella que mi familia recata en decir que me parezco muchísimo a él.

Mi cabello lacio me molestó toda la vida hasta que decidí no peinarlo, dejarlo un poco largo, untar solamente acondicionador, libre de enjuague, y alborotarlo con las yemas de los dedos; con el tiempo mi cabello se ha ondulado. He de afirmar que con la edad he desaliñado un poco mi apariencia por falta de tiempo, pero he engalanado mi persona con sombreros clásicos, uso nuevamente pañoletas al cuello, pantalones de tiro de pinza y zapatos clásicos, aunque mi identidad vegana me limita a casi no usar piel. La elegancia es un ornamento sublime de la persona, pero eso ocurrió para mí ya en la edad madura, como resultado de una serie de influencias, incidencias y exploraciones de modas, de lo cual haré relato en lo sucesivo.

Por ahora he de relatar que en lo subsecuente a la preprimaria sobrevino una época oscura, una época apartado de las mujeres en convivencia, pero sólo de las mujeres en mi barrio, que en verdad eran pocas. Mi educación primaria fue privada durante los primeros cinco años y la convivencia escolar se remitió a hombres; tan sólo cuento con algunas reminiscencias desperdigadas de eventos ajenos uno del otro.

Una prima muy cercana y de mi edad fue, por casi toda mi infancia y hasta entrada la adolescencia, mi cómplice de juegos y vacaciones. Durante ese tiempo esperaba que ella llegase para jugar juegos de hombres. Le conocían como hombruna, aunque en realidad tenía un alma infantil y femenina. Me provocaba celos cuando ella se acercaba a otros familiares femeninos y se olvidaba de mí. Compartimos muchos juegos y épocas muy agradables, hasta el punto en que le llegué a desear sexualmente cuando a mis doce años, mi despertar sexual, quise seducirla sin resultado alguno. He de confesar que mi primera eyaculación y orgasmo sucedió posterior a un sueño con ella en la playa, al anochecer, donde le estaba haciendo el amor desnudo. Desperté cuando casi estaba a punto de eyacular y solamente bastó masturbarme con gentileza para sentir el placer del orgasmo. Soñé con ella por mucho tiempo, pero ya habíamos perdido amistad y contacto alguno, derivado de rencillas pueriles entre mi madre y su cuñada, es decir, mi tía política. Irónicamente, el acercamiento más cercano fue cuando, en un parque, sentí que alguien se colgó de mi espalda, ahorcándome. Mi reflejo de karate —había estudiado karate por años— fue tomar del brazo al agresor y tirarle al piso delante de mí. Quedé estupefacto al ver que el supuesto agresor era mi prima, quien quería acercarse a mí de manera juguetona. Más tarde le ayudé a incorporarse con mucha vergüenza de mi parte, pero ella estaba resentida conmigo y la alejé aún más.

Cabe mencionar que por parte de mi padre tenía una familia cercana y política que, en su pugna machista, fue competente, elevando así su rango social a clase media baja; todos teníamos en común el ser de una clase media ascendente que mantenía ciertas costumbres proletarias, así como perturbaciones y prejuicios un tanto vulgares y salvajes. Muchos festejos terminaban entre alcohol y reyertas. El principal prejuicio sobre la apariencia física recalcitra en la clase baja, pues mucha gente de esa clase social carece de atributos físicos que las clases más pudientes poseen por su tendencia selectiva a encontrar parejas con características físicas "agradables". La familia de mi madre era de estrato bajo y contaba con una identidad más definida; claro, los prejuicios racistas y de apariencia también persistían, pero se manifestaban sin recatos y con vulgaridad franca, menos hipócrita que la clase baja ascendente a media. Eran dos mundos diferentes, como también lo eran los barrios adyacentes en donde viví y de los cuales hablaré más adelante.

Se nos educa a educarnos, a crear riqueza, prestigio, subir de estrato social y crear una familia agradable. Sin embargo, detrás de ese esquema se esconden infidelidades, incestos de muchos tipos, disfunciones sociales y concupiscencias múltiples.

Mi familia materna era un poco más desentendida de la moral clasemediera, quizá resignada a ser eternamente pobre. Nuestra familia era vista como la más recatada y cuerda, aunque, en el fondo, tres terminamos siendo mujeriegos, lujuriosos y licenciosos. Yo era en cierta forma más que recatado, más discreto acerca de los placeres hedónicos; todo ese panorama me era inalcanzable de percibir. Crecí con prejuicios de apariencia física hacia otros, hacia a mí y mantuve un sentimiento de inferioridad que, al combinarse con mi timidez, me alejó de todo acercamiento a mujeres, especialmente de familiares femeninos con los cuales convivía.

Tenía primas en la parte campirana, en una casa de retiro ubicada en un pueblo pequeño. Allí, una prima incautó mi atención por su belleza rústicamente atrayente. Ella sabía que me gustaba mucho y en una ocasión me humilló cuando de visita, en la cama, me trató como vasallo, pues al tratar de complacerla le cumplí todo tipo de caprichos gastronómicos. Por ironías del destino, ella fue sometida por un vivales que no trabajaba y al cual terminó manteniendo.

Recuerdo a otra prima... ella era maestra, tomaba cursos en la ciudad y se hospedaba, por tal propósito, en nuestra casa. Mi prima se instaló en un pequeño vestíbulo contiguo al aposento de mi abuela; ese cuartito estaba separado por una cortinilla corrediza improvisada y yo a veces jugaba con animalitos de plástico en el corredor ubicado como extensión de ese cuarto. Accidentalmente vi a mi prima por debajo de esa cortina cuando se disponía a dormir y se enfundaba en un camisón verde de popelina de tono chillante, eso fue lo que me atrajo la atención más que lo sexual. Ella quedó totalmente apenada y se disculpó con mis padres para evitar cualquier malentendido de acoso o seducción sexual de su parte. Yo, tan ingenuo, nunca comprendí la gravedad del asunto ni mis padres, que rieron ante la ingenuidad pueblerina de mi prima.

Durante esa época, una madrina estaba desahuciada. Mi padrino sabía que la Navidad venidera sería la última, por lo tanto, preparó un festejo por parte de toda la familia cercana, principalmente los niños. Cada uno tuvo a bien preparar un acto de poesía, magia, comicidad, etc. Yo hice un truco de magia, desaparecer una onza de agua de una copita, que resultó casi perfecto, pues no me estaba funcionando la copita con doble fondo, ya que se atoró. Al final resultó. Mi madrina falleció un Día de Reyes, en los albores de enero. En la escuela primaria teníamos una sección musical en la que cantábamos; durante esos coros lloraba profusamente cuando cantaba por la ausencia de mi madrina, una mujer bonachona, de cuerpo bastante robusto y una bondad sublime. Más que por la ausencia de su persona, mi llanto se debía al primer encuentro con la muerte de una persona muy cercana a mí. El segundo encuentro sucedió cuando camino a la escuela, mi padre me llevaba en auto, en una carretera de nivel semisubterráneo atestiguamos a lo lejos un accidente y mucho barullo. Mi hermana, una joven en las postrimerías de sus veintes, venía en el auto y se percató de un cuerpo inerte en medio de un charco de sangre, con el torso desnudo, la cabeza rapada y joven. Mi hermana me tapó los ojos y me empujó hacia el piso del auto, pero ya había visto bastante. En verdad que me impresioné mucho al atisbar esa persona. Mi hermana estaba angustiada por mi impresión.

Otros dos eventos relacionados con mujeres en ese entonces acontecieron de forma separada y en lugares distintos, aunque tienen en común a un vecino, que fue mi compañero de juegos a falta de un hermano inmediato con quien jugar; yo lo visitaba en un lugar lejano, en los suburbios de la ciudad. En una de mis visitas, otro de los vecinos, que era pobre, confesó sus ambiciones de ser futbolista. Cuando dijo esto yo eché a reír en un momento desafortunado, pues me escuchó su mamá, quien tenía resentimientos con mi madre porque le debía dinero y fue humillada por ella cuando le encontró resguardada debajo de su cama a guisa de evadirla. Ese resentimiento lo proyectó insultándome de forma soez y altanera por todo lo que restó del día. Ya como adultos, aquella señora se reconcilió con mi madre y conmigo; aunque no me pidió perdón, vi su extremo arrepentimiento. Nunca le guardé malos sentimientos.

El otro evento femenino ocurrió con mi madre. Las balsas inflables eran una novedad y un lujo en los años setenta. Mi madre, una sagaz nadadora, se metió mar adentro con una balsa, ignorando que hubiese remolinos a medio centenar de metros. En su lucha contra los remolinos perdió el sentido y fue rescatada por un alma anónima. Al recobrar el sentido, mi padre la recriminó y le recriminó que mi amigo y yo estuviésemos internados en el mar en la zona de remolinos. Mi amigo y yo salimos de milagro de la zona de remolinos. No recuerdo que canción de moda estábamos cantando, pero fuimos interrumpidos al percatarnos de la profundidad del mar y el cambio de temperatura en el agua. Al llegar a la playa atestiguamos un tumulto de gente rodeando algo en medio de éste. Procedimos a llevar la balsa con nosotros y nos escabullimos entre la multitud. La gente se arremolinó porque se estaba desarrollando una escena por demás trágica: un niño yacía inerte, ahogado, en la arena. Su padre, una persona en los albores de los treintas, con lentes, regordete y de tez blanca, gemía y se quejaba ante Dios por la partida de su progenie; sollozaba con un llanto estremecedor que nunca olvidaré. Quedé estupefacto. Salí helado del tumulto. Mi amigo y yo no proferimos palabra alguna. Mi madre estaba llorando por su accidente y por nuestra ausencia. Llegué lívido y no dije nada de lo que atestigüé... Aún ahora lloro y quedo con estupor al recordar tal evento; nunca se irá de mi mente y la verdad no lo quiero, pues me hace más noble y sensible el recordarlo.

Salvo algún evento peculiar con alguna maestra, que referiré en la educación mía y de la mujer, no recuerdo nada más que sea extraordinario de mujer alguna en esa época, en la que mayormente conviví con hombres durante cinco años de escolaridad primaria.

Con excepción del quinto año de primaria, los demás fueron un tormento educativo para mí y mi aprovechamiento fue mediocre. La educación me vino entonces de dos formas: la académica y la pragmática. Aunque las dos me han servido, la educación de mi madre y abuela erigió el uso de mi cuerpo para reparar, cocinar, limpiar y hacer toda una serie de quehaceres domésticos y también de tareas asociadas a lo masculino, como la plomería, la pintura y el emplastamiento de yeso de paredes. Mi abuela me enseñó no sólo a usar mis manos, sino a pensar y usar mi sentido común. Mi madre me impelió a ser libre, no depender de otros para movilizarme, cambiar de sitios, usar el transporte público y usar mi cuerpo para viajar y transportarme.

Por motivos siempre desconocidos para todos los hermanos varones, nunca supimos la verdadera razón por la cual mi madre nos enviaba solos a lugares un poco lejanos. Mis dos hermanos iban a la escuela mediante el tren subterráneo cuando contaban con 7 años, al parecer, a desconocimiento de mi padre. Yo nunca supe de eso. Lo que sí recuerdo es que durante mi primer año iba a la escuela con mi hermano inmediato. Cuando él salió de la primaria, era mi padre quien me llevaba. Recuerdo que, después de cumplir siete años, mi madre me entrenó para ir al dentista al centro de la ciudad: era sólo un tipo de autobús que pasaba a una manzana de donde yo vivía y me dejaba a una manzana de mi destino también; en realidad no tenía mayor complicación. Tener una responsabilidad de tal envergadura me daba contento, emoción y sentía una libertad de no estar bajo las órdenes de nadie y también de ser dueño de mi propio tiempo, es decir, era dueño de un lapso de mi existencia sin la intervención de un adulto; fue una experiencia maravillosa. El hecho de hacerlo a hurtadillas, sin que mi padre supiere, era una sensación de complicidad entre mi madre y yo. Si bien no sentí ese amor afectivo por parte de mi madre, sentía una cercanía con ella como la que sentía con mi prima, como la que sentí también con algunas novias al experimentar situaciones de complicidad, al romper estatutos, convenciones e ir a contraflujo de los protocolos y reglas establecidas socialmente. Esa relación no era la preestablecida de protección de madre-hijo, de estar siempre bajo el ala de una madre y que yo asumiere el eterno papel de hijo débil, endeble socialmente. Yo comenzaba a ser un adulto, a tener una responsabilidad, eso lo tomaba en serio, pero con diversión y entusiasmo, como cuando un súbdito de una autoridad policiaca, o bien, de la milicia, obedece al pie de la letra las órdenes de un superior. Ya no había, por unas horas de mi existencia, un adulto que me estuviere gobernando; no estaban por un momento, bajo las órdenes de nadie; tenía el pleno consentimiento de un adulto de administrar una parte de mi existencia.

Durante mis múltiples viajes con el dentista llevaba un libro, unas monedas y, en mis manos, mi existencia. Fue maravilloso. Me sentía libre, sin la culpabilidad de haberme escapado de forma taimada y ladina, como acostumbraba.

Esa sensación de tener permiso para hacer lo prohibido (claro está que lo prohibido incrementa la sensación de entusiasmo e incita la adrenalina para experimentar la emoción de no ser descubierto), esa sensación de irme a la aventura, como lo solía hacer, era la experiencia de alcanzar la libertad, de no tener a un adulto vigilándome, a costa de escapar de manera subrepticia. Ahora tenía el permiso del adulto. Amén de ello, tuve la libertad de educarme, de no tener a la escuela de por medio, institución que siempre detesté, de tener la imposición de conocimientos a los que no les encontraba sentido existencial, sólo como una imposición arbitraria que me procuraba y desarrollaba un sentimiento eterno de culpa.

Los adultos nos educan aceptar la educación, las instituciones educativas y sus ejecutores, no obstante, se omite por qué nos educan; se nos impone una esfera abstracta de conocimientos sin sentido. Sólo la aritmética y el lenguaje adquirían cierto sentido, pero las reglas preestablecidas, sin una explicación lógica de la estructura de esos conocimientos, nos hacen odiar inconscientemente a las instituciones educativas. La educación sólo es una forma de estatus social, no la herramienta para comprender, recrear y alterar el mundo real que nos rodea. Mi educación más inmediata vino de mi abuela, de mi madre y de las mascotas que tengo y he tenido. Hoy hago un recuento y concluyo que mi educación ha sido edificada en más de un 90% por mujeres, las mejores maestras que he tenido. Ya ahondaré en este rubro en la sección dedicada a la educación y la mujer en mi vida.

En esos viajes camino a la oficina dental desarrollé una experiencia que a la postre experimenté, y aún experimento, asociando lo abstracto, la fantasía, con la realidad. Mezclaba y combinaba la lectura con viajes ya cercanos o lejanos. Experimenté una forma no llana de lectura que no era la mía. Rompí la regla de seguir el protocolo aburrido de sentarme en una biblioteca, en un lugar abstraído del mundo, y leer.

Curiosamente leí un libro de mis hermanos: el Quijote compendiado con ilustraciones. Asocié la experiencia de Alonso Quijano de leer y luego ir al mundo a experimentar las lecturas de caballería; yo me identifiqué con el Quijote. Leía y me lanzaba al mundo con el libro en mano, experimentándolo al tiempo que leía; esa es una costumbre que desarrollé y que ejerzo de distintas maneras. Le di sentido a la lectura, que la escuela privada me enseñó de forma aburrida e impositiva; usé la educación a mi manera y me eduqué a mi manera, mejor que con las herramientas de la escuela. Leer así era darle sentido al conocimiento a mi manera y una forma de libertad; era liberarme de la mala influencia de la escuela. Creo que la escuela me ha hecho más daño que contento. La escuela causa traumas, infringe un sentimiento de culpa y nos educa para crear riqueza y estatus social, no para ser libres y llevar al cabo el sentido de "la verdad nos hará libres". Esto lo abordaré a profundidad en la sección de educación. Así leí varios clásicos en mis últimos viajes al dentista. Adoré ir al dentista, pese a la tortura de sentir la aguja de anestesia en mis encías y la fresa friccionándome las caries.

Mi madre me ayudó no sólo a ser libre y dueño de mi propio espacio de libertad, también me dio un espacio tal que me educó de forma agradable. Mi madre no me dio amor físico, pero me ayudó a ser libre, a no ser un borrego que sigue a la manada.

Leía también por ese entonces libros acerca del reino animal; me fascinaba la etología, compraba revistas y veía documentales. La parte afectiva con mi padre se afirmaba cuando los dos veíamos documentales de animales; éramos fanáticos de Jaques Cousteau y de documentales de la BBC. Tan inmerso estaba en esos documentales que mi padre invirtió en mi educación, que a la postre me formó en mi carrera no acabada de biólogo, pero que aún conservo. De ello hablaré en otro libro y abundaré más acerca de mi relación con la mujer.

Aprendí a pronunciar y a escribir bien gracias a la escuela privada, en parte, pero mi padre y mi madre supervisaban mis lecturas en voz alta. Tenía una mala pronunciación de mi lengua materna cuando niño y mi hermano me hacía burlas de ello, pero las lecturas en voz alta y la poesía depuraron mi forma de expresarme. Creo que mi madre me educó de la mejor forma, como un animal cría a su progenie: sin sobreprotegerme. La sociedad ha creado constructos mal edificados, tanto que los hijos viven con sus madres hasta muy avanzada edad. Somos la única especie animal que es sobreprotegida hasta la adolescencia.

Alguien me dijo que ciertas tribus indias enviaban a los niños adultos a sobrevivir por su cuenta en los bosques. El escultimo (los *scouts*) es una forma de doble moral para amoldar a los nuevos prospectos de ciudadanos, para adaptarlos a un sistema preestablecido que es determinado por situaciones de la naturaleza con las cuales nunca lidiarán, pero sólo es una experiencia, y no de identidad con la naturaleza, sino de diversión.

Mi madre no me dio afecto físico, sino fuerza moral y libertad. Y si bien no soy un profesionista con un estatus social y riqueza acumulada, tengo el control de mi libertad para tomar decisiones y conocer aquello que no deseo. Sé que esa falta de costumbre de no poderme comunicar afectivamente ha afectado mis relaciones con las mujeres; la ironía yace en que fue a causa de otra mujer (mi madre) que aprendí a superar y a comunicarme con mi físico. Los animales se comunican mil veces más con su cuerpo, aunque nosotros los humanos estamos en pañales, pues hemos involucionado en este rubro.

Siempre he sido tímido, siempre lo fui con las mujeres que me abordaban, quizá fue a causa de ese alejamiento físico que mi madre me infringió de manera inconsciente… y sólo ahora caigo en la cuenta de ello. Aun siendo un mujeriego permanezco tímido, y en cierta forma estoy orgulloso de eso, pues me ha hecho respetar a la mujer (salvo en algunas ocasiones). Incluso a las prostitutas las respeté y nunca les forcé a hacer cosas que las humillaran. Abordar y pagar por prostitutas me daba la libertad de ser como yo era, sin tapujos ni convenciones; así era capaz de abordar a un prospecto de novia con confianza; podía ser amiga de la mujer sin protocolos vanos. Jugaba, entonces, a la fantasía de cortejar a una mujer con toda libertad sin ser llamado acosador, pervertido, o bien, hasta degenerado o fresco. Esa situación me dio la libertad de intimar con ellas y mantuve una relación amistosa con algunas incluso cuando estaba casado. Les he de agradecer su amistad y su paciencia a muchas de ellas. Mi madre siempre nos dijo cuando fuimos adultos: "Prefiero que ustedes contraten los servicios de prostitutas antes que conciban hijos no deseados".

Mientras aprendía a ser libre, otra mujer determinantemente nociva en mi vida, aunque en cierta forma bien intencionada, fue mi hermana mayor. Ella fue un enigma en mi vida; nunca dejó entrever sus verdaderos sentimientos. Era una mitómana que creaba anécdotas inexistentes, historias que mi madre refutaba. Vivía en un mundo de soltería y soledad que le impelían a adoptar como familia a sus compañeros de trabajo. Por mucho tiempo asistió a actividades artesanales en sus días libres; recuerdo que iba a un parque inmenso, el pulmón de la ciudad, para aprender a tejer y hacer manualidades diversas. Mi hermana era muy cercana a nuestros dos hermanos más pequeños, es decir, los inmediatos a mí. De hecho, desarrollaron los dos una verdadera amistad fraternal de la que me excluyeron. Ellos mantenían una relación clásica de hermanos: eran muy cercanos, se respetaban mucho y se protegían. Yo era ante ellos, más bien, el ser raro y desprotegido por mi edad. Sin embargo, mi hermana siempre me procuró con regalos, comprándome mis revistas de animales. También me llevaba al cine y complementaba la situación actuando como madre porque ella quería ser una. No obstante, por alguna razón desconocida, nunca lo fue. Aquella obsesión de ver a todos como sus hijos, sus protegidos, no sólo le afectó a ella, sino también a otros, como yo.

Siendo un niño, siempre vi a mi hermana con buenos ojos. Mi otra hermana se salió de la casa, cosa totalmente inusual para una época y una familia conservadora. Otra hermana, intelectual, rebelde y afecta a lo artístico, me vio siempre como un proyecto intelectual. He llevado a un gran extremo lo intelectual, tanto que a esa hermana la veo ahora como conservadoramente intelectual, hermética y ortodoxa; algo que casi ocasiona nuestra separación total.

Durante mi infancia, la relación con mi hermana complementó la sensación de ausencia de mi madre, quien me proveía cuidado y diversión infantil, no de adulto. Mi madre me trató siempre como un pequeño adulto y sólo como a su hijo cuando se trataba de proveer cosas materiales. De esto daré más detalle en el apartado *Relación con mi madre*. Resulta irónico que cuando nací mi madre casi murió en el parto... y sólo una entre mil se salva. Ese milagro me transformó y amoldó de una forma original. Acierto a pensar que, si hubiese quedado al cuidado total de mi hermana mayor, mi ser sería diferente, un ser sobreprotegido al gusto de mi hermana; hubiese sido su eterno hijo, aquel que nunca tuvo. Quizá nunca habría sido un mujeriego, sino un profesionista aburrido, soso, conformista y con una familia, yendo por las diferentes etapas de un padre de familia, ya casado, ya divorciado. Sería el abuelo bonachón, consentidor e inmerso en una construcción social "normal", rodeado de nietos, cuidándolos y con una vida apacible y yerta. Aunque mi hermana mayor nunca me educó, mi otra hermana intentó hacerlo al desarrollar mis habilidades intelectuales. Ninguna de las dos influyó plenamente en mi educación.

Mi abuela y mi madre edificaron mi educación pragmática y son el fundamento para la poca o mediana educación académica que poseo; acaso mi padre fue piedra angular de su logística. Más que la educación, la libertad fue el elemento más valioso, y el que más aprecio, que mis padres me dieron. Esto me dio las bases para formar mi propio criterio y tomar decisiones; algunas fueron erróneas durante mi infancia y de otras he tomado experiencia.

Practiqué deportes de niño, entre ellos el béisbol, el cual me ayudó de manera graciosa a ganar premios en las ferias al lanzar dardos a los globos y usar triquiñuelas de lanzador para reventarlos. A los ocho años un amigo me inmiscuyó en una pandilla. Un día fuimos a la calle adyacente a donde vivíamos para confrontar a otra pandilla. Nuestra pandilla, ridículamente conformada por 5 o 4 miembros, se vio sobrepasada por 20, incluyendo a una mujer. Por alguna razón desconocida, ya sea porque le llamaron la atención mis ojos o mi débil apariencia, una niña mayor a mí me ató a una barandilla y me torturó psicológicamente, amenazándome, qué ironía, con un bat de béisbol. Ella llevaba una gorra del mismo deporte volteada al revés, algo que pasó a ser una moda decenas de años más tarde. Al mismo tiempo que blandía el bat de forma amenazante me escrutó con sus ojos fijos en mí. Ella tenía pecas en la cara, pelo largo y portaba un jersey de béisbol. Luego de examinarme procedió a proferir órdenes, pero, curiosamente, no dijo ni una mala palabra. Ahora recato a pensar que quizá era de clase media, como yo; quizá por eso me eligió. Comenzó con una tortura psicológica a guisa de hacerme sentir inferior, como la que infringen los militares; me dijo que era un insecto y que, si quería, podía pisarme como una cucaracha. Luego me escupió en la cara. Por mi mente pasaron muchas escenas y sensaciones, al igual que, ya en edad adulta, cuando a punta de pistola algunas autoridades me sometieron. Como estaba en ese lapso de ensoñación sentí la saliva en mi rostro de un sexo diferente al mío, quizá una especie de beso bizarro y estrambótico. Emulé una sonrisa sardónica; eso la enfureció y me dio una bofetada. Yo ya estaba acostumbrado a la violencia femenina. No me afectó mucho, pero me desconcertó y temí hacerla enconar en serio, a lo cual procedí a seguir sus instrucciones. Literalmente me tenía contra la pared. Al parecer, ella era la única fémina en la pandilla contraria.

Luego de varias pruebas de humillación, que iban desde pedirle disculpas hasta respetar su territorio, tuve una mezcla de miedo, espasmo, azoro y conmoción grata por ser punto de atención de una mujer… y lejanamente un sentimiento de conmiseración hacia ella por la ingenuidad con la que intentaba infringir miedo, lo cual en otros tiempos hubiere provocado sarcasmo de mi parte e incluso la hubiere atormentado con retos psicológicos emocionales y burlas por su pretensión hombruna. Y sí, tenía una especie de sonrisa socarrona que casi suelto a flor de piel.

Ciertamente era muy tímido, en especial con las mujeres. Con el tiempo aprendí a contraer las facciones de mi cara y mirar a la gente y expresar diferentes emociones con los ojos: reír, burlarme, inquirir, retar, atraer, causar estupor, conmiseración. El lenguaje corporal me ha hecho un actor sin pretender serlo. Me gusta, me encanta, el teatro, aunque jamás sería un actor de ficción, sólo en la vida real. Creo que recrear el juego de la seducción, la forma desenvuelta de abordar una mujer, sin pretenderla de forma seria, y jugar como si fuere un niño se asentó en mi ser de por vida; sin embargo, cuando quiero intimar con una mujer que en verdad pretendo me vuelvo muy tímido. Indudablemente, el trato desinteresado con las prostitutas, el trato natural, único, desenvuelto, despreocupado, sin tapujos ni pretensiones, sólo natural, me impelió a aflorar mi ser, que raya a veces en lo seductoramente cínico.

Esa experiencia con la niña fue una especie de llave que me inmiscuyó en el mundo femenino de forma directa. A veces los protocolos pretenciosos y las convenciones de género infantil y de adulto son falsas. Quizá el hecho que se comportase como un niño y pudiera verla como algo en lo que me identificase fue la fórmula adecuada. Recuerdo al caso que mi prima era así y ocurrió similar. Otra niña del barrio se comportaba de forma similar y gustaba de todo tipo de deportes; ella jugaba con los demás niños; ella me excitó y me obsesioné, pero, por desgracia, era una bella amiga y nunca pude atraer su atención. Desde ese entonces, las mujeres atrevidas, las que toman la iniciativa, las que se comportan como esa pandillera, me excitan y me atraen; quizá porque no son sosas, pasivas o sin gracia. Por mucho tiempo deseé de igual manera a la mujer pasiva, pero no sosa, a la mujer dulce y maternal que proyectase su atención hacia mi persona, que me procurase. Más tarde pude sentirme atraído con fuerza por dos o tres mujeres que eran dulces, pero pasivas de manera sublime, y eso es un atributo tal que la modestia es sutil y seductiva. Sin embargo, la iniciativa también es seductora en muchas mujeres que en el fondo son ingenuas y quizá escondan sus temores en ese atrevimiento. Esas son dos formas atrayentes para mí, una despierta mi carencia materno-afectiva y la otra procura la necesidad de renunciar a la iniciativa, de jugar mi papel masculino y de controlar la dirección de la relación; es un péndulo en mi relación con la mujer. Por eso necesitaba de una persona así, como esa niña, que detonase esa necesidad e identidad en verdad igualitaria con la mujer y cambiase mi perspectiva.

Ese lapso de confusión y de ausencia de una relación más cercana con mujer alguna fue alterada por un evento que influyó en mi vida sexual y en mi forma de relacionarme con las mujeres; eso fue lo que detonó mi adicción sexual en la adolescencia y por más de una década no estuve consciente de ello. En un lugar de recreo vacacional, un familiar muy cercano a mí acudió al cuarto de hotel en donde me estaba cambiando el traje de baño y alistaba mi atuendo para la cena. Tenía nueve u ocho años. Siempre he tenido glúteos pronunciados, de los cuales siempre me avergoncé, y, cuando púber, eso le atrajo a mi familiar. De una forma seductiva me penetró, sin yo estar consciente de que ese era un acto de estupro. Por fortuna sólo se dio una sola vez y siempre lo oculté en mi mente; sólo hasta que tuve novias que fueron víctimas de abuso sexual, desde el estupro hasta el incesto, fue que abrí mi sinceridad. Mediante un programa radiofónico que duró décadas y abordaba, entre otros asuntos, situaciones de abuso sexual supe que mi adicción al sexo fue detonada por ese incidente. Al final, la combinación entre la libertad que me dieron mis padres, mi adicción sexual, mi soledad y resguardo en un mundo cultural y bohemio me instó en una vorágine de hallar el amor y creer en el amor romántico desde un punto de vista bohemio. Eso fue en lo que desembocó aquel evento, ya en una nueva dirección y con cinco años de educación primaria rígida, rodeado de un mundo de aprendizaje biológico y natural; me sirvió de escape ante la frustración de no entender o aceptar ni hallar lógica alguna a la afluyente educación académica y abstracta que a la postre me resultó incomprensible e inasequible. Aquí se terminaba un ciclo que fue determinado por una crisis financiera que instó a mis padres a incluirme en la educación pública. Mis padres estaban apenados conmigo, pues siendo el hijo menor ya no tenía acceso a las bondades de otros tiempos boyantes. Eso en verdad me resultó indiferente, pues nunca he deseado la riqueza ni el prestigio, sin embargo, lo nuevo vaya que sí me inquietó.

Existían en los alrededores de nuestro barrio varias escuelas públicas y mi madre, de forma sagaz e intrépida, encontró la forma de inscribirme en una escuela que tenía muy buen prestigio. En mi zona de residencia confluían zonas aledañas de diferentes estratos sociales; claro está, ninguna de alta esfera, pero había hijos de profesionistas, burócratas de buena alcurnia e incluso de comerciantes venidos a más que tenían establecimientos en un mercado popular de buena fama. Pienso que las escuelas allí ubicadas reciben a esa mezcla de estudiantes en una situación peculiar. En la escuela privada a la que asistía había algunos colados de clase más modesta, pero eran brillantes y contaban, por lo tanto, con una beca. Estábamos así mismo los de clase media baja y los de clase media en general. La escuela primaria en donde fui admitido contaba con gente mayormente de clase media y media baja, con algunos de estrato más popular, lo cual se denotaba en su físico, su aseo y su forma de expresarse, así como su acento y su vocabulario. Yo fui una novedad en un grupo mixto, ya que desde el kínder no convivía con ambos sexos; esto es un decir, pues en realidad no convivía con las niñas por mi timidez. No puedo decir que no sentía atracción por las niñas, pues omití mencionar que desde los 4 o 5 años sentía una libidinosa y morbosa atracción semisexual por los pechos femeninos; recuerdo que me atraía el humor peculiar y femenino de mi mucama y me fascinaba hurgar entre su escote, a lo cual ella se resistía. Nunca he encontrado explicación del porqué de aquella insana y precoz instancia hacia lo sexual.

Cuando yo llegué al salón y fui presentado, noté que había grupúsculos identificados entre sí. Evidentemente, la gente de tez blanca y clase media se juntaban y hacían pequeños grupos, a veces sólo separados del uno del otro. La gente de clase baja estaba dispersa y no formaba grupos. Quizá por la prematura madurez femenina, las niñas eran las líderes de los grupos y, en general, las niñas eran las más alertas y activas, salvo alguna tímida. Los hombres tendíamos a ser más reservados. Por mi forma educada de expresarme atraje la atención de la profesora, quien era extranjera, como tantas que tuve durante mi escolaridad; posiblemente era refugiada política o tal vez estaba relacionada con alguien, pues era de mente muy conservadora y convencional, aunque bonachona. Ella me tenía en buena estima.

Yo nunca he sido muy buen estudiante, salvo en varias ocasiones. No cumplía del todo con la tarea, tampoco. En una ocasión la profesora nos dejó de tarea que investigásemos información acerca de una planta o árbol determinado. Un familiar apenas había sembrado un árbol de aguacate, pues era un profesor muy celoso de su actividad en una escuela primaria y quien gustaba de sembrar árboles, verlos madurar, observar los frutos y explorar las peculiaridades de cada uno. Entonces, él nos refirió toda la información acerca de su árbol de aguacate. Esa misma información la reuní en mi mente y pretendí leer un reporte en clase que, claro, no tenía nada escrito, sólo repetí de memoria toda la información del árbol que mi primo político me había proporcionado. La maestra se quedó impresionada. Yo en verdad nunca quise ser pretencioso, sólo cumplir con la tarea. Improvisé, como fue mi costumbre, en toda mi educación académica. Pienso que alguna de mis compañeras de clase también estuvo impactada. La verdad es que no era un erudito, sólo fue una mera coincidencia que tuviera fresca en la memoria esa información de agricultura.

La escuela privada me depuró el lenguaje mediante una materia en la cual teníamos que encontrar en el diccionario 15 palabras cada día y usarlas a guisa de memorizarlas. Con el tiempo pude enraizar esa costumbre, que aún conservo y que de manera inconsciente efluye desde lo más hondo de mi memoria. Eso acaso me ayudó en la narración de mi supuesto reporte acerca de un árbol de aguacate.

No recuerdo durante cuántos años, pero a fuerza de sufrimiento tuve que resolver problemas de aritmética. Mi padre, quien no tenía un ápice de aptitud didáctica, a fuerza de regaños y maltrato verbal, me ayudó a resolver problemas. He de decir que esa tendencia la he usado a manera de venganza y retaliación con las personas que me atacan, pues denigro intelectualmente a la gente que se burla de mí o me ataca. Por desgracia, he usado eso contra las mujeres que me agreden. Recuerdo que en cierta ocasión me crucé con una mujer, quien aducía que el procesamiento de los alimentos es dañino en la actualidad, que la leche deslactosada era un peligro, etc. Al final yo le corté la plática diciéndole: "La leche es dañina porque ya no la necesitamos de adultos y porque es un lácteo proveniente de otro animal; eso sencillamente no es natural y lo demás sale sobrando". Se quedó callada. No deseaba competirle, pero ya era molesto para mí su obsesión por creer que hay una conspiración mundial, ya por las vacunas, ya por medicamentos, etc. Tendemos a creer en lo increíble, en los misterios, en lo sobrenatural.

En mi salón de clase había unas cuatro o cinco niñas muy guapas, en especial dos. Una de ellas no estaba incluida en grupo alguno y su apariencia y buen decir correspondía a una clase media alta. Era muy delgada, bella y su nombre, único, pues en la vida he escuchado otro igual. Ella era muy hiperactiva y siempre iba al recreo a jugar; era muy delgada y le apodaban piernitas de pollo. Sus ojos claros eran color miel y su rostro, lozano, con ojos grandes y cabello ondulado negro azabache, la hacían aparecer como una diva salida de una pintura de Botticelli. En realidad me gustaba, pero no había entablado conversación alguna, hasta el momento en que la maestra comenzó a formular problemas de aritmética, los cuales yo tenía constantemente en la escuela privada y que en verdad me terminaron agradando. A veces se tenía que recurrir a quebrados y el que no sabía de quebrados no podía resolverlos. Tenían, sí, cierto grado de dificultad para un alumno de 11 años, pero yo los resolvía con la mano en la cintura. Como teníamos que ir al escritorio de la maestra para ser calificados, un compañero de clase que estaba detrás de mí me inquirió acerca de mis calificaciones, a lo cual le dije que cada problema lo tenía acertado. Él quedó impresionado y me pidió la respuesta de cada problema; sin ningún recato se las di. En el asiento de adelante estaba la mujer bella en cuestión, angustiada por la aritmética. Mi compañero de clase le dijo que yo tenía todas las respuestas y con ojos suplicantes me pidió que le diera los resultados, a lo cual accedí. Ella quedó sometida a cada una de mis respuestas. Como estaba anonadada por mis respuestas, su admiración por mí creció y mi compañero de clase me instigó a darle una mala respuesta, lo cual hice, pero me arrepentí y pude enmendar mi ruindad. A partir de allí, "E" tuvo una admiración sobremanera de mí, y en dos ocasiones me pidió ser su novio. Yo no accedí, pues tener una novia a corta edad sería ir contra la moral de mi familia muy conservadora. Eso me aterraba en extremo, amén de que yo había recatado en otras dos niñas que me parecían muy bellas y de las cuales nunca supe su nombre. Una era rubia, de tez lozana, chapas rosadas y un cabello brilloso, ondulado y muy fino. Me encantaba su sonrisa pueril, ligeramente socarrona. Por desgracia, nunca pude atraer su atención, salvo en un momento que practicamos un juego y fui un poco tosco en él.

Había otra mujer por la que sentía una atracción muy honda: una mujer de tez trigueña, ojos verdes y frente muy amplia. Su cabello siempre estaba trenzado, dando una imagen pueblerina. En realidad, al igual que las otras dos mujeres por las que sentía atracción, era muy activa, y siempre estaba acompañada de una amiga. Por desgracia, me dejé influir por el compañero de clase que se sentaba detrás de mi asiento, a quien asociaba ahora con Pavel de *Los Hermanos Karamazov*, instigador, envidioso, vulgar e insidioso. Él manifestaba sus resentimientos con actos de instigación, usando a la persona que subrepticiamente admiraba para reflejarse en ella y llevar a cabo venganzas de su resentimiento a través de un tercero, que, en resumidas cuentas, era protagonizado por la persona que él admiraba. Era una especie de voyerismo usando a un tercero para llevar a cabo sus actos perniciosos. Ya referí la vez en que me instigó a darle una mala respuesta a "E". Él se percató de que "E" tenía gran admiración por mí y constantemente me instaba a que copulara con ella. En una ocasión, a la salida de la clase, le sacó de la boca a la chica en cuestión una paleta de dulce y la insertó en mi boca. Yo la tiré lleno de asco, pese a que era de ella. Yo no había desarrollado el gusto sexual de usar mi boca para identificar y recrear el placer por la atracción de nuestra corporalidad en cualquier manifestación. Curiosamente, "E" tenía una amiga parecida a mi compañero, quien le seguía por todas partes y que, como mi admirador, sólo callaba, observaba y sugería cosas en ciertas ocasiones. Creía que esa mujer era la prima de "E", después supe que no. 40 años más tarde, rememorando durante una charla telefónica con "E" (quise reunirme con ella, pero "E" estaba casada y no quería poner en riesgo su matrimonio), ella me aseveró que su amiga era una mujer que se sentía solitaria y le seguía como sombra por todos lados. Las dos personas que nos seguían compartían un problema de autoestima. La amiga de "E" era de complexión obesa, cabello lacio y facciones faciales no muy finas, sin embargo, era educada y, considero, de clase media. En contraste, la persona investigadora que me seguía mucho era pobre, de facciones rudas y tez morena. Hasta recato en esta curiosa situación en cuanto al parecido entre nuestras "sombras" y cómo los dos personajes se asimilaban a Pavel, sigilosos, misteriosos, huraños y lacónicos. A lo largo de mi escolaridad, y en ciertos trabajos, me topé con varios tipos de personas que recaían en ese patrón.

Durante ese lapso, en el que "E" era mi eterna admiradora y yo lo era de las otras dos chicas, se desarrolló una simultánea forma idealizadora de los personajes que admirábamos, y, mientras no se consumara esa relación, sería sublime; algo parecido como en el caso de *La nausea* de Sartre, tal como ocurrió entre Anny y Antoine y la idealización del segundo por parte de ella. Qué bello es idealizar y pensar que uno está enamorado de esa persona que se idealiza y que uno mismo llega a llamar el amor de su vida. ¿Cuántas relaciones que se medio consumaron, o no se consumaron, han sido idealizadas en mi vida y aquí tendré a bien referir? Qué bello es vivir en la ilusión, en las ilusiones en diferentes aspectos de la vida. El amor es una catarsis, un paliativo que sirve de escape a la desazón de la existencia llana y sin sentido. Éramos apenas unos puertos que no querían, a bien, la educación académica, pero, dentro de las pocas bondades, el conocer a nuevas personas resultaba agradable y hasta sublime. Lo que no encontré en mi colonia lo hallé en la escuela; de lo que carecí en la escuela privada lo hallé en esa escuela mixta. Fue así como la educación académica me resultó más agradable.

En verdad fue bello mantener esa ilusión de añorar a las dos otras chicas, pues sentía una lánguida esperanza, pero mi autoestima se enriquecía al tener a una enamorada a mi disposición. El clímax de esa situación sobrevino cuando la maestra preguntó por personas en el salón de clase que supieren nadar. Como en la ciudad en que vivía no había ríos, mares o aguas de origen natural, muy pocos sabían practicar deporte acuático alguno. Mi padre me enseñó a nadar desde los dos años y dominaba esa actividad. "E" y su "sombra" también sabían nadar. Entonces, nos enviaron a la escuela contigua a nadar y retozar unas horas. Al regresar teníamos el cabello húmedo, por lo que la profesora nos envió a la explanada principal a secarnos. Por tal motivo procedimos a sentarnos los tres en una banca en medio de todos los salones, Mientras estábamos allí sentados, "E" no tuvo recato alguno de tocarme la mano y sugerirme que me acercase tanto como fuera posible. Como estábamos en medio de todos los salones de clase me aterroricé sobremanera, a lo que me sobrevino no sólo un pavor, sino una timidez extrema. Hoy caigo en la cuenta de que era un temor infundado por mi madre, por su encono y por su sagacidad de investigarme y saber las travesuras y cosas "malas" que hacía. Ese pavor permaneció en mí casi de por vida. En un libro de testimonios psicológicos, 350 hombres coincidieron en decir que lo que más temían de la mujer era el encono, pues eso les recordaba la ira de la madre; en mi caso era aun mucho mayor por el trabajo de detective que mi madre tuvo por años y su experiencia en ese rango. Los sentimientos siempre, o casi siempre, se dan encontrados: en este caso sentí temor, timidez, autoestima levantada y cierta atracción física y sexual hacia "E". Fue una experiencia que hasta ahora recuerdo con cierto dejo de nostalgia.

Resulta curioso, pero en la escolaridad llega un momento en que la mujer supera en madurez al hombre, pues su ciclo biológico se adelanta al nuestro. Todas esas circunstancias confluyen y, en verdad, es difícil desmembrar y analizar la realidad presente, y aún más la pasada. Fue una experiencia en cierta forma sublime y agradable que ha quedado en mi corazón, pero también quedó en mi corazón el desprecio y las burlas que sufrí por parte de la otra persona: la niña de ojos verdes y tez trigueña. Ella hacía mofa de mi timidez y me llegaba incluso a decir soso y bobo. Más que los insultos, lo que me zahería era su falta de atracción hacia mí; eso disminuía mi autoestima. Ese último año de escolaridad primaria me pareció el doble o el triple de largo que los cinco primeros años aburridos de la escuela primaria. Sin embargo, dicho grado fue la puerta para relacionarme de pleno con las mujeres y comenzar a perder mi timidez.

Me hubiere gustado ver por última vez a "E", pero todo quedó en circunstancias que me hicieron permanecer al margen de la consumación de mi escarceo con las mujeres. Al final, un cambio de fecha repentina de la entrega de diplomas hizo que yo no fuera capaz de tomarme la foto con el grupo. Mi madre me acompañó en la fecha que yo sabía que sería la ceremonia, pero de súbito la cambiaron y no fui a un evento en el que comunicaron el cambio de fecha. Al asistir por el diploma observé que mi madre me dio una mirada furtiva llena de ira y con los labios apretados, también llenos de furia, pues me dijo que le di una fecha errada de la ceremonia. Posteriormente, la madre de otro alumno que pasó por las mismas circunstancias le hizo saber a mi madre que hubo un cambio repentino de fecha y que no todos los alumnos estaban enterados. Mi madre quiso congraciarse conmigo comprándome un helado. No obstante, mi coraje y encono por el malentendido y poca comprensión de su parte me instó a vengarme de ella: le di una bofetada con guante blanco y rehusé el barquillo con helado. Ella se enojó aún más y me llamó soberbio. No tuve otro remedio más que aceptar el helado, sin embargo, lo que más sentía era no haber encontrado a "E"... y tuvieron que pasar 40 años para saber de ella. De alguna forma le agradezco que me subiese la autoestima y me abriera una puerta para inmiscuirme en un mundo femenino que no tuviere que ver con la familia y amistades.

Lo cierto es que ya estaba en otro ámbito, el ámbito "normal" de todos los puertos escolares: las escuelas mixtas. Ahora me percato de cuánto daño psicológico causan las escuelas privadas y los internados que recluyen a los estudiantes, como en cárceles, para convivir con personas del mismo sexo físico (la diversidad sexual es implícita, claro está, por eso digo físico). Si bien aprendí muchas cosas de ciencias exactas, fui a museos, a conciertos de música clásica, etc., a cambio trunqué, mutilé, una parte natural de mi convivencia.

El siguiente ciclo escolar, la educación secundaria, estaba conformado por doce materias; era un bombardeo inmisericorde de conocimientos y materias diferentes que destazaban la mentalidad del estudiante y, lejos de enseñarle, lo embotaban. La nueva escuela era un ámbito extraño para mí, aunque tenía referencias de parte de mis hermanos que habían dejado esa institución un par de años antes. Aún tenía un dejo de nostalgia de lo que representó mi último año de primaria y una mezcla de sentimientos; la escuela privada no me dejó muchos recuerdos gratos, pero la vida paralela a la escuela fue una infancia grata que pasé conviviendo con familia política y mi abuela y en la que exploré diferentes sitios nuevos (me volví adicto a los juegos de mesa, tanto como ahora los jóvenes son adictos a los videojuegos).

El ambiente que rodeaba a mi casa era agradable: animales de granja del vecino, parvadas de palomas y otras aves silvestres, los carnavales festivos que llegaban a donde vivía, los vendedores callejeros, los artistas callejeros, etc. Todo esto erigió un ambiente grato. En ese entonces no había contaminación, por lo tanto, el cielo era prístino y sublime. Aquello fue mi niñez, mis sueños y vivencias de pequeño artista... Todo eso moría con la nueva escolaridad.

Tenía un miedo interno por todo. La escuela me alejaba de mi hermano inmediato, de mis antiguos amigos, de un ambiente que cambiaba en la ciudad en que vivía. Las tradiciones antañas fenecían poco a poco, todo cambiaba al unísono y de forma exponencial: yo crecía, maduraba, nuevas cosas llegaban, otras se iban, la ciudad cambiaba y mi ciclo biológico también. Aquella es una crisis creada por protocolos sociales absurdos, pero que nos afectan sobremanera. Mi hermano mayor comenzó a tener novias en ese periodo y dio inicio su ciclo de mujeriego de forma simultánea. A él no le afectó ese cambio. Mi otro hermano era brillante y por su aspecto físico bien parecido seguramente tuvo muchas oportunidades, no sé si consumadas, de entablar relaciones con muchas mujeres; eso ha prevalecido. Por otro lado, yo siempre estuve a su sombra, marginado por mi aspecto físico no tan agradable y mi no muy brillante aprovechamiento escolar. Ese era el panorama que yacía ante mí y que, más que causarme pavor, me provocaba muchas suspicacias e inquietudes. El mundo infantil, esa vorágine de sensaciones, el reconocimiento de un mundo y la formación de una consciencia difusa, fenecía; era el tiempo de cambio hormonal, de cambio de voz, de dejar los juegos infantiles, de tener nuevas responsabilidades y un atajo hacia conocimientos anárquicos y una soledad ante ese terror institucional llamado... escuela.

Capítulo 3

Adiós, *le petit prince;* bienvenido, *le petit* D' Artagnan.

El primer día fue diferente. Me topé con una profesora que fue asignada como la consejera y coordinadora del grupo; era la encargada de establecer un puente entre la escuela y nuestros padres, a la vez que representaba al grupo ante los otros profesores y grupos. Bien, ahora, observando la foto de nosotros, el grupo escolar, la maestra estaba al calce de la foto y en el medio sostenía la punta del banderín, en el que se leía la leyenda de nuestro grupo. El grupo estaba conformado por más de 40 estudiantes, como en la primaria, y había personas de diferentes estratos sociales; ya había experimentado esa situación en el último año de primaria. Ahora sólo conocería a las nuevas estudiantes.

Después de ser obeso en mi infancia, comencé a crecer, cambió mi complexión física y empecé a ser delgado, eso contribuyó a mejorar mi apariencia física. Era más activo y ocurrente en mis conversaciones, a la vez que, de alguna forma, era menos introvertido y conversaba con mis compañeros de clase. Hubo un estudiante que me preguntaba de todo y en principio me molestaba, pues ya tenía la experiencia de la "sombra" de la escuela anterior, sin embargo, se convirtió en un gran amigo y tenía habilidades para el álgebra. Lamentablemente murió apenas el año pasado, víctima de la pandemia. Con el tiempo, aquel alumno demostró ser un buen amigo, aunque pecaba de ingenuidad. Creo que su amistad me ayudó a tener más confianza en mí, no sentirme solo y tener un confidente de mujeres, algo que yo apreciaba en extremo. Es curioso que muchas personas que tendemos a ser semilíderes tenemos, como remora, a una persona no muy autosuficiente y confidente en sí misma, algo así como un asistente, un Sancho Panza, un Ciutti de *Don Juan Tenorio.*

Claro está, amén de estar apesadumbrado y azorado por lo que vendría, reparé en las mujeres que había en la escuela. Sólo a un puñado encontré atractivas, otras eran muy calladas y reservadas. Yo no fui atraído por alguna en especial, sin embargo, una mujer de sonrisa franca, pelo ondulado, alta y atractiva me pidió que fuere parte de su equipo de estudio. De una forma estúpida le contesté que lo iba a pensar. ¿Qué me impelió a eso? Aún no lo sé. Decir no a un equipo de mujeres en el cual dos de ellas eran muy atractivas fue algo por demás obtuso de mi parte... y aún incomprensible para mi intelecto. Sin embargo, mantuve buenas relaciones con esa mujer e incluso varias oportunidades tuve de hacerla mi novia, pero, como no estaba totalmente atraído por ella, la mantuve como alguien que sostenía mi autoestima en alto. Eso me sucedió con otras mujeres. Es por eso que uno no rompe relaciones prospectas de intimidad, sino que se mantienen por el mero propósito de tener confianza y autoestima en nuestras personas.

Recuerdo que tenía muchos conocimientos de biología y durante un examen de zoología sentí una mirada. Al virarme, reparé en la mujer de la sonrisa, quien, con un semblante atónito, de angustia y mordiéndose las uñas, demandaba con la mirada que la ayudara con su examen. Quizá educado por mi familia para asistir a quien me pidiese ayuda, me arriesgué a ser descubierto y con la mirada le inquirí qué preguntas requería. Ella anotó en un trozo de papel las preguntas en cuestión y, haciendo una bolita con el papel, lo arrojó hasta donde me encontraba presto y rogando que no me descubriese la profesora de biología. Procedí a tomar el papel enmarañado y responder en el mismo las respuestas de opción múltiple. Le regresé el papel de forma furtiva; casi soy descubierto, pero el papel llegó hasta sus piernas, las cuales me atraían mucho. Vi entonces el sombreado de su cabello sobre su rostro y sus ojos fulgurantes emerger como en un boceto de Da Vinci; su sonrisa era como una flama de contento. Observé su labio firme inferior brillar coquetamente. Esa situación me excitó. La complicidad de dos personas de sexos diferentes, máxime en una época temprana, incita una invitación a lo prohibido, a traspasar los protocolos de formalidad y hacer algo evidentemente no ético, una infracción a las reglas establecidas. Ver que ella no era perfecta y que estaba a dispuesta a romper las reglas, a "portarse mal", a hacer trampas y que yo fuere su cómplice y nosotros los antihéroes, no la pareja timorata de Romeo y Julieta, sino más parecida a Bonnie y Clyde, era algo excitante. Esas reglas las había roto con la ayuda de mi madre, por eso me encantaba ser su cómplice, sólo que en esta ocasión era con una bella copartícipe que no era familiar mío.

Cuando supo de su calificación aprobatoria me dijo de una forma musitada: "Muchas gracias". Yo me quedé estupefacto por la manera sensual en que emuló ese agradecimiento.

Eran los tiempos de exámenes trimestrales y yo no terminaba de comprender la manera abstracta del álgebra, ni siquiera de la clasificación de los números, pues siempre busqué una lógica con la realidad y un sentido de la creación de números en general. Los problemas prácticos que involucraban números me gustaban, pues asociaba los números a una realidad inmediata, pero el álgebra todavía me resultaba incomprensible; en cambio, había estudiantes que tenían la habilidad de comprender la lógica del algebra. Tal mujer, "D", tenía esa habilidad y en verdad que nunca lo hubiese sospechado. En los exámenes trimestrales de física había problemas que requerían operaciones algebraicas, por desgracia, yo no di el ancho y durante ellos me puse nervioso. No sabía a quién recurrir, entonces, de forma milagrosa, sentí otra vez esa mirada furtiva de "D"; al voltear me percaté de que con esa sonrisa de *madonna* italiana me ofrecía ayuda. Mis ojos se iluminaron, a lo que le asentí de una forma coqueta. Con un susurro dibujado apenas en sus labios entendí que le anotara las preguntas de las que yo requería las respuestas; eran cinco, aún lo recuerdo. Al ver ese rostro bello, de forma inconsciente, me enfoqué por segundos en el cuello y escote de "D", como adivinando sus pechos pequeños. Sentí un amor entre maternal y femenino; sentí una complicidad que he procurado con amantes al no ser descubiertos por el esposo. Descubrí esa complicidad, de niño, cuando con mi prima hurtaba mazorcas en los sembradíos. Cambiaba los precios de las mercancías de manera furtiva y sentía complicidad con mi madre, quien devolvía la barra de pan que se había enmohecido y sustituía el empaque con el de una nueva para devolverla y recibir el reembolso. Ese contubernio, esa confabulación, el sentir la emoción, esa sensación de complicidad, nos unía. Aún no entiendo por qué no consumé esa complicidad con "D"; algo quizá no me convencía de ella.

Posterior al término de la secundaria fue que vi a "D" de nueva cuenta, cuando estaba de visita en la biblioteca, ya en la preparatoria. Noté que con sus ojos quería decirme algo. Ella iba con una mujer muy bella, rubia, que después supe que era su hermana. Le saludé, pero quizá la impresión tan honda de su hermana me hizo alejar mi atención de ella. Ese fue nuestro último contacto durante mucho tiempo. Fue apenas hace 10 años que reanudé contacto con ella, muy superficial, sobre todo porque se convirtió en cristiana. A la fecha mantenemos un mínimo contacto. Me gustaría verla en persona en una de las reuniones de exalumnos. Al final, se mantienen los buenos recuerdos con ella de cuando éramos estudiantes; en verdad la asociaba con una actriz de esa época.

El hecho de asociar las facciones de mujeres cercanas con otras es una fantasía que ha sido no sólo reproducida por mí, sino también por mi familia. Sin embargo, el gran parecido de mis familiares con ciertas personas era en verdad impresionante. Un padrino en verdad se parecía a un cantante y artista de mi país de los años cuarenta; mi madre, máxime por sus ojos —si se dibujan tal cual los ojos, en clases de pintura aprendí, será logrado el 90% del parecido—, era el vivo retrato de una actriz-cantante de un país de similar cultura al mío. A mí se me ha asociado, por parecido, con un famoso actor estadounidense y se me apodó con su nombre; antes, mi madre me encontró similitud con un actor de presencia regia. Se me ha dicho que soy árabe, italiano, mexicano, indio o sudamericano.

Estoy consciente de que no tengo un gran atractivo, aunque conservo una personalidad alegre y mis atributos enmarcan tal personalidad. Empero, he tenido novias parecidas a cantantes estadounidenses y brasileñas, de *bossa nova*, y a actrices o presentadoras de televisión; de allí formé una fantasía curiosa en la que procuro sumergirme, tanto así que creo que es verdad, sin que recaiga en el fenómeno psicológico de ilusión de verdad. Cierta ocasión, un transeúnte reparó en la belleza de mi exesposa. Me insistió en que ella le diese un autógrafo, pues la confundió con una celebridad de mi país. Otra novia tenía un parecido a diferentes personalidades, entre ellas dos cantantes, una de mi país y la otra estadounidense.

La escuela secundaria fue la institución, tanto escolar como de congregación, en la cual encontré mujeres por las cuales tuve una atracción sincera. Había una mujer que se sentía atraída sobremanera por mí, mas yo lo desconocía; sucedió a ello una anécdota muy peculiar. Entre las mujeres de mi salón destacaba una morena muy bella, tan bella que se me hacía muy inalcanzable, como en una película donde se manifiesta una mujer que es confundida con una virgen, con una noción de belleza suprema que sólo una reina o una virgen podría poseer, y en el dilema y paradoja del fenómeno materno-virginal se presenta una situación de tipo edipesco. Esa belleza, que algunas personas llaman de plástico, de maniquí, es tan perfecta que la persona pierde el encanto alguno, se torna aburrida… así es la belleza cuasi perfecta. Esa mujer tenía unas pestañas largas, naturales y enrizadas, un ondulado cabello negro como el azabache, piel lozana y acanelada, caderas muy anchas y unas piernas amplias y sensuales. Ella me abordó al término de la clase de geografía; vi sus ojos brillantes y con pena me inquirió si podía tener una charla somera con ella en la única banca que bordeaba a un árbol, pues tenía una confesión para mí. En verdad que la exaltación y el júbilo me turbaron sobremanera. Mi corazón latía con rapidez y esperaba con ansia inusitada el encuentro con ella; creía algo increíble que alguien estuviere enamorado de mi lánguida persona. La siguiente hora de clases transcurrió de forma gradual, lenta, y a hurtadillas atisbaba su rostro, que me sonreía. Por fin sonó el timbre y presto fui, entre el tumulto, a su encuentro; ella estaba tan cercana a la entrada que nunca vi cuando ella salió. En verdad era un mar de estudiantes confluyendo hacia la explanada de recreación, en donde se ubicaba el dichoso árbol con la banca redonda postrada en su vientre. Me abrí paso entre toda esa romería de estudiantes; al final llegué y la vi en la modesta banca. Estaba ella con sus cejas bellamente pobladas y sus ojos negros como tizones en fulgor, sin embargo, no conté con que otra alumna yaciera sentada a su lado. Fue entonces que la morena se corrió a un lado e hizo un espacio entre ella y la susodicha, a guisa de que me sentase entre las dos. Con cierto resquemor me aposenté, y cuál fue mi azoro cuando supe que el motivo de la conversación era hacer las veces de celestina e interceder por su amiga y ayudarle a confesar su amor por mí. Yo me decepcioné tanto por tal situación que le di una rotunda negativa; eso nunca me lo perdonó e incluso en una reunión inmediata de estudiantes me desdeñó de la forma más desagradable. Por fortuna, cuando comencé a enlazarme con exestudiantes, le solicité una amistad virtual y me la concedió. En realidad, su personalidad era muy atrevida: llevaba una ánfora al salón y bebía entre clase y clase hasta que fue descubierta. Era de estatura corta y complexión obesa. En realidad nunca tuve mucha atracción por ella y me era indiferente. Curiosamente, vi un video de ella tomando una bebida alcohólica en una carcasa de langosta.

En el taller de pintura había una mujer de bellos ojos, que en un principio no me gustaban, y con un nombre francés que me contemplaba mucho. Nunca me atrevía a abordar a mujeres así porque buscaba un atractivo mucho más profundo. En realidad, fui plenamente honesto con respecto a mis sentimientos y los asumí como los sentía y pensaba. Sin embargo, llegué a arrepentirme e idealicé mis sentimientos al no consumarlos. En cierta forma, era ingenuo e idealista.

En ese entonces tenía casi decidido convertirme en artista, por tal motivo quise ir a una academia de arte en la cual daba clases un dibujante que admiraba, de modo que quise acudir allí a mis trece años. Al llegar a la explanada de un panteón histórico, queriéndome ubicar para enfilar hacia la academia, fui atajado por una mujer de considerable edad enfundada en una falda negra y una blusa de popelina de color oro muy brillosa; estaba muy emperifollada y bajo la influencia del alcohol. Profirió un verso, algunas estrofas que no puedo recordar y luego me dijo: "Ven, chico. Vamos a hacer el amor". Yo me quedé estupefacto. Esbocé apenas una sonrisa sardónica y salí de allí desconcertado, sobre todo cuando me tomó de la mano y seguían efluyendo de su boca versos. En mi desconcierto ya no reparé en ella. En ese momento, sin tener certeza de ello, fui interpelado por la que ahora es una de las más grandes poetisas que han existido no sólo en este país, sino en la historia de la poesía. Ella tenía fama de ser directa, atrevida, ególatra y erotómana. Nuestras vidas se entrecruzaron en un momento incongruente. Sin saberlo, tuve contacto, quizá, en este aspecto, con una de las artistas más precursoras e iconoclastas, incluso más que la pintora con la cual mi padre tuvo contacto.

¿Mitos o realidades? Mi vida estuvo entrelazada entre la leyenda de descender de la familia de la poetisa más excelsa en la historia, el haber encontrado en mi camino a otra poetisa de égloga similar y el haber tenido contacto indirecto con la mayor pintora de mi país. Así comenzó mi adolescencia, entre situaciones estrambóticas y encuentros no consumados de sexo. Años atrás fui abordado, en el interior de un paso a desnivel, por una indigente desnuda que me tomó también de la mano y me dijo en una forma vulgar correspondiente a mi país: "Vamos a hacer el amor". Quedé estupefacto a mis escasos nueve años. En ese entonces hui despavorido. Experiencias de ese tipo las tuve también al ser atajado por degenerados que quisieron abusar de mí, pero que logré evadir. Incluso ya en mi adultez hubo anécdotas que a la postre mencionaré, de forma similar a lo que me aconteció de niño.

Así comenzó a esbozarse mi perfil de incidencias que me condujeron a la adicción al sexo. Esto continuó por un largo tiempo, hasta que decidí ser plenamente mujeriego... de forma accidental. Del mismo modo que tuve cercanías con mujeres, también tuve desavenencias con otras; entre ellas había una que acosaba de forma agresiva a mi amigo (él me confesó que adoraba que le golpease, pues era la única manera de relacionarse con ella debido a que sentía mucha atracción por esa mujer). Esa mujer me detestó todo el tiempo; curiosamente, era amiga y confidente de "D", pero me aborrecía. Aun ahora pudimos ser amigos, pero me bloqueó en su portal cuando no convergimos en nuestras opiniones políticas. Ella resultó conservadora, yo, en extremo liberal.

Esa institución se hizo a la postre afamada porque surgieron de ella estudiantes profesionistas en gran proporción y otros que lograron edificar un prestigio en diferentes rubros. De todo ese grupo soy el único que terminó siendo un mujeriego empedernido y seductor, negándome a reproducir los protocolos sociales establecidos. Llevo una vida semiascética y resguardada en principios vitales que he creado. Entiendo que soy mujeriego, pero mi única ventaja es que no fui, soy ni seré un acosador ni seductor de menores de edad. Tampoco he provocado embarazos ni tengo progenie por doquier. No le he robado a mujer alguna, soy generoso y prefiero perder dinero que he dado a algunas amantes. Nunca he timado a alguna mujer ni he abusado de prostitutas. He sido discreto con las prostitutas que he tenido amistad en relación con la actividad que desarrollan o desarrollaron. En algunas actividades me he dirigido con el mayor respeto a las mujeres. Nunca he visto libidinosa o licenciosamente a mis clientas ni a las mujeres sobre las cuales tengo cierto poder, ya como supervisor, profesor o vigilante. Mis impulsos lúdicos los manifesté con prostitutas, siempre respetándolas. Nunca me han llamado acosador, golpeador, bígamo o indolente. Cuando he roto relaciones prefiero dejar los bienes materiales y no tomar represalias. Me han engañado varias veces, pero también he engañado. Yo no tengo corazón para guardar resentimientos. Ciertamente he sentido una confluencia de emociones muy severas cuando sé que he sido engañado, pero el tiempo me hace olvidar pronto. Bien sé que no es digno pagar por usar el cuerpo de alguien; esto no es algo ético, por más que la prostituta esté de acuerdo. Tengo que agradecer a cada sexoservidora que contribuyó para que yo no tuviere un hijo no deseado; también me ayudaron a ser responsable de mis acciones y evitar actos ruines y machistas en contra de los seres más débiles.

Cierto es que adoro a los niños y que mis madres me ayudaron a saberlos criar. Decidí no extender mi sinrazón y cortar de tajo ese ciclo que mis progenitores iniciaron, creyendo de buena fe que seríamos unos proyectos ideales. Tanto mis hermanos como yo hemos sido fracasos a nuestra manera; tres de nosotros decidimos cortar el ciclo de progenie a nuestra manera. Estoy consciente de que gran parte de mi relación con la humanidad ha sido mayormente con todo tipo de mujeres; quizá muchos otros hombres estén en tales circunstancias, pero no están de ello conscientes. Mi propósito es, por lo tanto, también, que la mujer no sólo explore la mentalidad y persona de un mujeriego, pero que al leerme se analice a sí misma, se evalúe y se identifique en aquello que la mujer me ha afectado para bien o para mal. Deseo en lo más hondo de mi ser que sea este testimonio una fuente de ayuda para la verdadera y no burda liberación femenina. San Agustín, en sus confesiones, hizo una catarsis paliativa para una elevación espiritual. En este presente no creo en el amor romántico, no creo ya en la pareja y familia nuclear, no creo en la galantería, no creo tampoco en otro tipo de pretensiones convencionales e hipócritas y no guardo resentimiento feroz a mujer alguna, pero sí a hombres que me afectaron indirectamente.

Capítulo 4

Adiós a la tierna y sublime égloga de la juventud primera; bienvenido al mundo de Mrs. Robinson

He de decir que en el ciclo de la secundaria experimenté más mi relación con la mujer, aunque en verdad nunca la consumé. Se edificó un idealismo acerca de las posibles novias y hasta allí llegó ese efluvio ilusorio. De esa forma, madurando biológicamente, inmerso en una aversión hacia lo académico, fue que entré al siguiente ciclo educativo.

El bachillerato es una época en que se nos impone la identidad de adolescente para definirnos, aunque carecemos de una educación emocional, sexual, existencial, espiritual en suma. La palabra educación, en su acepción, es preparar y formar para un determinado propósito; es un convencionalismo incuestionable y nadie lo hace; es como una piedra filosofal, como algo inherente que es parte de nuestra existencia y que tenemos que asumir como cierto. La educación me impregnó conocimientos esparcidos que aprehendí y resguardé en alguna parte de mi ser. Con el tiempo supe que el conocimiento bien aprendido y aprehendido es una herramienta que adquiere sentido.

Conocí mi cuerpo, el de los demás, leí para conocer las zonas erógenas de las mujeres, oí testimonios y supe que tenía dos tipos de educación: la de la mujer y la del hombre. Mi abuela y mi madre me educaron para usar mi cuerpo y mis manos, pero mi padre estaba más avenido a mi desarrollo intelectual. Las prostitutas me enseñaron a ser más extrovertido, a identificarme con mi forma real de ser y evitar pretensión alguna. En los protocolos sociales se aprende a ser galante y cortés, pero también a ser pretencioso, falso e hipócrita. Claro está, se me educó para ser galante y complacer de una forma artificiosa a la mujer. Descubrí también que, dentro de esa apertura con las prostitutas, ellas buscan ser respetadas y les place ser galanteadas, pese a ser un convencionalismo. Sé cómo ser galante con ellas, pues es la única manera en la que obtienen cierto respeto.

Socialmente, la mujer está dispuesta en un sistema que le excluye de las mejores oportunidades de empleo y queda desprotegida, por lo tanto, se edifica una cultura de encontrar a un partido que le provea seguridad económica y material. Muchas mujeres, poco a poco, me pidieron dinero de forma discreta; pudiere bien ser un acuerdo pragmático, pero no deja de ser, en cierta forma, una manera de venderse solapada y subrepticiamente. Claro, eso nunca se lo hice saber a este tipo de mujeres. Cuando todo se reduce a complacer a una mujer de manera material, entonces me alejo de ese tipo de relaciones. El saberse consentidas y ver que un hombre les complace sus necesidades materiales es una forma de tranquilidad existencial para muchas mujeres. He sido testigo de que las mismas madres solapan e instan este tipo de comportamiento.

La sociedad, por el modo en que está conformada, es cruel con la mujer: la devora y la reduce a buscar seguridad de supervivencia. La relación espiritual es sólo una forma ideal en la realidad y el amor romántico una referencia casi imposible de llevar al cabo; lo sabemos, como sabemos, inconscientemente, que el día es sólo una ilusión y que la oscuridad conforma parte de la realidad en su totalidad; el Universo es la carencia de luz plena. El sexo también es una ilusión, una parte detonada en nuestro cerebro por la imaginación. Nuestro cuerpo está conformado por fluidos, humores y formas no siempre gratas y que tienen que enmascararse con esencias, prendas, maquillaje o algún tipo de protocolos y ceremonias lúdicas. El sexo es como un bello atardecer y en realidad es una percepción de la combinación de luces, nubes y caprichos de reflexiones detonados por nuestra inconsciente asociación con lo bello. Quizá por eso en la adultez, ya envejecidos, perdemos la atracción por lo sexual; es como el que adivina un acto de magia, pues tendrá que olvidar el truco para volverlo a disfrutar.

¿Cuánto ignoré y cuánto me abstuve de comprender? Y aun con todo tuve una perspicacia e intuición contra lo preestablecido. Me negué a creer en la familia, pues la consideré como una conjunción de personas fortuitas forzadas a convivir y apreciarse entre sí. Concebía cada vez más lejana la posibilidad de conseguir una pareja ideal, y mucho más la de matrimoniarme; uno se encuentra en medio de dichos protocolos en el inicio de una nueva etapa de vida que en verdad no sabe cómo vivir, pues los referentes son confusos. La vida y sus referentes son como una película: todos son creaciones culturales, ya sea el amor romántico, la familia, la galantería, etc. Nos gusta vivir en la mentira, pues es el único consuelo con el que contamos en nuestra existencia. Tal es el juego que todos jugamos, la rueda de la fortuna que no nos gusta sólo contemplar, sino abordarla y no salir de ella hasta el día de nuestra muerte.

La preparatoria fue otro ciclo crucial y determinante en una época de transición, donde elegiría la carrera profesional con la cual se suponía que aseguraría una existencia grata y, ante todo, material. Tuve que lidiar en ese entonces con el aprovechamiento escolar, que consume más del 60% de nuestro tiempo vital; lo demás era lidiar con mi apariencia física, complicada por el acné, y llevar al cabo alguna actividad alternativa, fuera del ámbito profesional, que pudiere proyectarme como una personalidad que no requiriese estudiar y ganase dinero sólo con el talento. Intenté ser un futbolista y no tuve éxito; intenté el box, pero era muy demandante.

El inicio de la escolaridad de este ciclo fue llano, un páramo infértil de mujeres, que se conformaba por estudiantes egoístas sin personalidad, ordinarios, sin ninguna gracia. Fui. Bienvenido en la realidad mundana en la cual el vecino de al lado es opaco y parco, sin interacción que valga la pena. En verdad esta parte de mi vida fue yerta e infértil, y acaso tuvo algunos tintes de educación prósperos. Este ciclo también estaba conformado por mujeres timoratas y sin personalidad; algunas de ellas eran incluso mojigatas católicas que condenaban el aborto y estaban averiguando si apoyábamos o no el aborto.

En realidad, ese colegio era una institución avenida a las protestas políticas de izquierda y a aprender a ser rebelde y estar en contra del sistema. Estas instituciones nos avocan a la consciencia política, pero desvirtúan el verdadero concepto de consciencia, en realidad, como lo aprendí más adelante en la facultad de filosofía, los términos conservadurismo, libertad, consciencia, educación, riqueza, pobreza, igualdad, realidad, verdad, etc., son relativos, es decir, están en relación con algo. La consciencia de clase social se alienó de la acepción de consciencia de la realidad total, de tal forma que el concepto consciencia se asocia con el de consciencia social; esto es importante y fundamental, pues la educación allí recibida nos despojó de nuestra consciencia de cualquier realidad que no fuera la social: lo sexual, lo psicológico, lo familiar, lo afectivo, la alimentación. Todos los constructos culturales pasaban a ser meros accesorios y se les concebía como entes disociados, como realidades satelitales. Esa izquierda tiende a ser ortodoxa y conservadora, pues Sartre resultaba esnobista y también los existencialistas; sólo los avocados a Marx y los filósofos que fundamentaron su crítica eran aceptados. Tampoco cuenta, en lo absoluto, con una crítica a la lógica masculina, a la familia nuclear, a la alimentación carnívora y omnívora, a lo ecológico, a lo especista, etc.

En ese entonces leí un libro muy interesante: *La muerte de la familia,* de David Cooper. Dicha obra me influyó y reforzó lo que pensaba de la familia. Esto, aunado a mi natural rebeldía de adolescencia, manera iconoclasta que se afianzó en mi carácter y aún permanece, hizo que me alejara de los demás estudiantes en general, pues no era compatible con las nuevas modas a guisa convencional, de tal forma que no me sentía en boga.

Dos eventos con mujeres, que en realidad no fueron afectivamente amorosos, acontecieron con dos profesoras. El primero se suscitó en el primer año de la educación preparatoria durante la materia de historia. La materia era impartida por una profesora joven de aspecto físico ligeramente agradable y que casi nunca sonreía, al parecer estaba un poco frustrada con los gastos rutinarios, las clases, la revisión de exámenes, la preparación de clases y la crianza de su hijo pequeño, a quien llevaba a clases en ocasiones, las cuales en múltiples instancias tuvo que suspender por el comportamiento hiperactivo del infante. En esas situaciones embarazosas pude observar cuán complicada era su existencia; no eran situaciones gratuitas, como decía Sartre: no eran problemas gratuitos, fortuitos, inevitables, eran problemas creados y derivados de su asunción de una vida convencional y conservadora, conservadora del estilo de vida edificado por constructos culturales. No se había liberado de esas convenciones culturales, lo cual contradecía su rebeldía hacia el sistema económico. Desde ese entonces yo no podía estar a la saga ni al tanto de todas las materias y me atoraba con el estudio cuando dedicaba mucho tiempo a las materias que no entendía del todo bien; éstas consumían mucho de mi tiempo y no me dejaban lo suficiente para las materias que tenía como fáciles; historia era una de ellas.

El día del examen anual yo me confié, pero me faltó tiempo para estudiar todo lo respectivo a la etapa histórica que se vería en el examen y sólo comencé la primera parte, la cual aprendí muy bien. En dicho día, todos los estudiantes estaban embebidos estudiando y se olvidaron de la presencia de la maestra, yo sí me percaté de ella, así que cerré mi libro. Previamente escuché comentarios de unas alumnas diciendo que era mucho material de estudio y manifestaron su inseguridad acerca de la prueba. Finalmente, la maestra manifestó un gesto adusto y evidenció su molestia al no ser advertida su presencia; pienso ahora, ya meditando y conociendo más de lo social y de la mujer, que ella llevaba muchos problemas a cuestas, incluso, quizá, un divorcio en puertas, y que nuestra aprehensión sólo era un detonante de toda esa problemática. Cuando ella recató en todo ese alboroto se enconó e inquirió si el tiempo que nos dio fue suficiente para estudiar, exhibiendo una sonrisa aparentemente amistosa, pero que era sardónica. Entonces, ante el silencio, la maestra pidió que levantásemos la mano los que en realidad habíamos estudiado... sólo 5 de nosotros alzamos la mano, por lo tanto, la maestra volvió a inquirir si estábamos seguros de ello. Los demás bajaron sus manos. De forma rebelde y sin importarme las consecuencias, mantuve mi mano en alto, pues el grupo me había rechazado por ser un raro, extraño y estrambótico. Después de permanecer así, la maestra procedió a decir que entonces nos retiráramos para estudiar bien y que volviésemos al siguiente día. Todos me miraron con sorna porque mantuve mi mano levantada, de forma que la maestra dijo: "Regresen mañana, pero la máxima calificación será nueve, el día siguiente ocho y así sucesivamente". La sonrisa de mis compañeros se difuminó y procedieron a vaciar el salón, de modo que fui el único que permaneció allí para hacer el examen.

Me encontré en una situación embarazosa y mi timidez se acrecentó al estar solo con una mujer, una mujer tutora y académica con la que nunca había charlado más allá de un saludo. Lo que a continuación dijo fue que me acercase a su asiento; al hacerlo y tomar mis bolígrafos para escribir las respuestas, me atajó, diciendo: "Déjalos allí. El examen será oral". En cierta forma me relajó eso, pero a la vez me puso nervioso, pues un examen oral procura hablar y tener control de la voz en coordinación con los pensamientos para dar respuestas prontas, como en los concursos de conocimiento. Vi entonces cómo ella se acercó con una seriedad amistosa que proyectaba confianza, lo cual me dio serenidad. Observé su rostro de rasgos finos, piel pálida y su pelo lacio y corto; su escote se asomaba desde una blusa de acrilán enfundada en un cárdigan color morado (aún recuerdo los colores discretos de su atuendo). Al estar ante ella sentí un amor maternal, esa confianza femenina. Vi a sus manos finas tomar un libro para proceder a hacerme preguntas, mientras que me decía que serían sólo seis. Las manos femeninas hablan al tener un cuidado soberbio; las manos finas develan la dedicación de la mujer a algo, a una parte del cuerpo que tiene la función de asir, de cambiar, de transformar, de cuidar, de acariciar, de escribir y de seducir. Atisbar en las manos es procurar la atención en un lenguaje oculto; es un mundo de seducción donde se descubre esa parte del cuerpo que intermedia en la seducción y el sexo; es la parte del cuerpo que puede invitar a un acercamiento afectivo.

En realidad, la maestra no me miraba mucho porque, quizá, estaba ensimismada en sus problemas, a la vez que estaba encolerizada por la falta de estudio de mis compañeros de clase. La primera pregunta fue sencilla, pues se remitía al inicio de la etapa que había estudiado; la segunda también fue fácil, así como la tercera, la cuarta, la quinta y la sexta. ¡Oh, sorpresa! Todas las preguntas fueron acerca del inicio de la primera etapa del evento histórico que debíamos estudiar, ¡y yo lo sabía a la perfección! Fue un acto orgásmico de sabiduría inmediata y enciclopédica. El evento fue fugaz. "Tienes, evidentemente, un diez", dijo la maestra y procedió a escribir la nota en su bitácora de calificaciones. Fue sólo hasta ese instante que bosquejó una sonrisa, una sonrisa traviesa de esa complicidad que conocía, como diciendo, ve afuera y presume a los estudiantes tu calificación.

Antes de salir gustoso, con una emoción contenida, y al voltear para despedirme de la maestra, ella me guiñó furtivamente un ojo y sonrió de inmediato, diciendo adiós con una mano elegantemente tierna de manera delicada. Quise ir a abrazarle y sentir ese amor femenino; quise besarle la mejilla y apretujarle entre mis brazos. No fue que el gusto de haber tenido una calificación máxima, sino la emoción lo que me inundó. Fue un acercamiento humano y femenino con ella. Se enquistaron en mi mente su cárdigan morado, sus pantalones de mezclilla ajustados y sus alpargatas blancas, que me proyectaron una imagen de sencillez. Sentí no sólo un amor no sexual, sino una conmiseración por los problemas que ella tenía y una ternura también. Nunca olvidaré su imagen ni su rostro.

Al salir del salón fue como partir de un sueño. Los otros estudiantes se hallaban en el pasillo releyendo sus libros. A mi encuentro llegaron varias mujeres, ningún hombre, y me preguntaron cómo fue todo. Arqueando una ceja, sonriendo y guiñando un ojo les dije todo lo que ellas querían saber. Curiosamente, ese comportamiento se replica en otros animales: las leonas son las que cazan y las hienas son las líderes de sus manadas. En este caso, la mujer tomó la iniciativa.

Retomando la analogía anterior, es la madre la que lidia con todos los trámites, pagos y cosas de rutina en un hogar. Otro ejemplo de actuar femenino ocurrió en mi escuela secundaria, pues enviábamos a un grupo de mujeres a que pidiesen a un maestro la hora libre para estudiar y hacer el examen difícil de química, posterior a la clase de dicho maestro. La mujer es la que ejecuta las acciones determinantes, la que puede tomar control de situaciones críticas, pues su visión periférica la acostumbra a enfrentar múltiples situaciones. Resulta más cómodo para el hombre sólo enfocarse en las responsabilidades de un empleo y reducir su rutina a eso, libre de responsabilidades varias.

En ese mundo de la mujer estaba creciendo y era el que observaba a diario, pero no era homogéneo. Las mujeres más cercanas a mí influían en mi vida, aunque en realidad eran mujeres heterogéneas y algunas muy controladoras, con las que tuve confrontaciones; entre ellas sobresalía mi hermana mayor. La relación con mi familia, con mis hermanas y con mi mamá se tornaron grises, salvo el cambio de relación con mi hermana mayor; ya no era yo un niño y ella se obstinaba por tratarme como un infante desprotegido. Desde ese momento se inició una relación tensa, tanto así que yo deseaba ser libre de albedrío y espacio, pero la obsesión de mi hermana comenzó a crecer como una cáncer metastásico. Con el tiempo, esta situación se volvió crítica, incluso después de su muerte, pues me afectó psicológicamente el constante acoso y vigilancia de su parte.

Hubo un momento en que decidí no verle más como hermana, de hecho, terminé por no sentirla como tal. Era tan conflictiva su forma de ser conmigo que chocaba no sólo con mi madre, sino también con mi exesposa y con las amigas de mi madre. Mi hermana no sólo era mitómana, también tenía una doble moral, lo que ocasionó que en el trabajo proyectara una imagen bondadosa, pero en la casa su soledad la hacían que forzase a la gente a socializar con ella bajo sus términos. La psicología de Gestalt procura enmendar lazos rotos, reducir los objetivos y priorizarlos, es el optimismo de superación, sin embargo, en el despropósito de la vida, en la vorágine de esa confusión, llegué a la conclusión de no forzarme a ser algo como aquello que la psicología positivista propone. Entiendo que hay problemas en la existencia que simplemente no tienen solución, o bien, que requieren mucha inversión vital para componerlas. Mi hermana nunca cambiaría en su obsesión por cuidar de sus familiares cercanos. Mi madre me enseñó a ser libre y a hacerme responsable de mis decisiones, por eso no necesitaba la interferencia de mi hermana. En verdad que fue muy tensa la relación y se comenzó a hacer problemática desde la secundaria, pues mi madre le dio el poder de cuidarnos a mí y a mis hermanos cuando se ausentaba por salir de visita a ver a mi otra hermana en una ciudad lejana. Llegó a tal grado esa tensión que en una discusión se me acercó amenazante y la alejé con el pie, lo cual se tornó en una patada. Yo perdí el control, pues pretendí ser el mejor portado de la familia, pero mi hermana me exigía más. No podía complacerla sin yo ceder a ser como ella quisiere que fuere. Por ese incidente dejamos de dirigirnos la palabra por todo un año. Ella era ciertamente muy soberbia; a tal grado llegó su resentimiento que siempre tuvo una rencilla con mi madre, la cual prevaleció hasta la muerte de ésta. De ello daré referencia en la sección relacionada con las rencillas entre mujeres.

Al final, sentí que ese intento de acercamiento acosador e insistente me alejaban de mi hermana de forma afectiva, al grado de considerarla como una extraña. Establecer, instaurar y restaurar lazos afectivos es algo positivo, así como romántico e incluso idealista. Cuando mi hermana cumplió 70 años supe que ya nunca iba a cambiar, entonces fui sincero conmigo mismo y tomé la decisión de excluirla de mi vida.

Ni ella cambiaria ni yo cedería a sus demandas; era tiempo de cortar una relación que no tenía sentido.

Pienso que nos complicamos la existencia al forzar relaciones, situaciones y protocolos existenciales con los cuales somos, irónicamente, educados. En realidad, las relaciones entre las familias distan de ser sanas, yo sólo he asumido esas situaciones sin tapujo alguno. Por lo tanto, el cortar de tajo y sin violencia relaciones, como cuando ocurre en un divorcio, es algo en verdad sano. Por lo menos, un alejamiento sin complicaciones de una relación patológica es lo mejor. Aprendí que, así como es menester enmendar relaciones que puedan ser rescatables, también es pertinente retirar las relaciones que puedan ser nocivas y no tengan posibilidad de ser restauradas.

Resulta así un poco decepcionante que en ese lapso no contaba con la afección de mujer alguna. Sólo recuerdo que tuve algunas relaciones dispersas con algunas mujeres. Quizá me arrepentí porque no pude relacionarme con dos mujeres atractivas. Por ese entonces una señora que hacía limpieza en la casa tenía dos hijos; uno de ellos en verdad era galán, alto, de facciones finas y bien parecido. Su mamá tenía un aspecto totalmente contrastante. La hija era lánguida, como uno de los personajes de Poe, era muy delgada; creo que tenía en ese entonces 17 años. Yo tenía 16 o 17 y recuerdo que no me quitaba la mirada de encima, pues era menester que recogiera a su mamá dos días por semana, los días en que ella hacía la limpieza. Siempre veía su silueta escuálida deslizarse hacia arriba para alcanzar el timbre. Yo siempre le abría. Quizá mi prejuicio social me impidió relacionarme con ella, ya que mi único contacto con ella era mediante saludos. Además, le ofrecía un emparedado siempre. El fantasma de mi familia, sus prejuicios, también eran otro factor. Fueron varios años los que su mamá trabajó en mi casa y no recuerdo la razón por la que dejó de asistir. En cierta forma extrañé a su hija y me arrepentí de nunca invitarle a algún sitio, quizá porque tenía muchas complicaciones en la escuela.

En ese entonces quise hacer realidad alguna actividad que elevara mi autoestima. La oportunidad se presentó cuando una funcionaria del gobierno, para la cual mi hermano trabajaba, le pidió si podía ser profesor voluntario, asistiendo a alumnos que deseaban completar su educación secundaria. Yo me ofrecí como voluntario. Irónicamente, y así como mi hermano me introdujo de voluntario, yo hice lo propio con mi otro hermano, quien en verdad estableció muchas relaciones allí y una de ellas aún perdura. Allí conocí a varias mujeres, pero una en especial sentía atracción por mí; era una mujer alta, de tez morena, bellas y armónicas facciones, ligeramente robusta, de cabello negro y ondulado y solía vestir de overol y camisa a cuadros. Ella quiso asistir conmigo a una reunión política que referí en una de las clases de historia. Por razones trágicas que he de relatar más adelante, la relación nunca se consumó. Nada más ocurrió durante esa etapa, salvo mi primer eyaculación, producto de una experiencia onírica con mi prima que anteriormente relaté. Así fue cómo ocurrió mi primera experiencia verdadera de enamoramiento, con aquella mujer que conocí durante mi voluntariado. No me arrepiento de haber vivido esa ilusión, pero ahora apenas la recuerdo. Esto generó un cuento que no terminé y planeo terminar en un formato original. Ese cuento deseo terminarlo en un momento muy especial; no sé si lo publicaré, pero pienso leerlo para mí mismo y gozarlo a guisa de recordar esa ilusión que nunca más volverá, puesto que aquello que no pudo ser no podrá serlo en una época en que mi concepto de amor e ilusión ha cambiado.

Curiosamente, en una de las actividades que realizo, encontré a una persona casi correspondiente a mi edad; ella, si acaso, era un poco más joven, pero sus ojos mágicos aperlados, como dos zafiros negros, se asomaban desde unos párpados ligeramente alicaídos por una belleza sutil y se ensartaban entre unas ojeras tenues, dando un halo de misterio y unas cejas bajas pobladas que le daban un aire regio. Su piel apiñonada, de una tez semiolivácea, le daba una ensoñación sublime. Su nariz era un poco pequeña y terminaba en una punta redonda y grácil que le daba un toque de gracia infantil. Su cabello ondulado, levantado de forma elegante, le daba un aire de altivez sencilla. Era modesta de carnes y de piernas torneadas y delicadas. En cierta forma me recordaba a mi madre, sin que ello fuera una manifestación de complejo de Edipo (quizá, a lo sumo, era sentir el contento de reproducir la pareja tan bella que en un momento hacían mis padres). Su nombre, aunque ella era, de cierta forma, de mente ordinaria, remataba a pensar en el nombre de un cisne en un cuento de hadas y ballet muy famoso. Su nombre en primera instancia me causó agrado. De hecho, no lo supe de su boca, sino de su gafete que portaba como dependiente de un almacén de abarrotes. Yo era joven y entusiasta con respecto a consolidar el amor con una musa, sobre todo, intelectual, así como encontrar una poetisa o algo así y consumar el ideal de amor. En verdad aquella mujer no era voluptuosa ni sensual, era sencilla y sin complicaciones, incluso delgada. De manera inconsciente, no sólo la asociaba con mi madre, sino también con la figura fina de las actrices del cine de oro.

Creo que, en la pintura clásica, el cuerpo voluptuoso es nulo; las vírgenes y las musas son delgadas, sólo su faz es agradable y angelical, por ende, algo debió y debe haber en mi inconsciente que me impele a amar a las mujeres sencillas en belleza. No busco la voluptuosidad en el amor ni la belleza plástica, acartonadamente perfecta. Entiendo que he padecido de una escisión psicológica que me impide asociar la lujuria de lo voluptuoso con el amor; me ha costado mucho trabajo el manifestarme en plenitud sexual con las personas con las que he sentido profunda atracción, esto es, casi amor. Quizá sea que no quiero sabotear la relación con lujuria y llevo la relación sexual con mucha delicadeza y cordura. Mi comportamiento con las personas con las que no tengo compromiso es totalmente diferente en lo sexual: soy abierto y no manifiesto prejuicio alguno. Hay una dicotomía en mi comportamiento sexual y el afectivo. Quizá sea normal este hecho en mucha gente sin que de ello estemos conscientes. Lo cierto es que he caído en cuenta de esto desde hace años, y es algo que he querido compendiar y analizar con los elementos del psicoanálisis.

Tuve muchos prejuicios de joven, en especial sexuales, pero mis múltiples relaciones me hicieron más abierto y avenido a una mejor salud sexual. De mi consciencia, acerca de la atracción de consumar la idea de amor con el estereotipo de una mujer delgada, sencilla y sin complicaciones, llegué a tal inquietud hace más de diez años: ser mujeriego no quiere decir que tenga plena consciencia y confidencia de mis aptitudes sexuales y amorosas. Conservo muchos conflictos internos, muchas confusiones e inseguridades.

Los parámetros de belleza en realidad son relativos, pues he estado con bellas mujeres, pero la percepción de su belleza es efímera. Considero que no existe un concepto inamovible de belleza. La mujer considerada como bella carga con reafirmar a todo momento su belleza, eso implica esconder sus imperfecciones, perfeccionar su belleza a todo momento y convencer a todos de que es bella; basta con que alguien le diga que no es bella para que se derruya. Ese es el gran temor constante de la mujer considerada bella, que alguien le descubra sus imperfecciones, lo cual le causa una gran inseguridad. La mujer bella es la que más carga con inseguridades debido al bagaje cultural de atributos de belleza que lleva a sus espaldas. Es tal esa carga que a diario, cada mañana, incluso en la noche con los maquillajes, vive un círculo vicioso que le crea una "subrealidad": es la realidad creada del mundo de la apariencia física, de depilarse las cejas y el cuerpo, de colocar plastas de maquillaje, del juego del corte de cabello, de la estética de éste, de los tintes y las tonalidades, del tipo de maquillaje, de las nuevas modas, de los aretes, de la joyería, de los atuendos y a ello ahora se suman los tatuajes. La vida enajena a la mujer, aun a las que se considera intelectuales. Me sorprende ver a mujeres intelectuales emperifolladas y enmarcadas con atuendos de vestuario estrambótico. Muchas mujeres intelectuales quieren conciliar la belleza física con la sagacidad del intelecto. Como hombre, sé que nosotros no tenemos que cargar con esa lucha de ser estigmatizado, con la lucha de recrearse estéticamente a diario. Mi exesposa invertía más de una hora en bañarse y en maquillarse. La impresión que pudieren causar es vital en las mujeres, pues la autoestima les atañe sobremanera. De nada sirve tratar de esconder y recrear las facciones faciales, pues uno termina por descubrirlas; mi habilidad para dibujar me da elementos para observar detalladamente las facciones de la cara de toda mujer.

Es curioso cómo la mujer disfraza sus confesiones y admisiones de imperfecciones físicas; saben que no pueden ocultarlo cuando es evidente y lo mencionan de manera rápida y camuflajeada entre otros comentarios dispersos, como diciendo: "Sí lo admito. Tengo éste y aquel defecto". Luego hilan sus comentarios con otros de diversa índole para hacerlos pasar por desapercibidos. A mí me han dicho feo, pero también guapo y atractivo; he aprendido a hacer de la apariencia física algo relativo e indiferente. Esto me ha afectado cuando viene de las personas más cercanas a mí; mis hermanas me lo expresaron y eso lo guardo en mi corazón de forma negativa, pues no es propio zaherirse entre hermanos de esa forma, a pesar de que no tengo la idea de la familia en una claridad expresa. Aun siendo adultos solemos decir tonterías pueriles, como achacar nuestros prejuicios de estética física, lo cual, amén de ser un improperio frívolo, manifiesta nuestra pobreza intelectual. Cuánto tenemos que aprender de los animales, que carecen de ese defecto de percepción. En verdad me zahirieron esos comentarios de mis hermanas y, aunque ello no determinó que los excluyera de mi ámbito familiar, sí contribuyeron y manifestaron la magra idea que tienen ellas de lazos de familia. No puedo concebir que esas dos mujeres, que en un momento me criaron y me proveyeron afecto físico y apoyo emocional, me insultasen con esas palabras. Se advierte que sea cruel de mi parte que las excluya de mi familia, aunque la mayor esté finada, pero prefiero alejarme subrepticiamente de aquellos por los que no siento nada que insultarles y estar en constante reyerta.

Una de las cosas un poco frías, pero eficientes en mi vida, es mi asertividad; he aprendido a ser asertivo, a hacerme responsable de mis decisiones y saber tomarlas. Una de esas acciones la basé en lo que dijo un buen filósofo francés: "Hay desgracias que no tienen solución, eso es una desgracia, pero son desgracias inevitables". He aprendido, lo reitero, a cortar relaciones innecesarias en mi vida, desde mi exesposa hasta mis hermanas y hermanos, quienes no son compatibles conmigo, pues es mejor estar alejados que cercanos y en eterno conflicto. Vivimos juntos y departimos, quizá, buenos momentos, pero la edad nos moldea de forma diferente y somos, por lo tanto, diferentes, por ende, no somos compatibles. También amistades de décadas han salido de mi plano familiar. He aprendido a dejar de ser irracionalmente romántico y me he vuelto racionalmente espiritual. La afección quizá no se aprenda como tal, pero se aprende a expresar los sentimientos, y en eso he estado dedicándome, pues la carencia de afecto físico me hizo tímido, inseguro y marginal.

Considero que de manera inconsciente me impulso a amar a las personas que no son voluptuosas ni exageradas en el cuidado de su apariencia física; por eso es que aquella mujer del almacén llamó mi atención e incluso la asocié, en su sencillez y apariencia física, con una actriz de origen árabe. Era tanta mi obsesión con ella que recortaba fotos de la actriz y la asociaba con la dependiente del supermercado. Al no poder contemplarle de cerca, usaba las fotos de la actriz para sentir que a ella la admiraba; imaginaba e idealizaba su forma de ser; imaginaba mi posible relación con ella. Creo que por esta misma razón, por esta obsesión, fue que excluí otras posibles relaciones con mujeres con las que tuve oportunidad de hacerlo y que ya referí. Idealizar en extremo a ella me causó un placer emocional, pero también un daño, pues imaginaba algo inexistente.

Por aquel entonces me encontraba en la transición de entrar a la universidad; era tiempo de definir mi carrera, de decidir parte de mi existencia. Todo eso complico aún más mi identidad existencial. La ilusión con la mujer del almacén que creé me sirvió de escape, de herramienta para huir de mi determinación existencial, determinar mi futuro y dedicarme a enfocarme a una actividad determinada que me resolviera, como a muchos, una actividad existencial en la cual me enfocase. Por desgracia, y por suerte, la ilusión terminó cuando un día me topé con esa mujer y me percaté de que llevábamos el mismo rumbo. Mi sorpresa fue enorme cuando vi que alguien la recibió en la entrada del subterráneo del tren suburbano; observé cómo la abrazaba y le daba un beso en la mejilla y en la boca. Sentí un vacío en el estómago, un sentimiento de decepción y desilusión tal que me devolvió a la realidad. La ilusión feneció, pero la experiencia sublime y la idealización no. Con el tiempo decidí guardar en mi corazón esa experiencia que me ayudó en mi relación con la mujer. Otro capítulo se cerraba. Quizá por eso fue por lo que decidí romper la idealización de eliminar mi virginidad con una pareja; lo que decidí hacer a mis 16 años fue buscarla por mi cuenta. Ya no contaba con una relación posible en mi vida, ya había excluido las posibles y la "imposible" se había desvanecido. De esta forma y, con cierto temor a lo desconocido, me sumergí en la garganta oscura de la ciudad, en los barrios bajos, donde yacía la prostitución.

Decidí que asumiría la libertad de mi propio albedrío amoroso y sexual, que rompería con la convención, el estereotipo y el modelo a seguir de noviazgo, con el erigir y construir románticamente una relación, habiendo primero devaneos, coqueteos, el juego del cortejo y la seducción, así como invitar a la pareja un café y de allí seguir los protocolos de prenoviazgo hasta consumarlo, y sólo entonces llegar al pináculo de la relación sexual. Me fastidié de seguir esos protocolos; cortaría de tajo con tal construcción de urbanidad social e iría a un encuentro sexual de frente y sin tapujos. Por lo tanto, fue menester que me adentrara en las entrañas de los bajos fondos de la ciudad.

Por años tuve sueños en los que divagaba por la ciudad y caminaba interminablemente, sin poder llegar a mi casa, durante toda la noche. Me topaba con gente de mala pinta, así como la incertidumbre de que se me presentasen diversos peligros al mismo tiempo. Sentía mucho frío, pues no contaba con ropa adecuada. Fue curioso que asumí ese sueño cuando exprofeso me hendí en ese tipo de escenarios, haciéndolos realidad. En verdad, más que temer a los bajos fondos de la ciudad, temía romper con mis propias convicciones y ética: no usar a la mujer para placeres sexuales y consumar mi primera relación con una mujer que en verdad quisiera. Sentí que divagaba en las entrañas de esa parte de la ciudad prohibida para mí. Tantas veces quise tener una primera relación y saber qué se sentía. Me vinieron a la mente todos esos acercamientos.

De niño iba a la bodega de la casa a hurgar entre las cosas. Mi madre detestaba que me perdiese y ausentase de su vista. En una ocasión me dio una tunda cuando, por torpeza, vacié un bote de pintura en mis pantalones. Luego fui a hurgar en las cajas donde había revistas de pornografía y otras que combinaban la pornografía con el buen periodismo. Me incitaba sexualmente el ver fotos de actrices famosas por completo desnudas; eran un escape para mí.

Al caminar por los bajos fondos de la ciudad, a mi mente vino el recuerdo de cuando asistí a ver películas del cine italiano con nudismo. También, a mis 15 años, fui a ver una película de una cantante famosa, quien se desnudaba y hacía el amor con otra mujer; en ese entonces oí a dos mujeres susurrar a mis espaldas que yo era muy joven para ver esas películas. Asimismo, llegó a mi mente cuando vi a mi prima en camisón y cuando, a hurtadillas, le vi desnuda tomando un baño. Recordé la seducción de "E" en la primaria; recordé todas esas posibles relaciones que rechacé. Nunca había besado sexualmente a mujer alguna y sería mi primera experiencia sin besar. Mi corazón latía de forma acelerada, pleno de ansia. Los recuerdos y reminiscencias se agolpaban mientras iba hacia las calles oscuras. En verdad estaban encontradas sensaciones de miedo, ansia, contento, exaltación, júbilo y decepción.

El juego de pasar y ser seducido verbalmente y con lenguaje corporal por una dama de la vida galante es muy evidente; lo vi en las películas del cine negro y clásico y ahora yo sería el protagonista, de forma irónica. Al pasar por aquellas calles recaté en una mujer que, con los ojos abiertos y vivaces y una sonrisa apenas esbozada, me invitaba a ir a un cuarto. Algo había en ella que me atrajo. Ella habló unas palabras con su amiga y fuimos al cuarto. Me temblaban un poco las manos cuando pagué el cuarto. Subir las escaleras fue como escalar hacia el momento de la verdad paulatinamente...

fue allí donde sentí más nervios. Al entrar al cuarto vi una luz tenue y una cama modesta. Ella procedió a quitarse la ropa mientras yo veía cómo lo hacía; con una mirada y gesto inquisidor me conminó a hacer lo mismo (me imagino que ella quería ser práctica y sólo hacer lo que necesitaba hacer). Lo que percibí de forma grata e inmediata fue su humor, ese humor agradable, hormonal y femenino que incita de manera intensa, el cual en verdad pocas veces lo he percibido. Ignoro a ciencia cierta por qué sólo algunas mujeres emiten ese aroma. En lo particular, mi humor es muy grato para gran parte de las mujeres; ellas tienen la capacidad de percibir olores y asociarlos con el erotismo. La prostituta en cuestión no tenía un cuerpo despampanante, pero era agradable, un poco alta y estaba en las postrimerías de sus treintas. Recuerdo que me dijo con un suspiro de ligero fastidio, cuando me extendió el condón y se dio cuenta de que no sabía a bien cómo ponerlo: "Oh, uno nuevo. A ver, te lo voy a acomodar bien". Con delicadeza extendió el preservativo en mi pene erecto de forma precisa y sutil; es evidente que la mujer tiene un tacto muy agradable cuando toca el cuerpo de alguien más, habilidad desarrollada en el cuidado de la progenie que los hombres no hemos desarrollado. Su cuerpo era tibio por las ropas que tenía. Percibir su humor agradable y sentir su cuerpo tibio hicieron que tuviera en plenitud un orgasmo; era el segundo en mi vida. El orgasmo masculino es una sensación de placer que va desde el nervio inferior del pene y que recorre todo ese vórtice y se compenetra hasta el ano, entonces surge un éxtasis indescriptible proseguido por una placentera eyaculación que reafirma ese placer. En verdad no muchos hombres saben del punto "G" ubicado en la parte posterior de la próstata. Esa sensación agradable me quitó los nervios y me dio confianza. No me arrepiento de hacerlo, en cierta forma, pues aprendí a explorar mi cuerpo, a conocer el de las mujeres y a comenzar a relacionarme sin timidez. Desde este momento comencé a hacerme adicto al sexo y, más que eso, a buscar el reconocimiento y afecto de una mujer a través del sexo. El sexo sólo era una forma intermedia de encontrar el amor ideal para sentirme reconocido; el sexo era una manera de afirmar y consumar una relación romántica, una manera de consolidar tal relación.

La universidad, la facultad de ciencias, representó una desalación y un desconcierto académico. Sabía que no estaba preparado, sobre todo en el área de álgebra. Venir de una decepción amorosa, relaciones nunca consumadas, una confusión de identidad y toda una serie de eventos me confundía. Dentro de aquella serie de situaciones en mi vida, que me hacían disperso, surgió una que determinó el fin de un ciclo: mi abuela padecía de un cáncer que, luego de diez años de tratamiento, se expandió de forma crítica... ya ningún tratamiento lo detendría. Era inminente su deceso, el fin de su vida y el confrontarme a una realidad cruda en la que aquellas personas más cercanas a mí... fenecerían.

Se erigía ante mí una la realidad más directa; quise alternar la escuela con la rutina de atender a mi abuela, pero la educación académica es rígida, acartonada, esquemática y sin una congruencia dinámica, tanto así que las materias son diseñadas por separado y por profesionistas que no saben asociar su materia con la carrera en cuestión; resulta absurdo que un físico enseñe física sin asociar de forma lógica la materia con la biología, y lo mismo sucedía con la química. Quizá en este aspecto la psicología Gestalt, al igual que ciertas ramas de la filosofía, ve a las partes como congruentes de un todo. Al final tuve un pobre aprovechamiento en las ciencias exactas, no así en la geología, laboratorio y otras materias. Durante esas clases y exámenes fue que mi abuela tuvo un estado de salud crítico: ya no deglutía las comidas, no las podía digerir y hasta los líquidos los regurgitaba. La metástasis atrofió su sistema intestinal y terminó en lo que se llama congelamiento; al no funcionar dicho sistema sobreviene una infección que desemboca en lo séptico o la propagación de gérmenes patógenos que terminan por embotar el funcionamiento de las procesos vitales.

Pude velar en el hospital algunas noches a mi abuela, pero surgieron rencillas entre mis familiares femeninos y mi madre, claro, dentro de una visión machista, pues creían que la mujer se tiene que hacer cargo de un enfermo. Se llegó a un acuerdo que estableció que una noche de esas mi abuela estaría en casa de mis tías. Hasta allí llegó un primo, el quinto mujeriego conocido de la familia, un *jet set* que se había hecho empresario y a quien todos respetaban. Curiosamente, se loa a un mujeriego en la aceptación social cuando se cuenta con dinero. Mi primo asistió a mi abuela, a quien también llamaba madre. Recuerdo que mi abuela pidió una bebida artesanal y mis primos dudaron en traérsela por la excusa de que le haría daño, a lo cual mi primo musitó: "¿Qué remedio? Tráiganla, ¡no sean obtusos!". Era claro cuán ilógico es restringir a alguien de un deseo gastronómico cuando se halla en aras de la muerte. Mi abuela se sorbió todo un litro y dijo: "¿Qué más da? ¡El viaje va a ser largo!". Ella ya sabía de su deceso, lo intuía. En una internación anterior, debido a una crisis oncológica, profirió que le apenaba partir y dejarme desprotegido. Hasta ese momento supe cuánto me amaba sin haberlo ella expresado de manera tácita ni afectiva. Eso me conmovió sobremanera y contribuyó a que descuidase los estudios y me enfocase más en ella. Pues bien, luego de la bebida, ya en la camilla y camino al hospital, mi abuela fue a internarse. Esa sería su última noche. Alguien me dijo que fue mal atendida.

Yo fui de un extremo de la ciudad, en el cual se ubicaba la universidad, hasta el polo opuesto para llegar al hospital. El tráfico era intenso y circulábamos a vuelta de rueda; el trayecto me llevó tres horas. Cuando llegué, mi abuela tenía una hora de haber partido. Noté que la enfermera era una persona sin modales y grosera, por lo tanto, le proferí críticas a su labor poco humana. Después alcancé a ver cómo mi abuela yacía inerte en la cama, con el estómago inflamado por los gases y un brazo por fuera de la sábana que le cubría. Esa escena nunca la olvidaré. Rompí en llanto.

Después de aquel evento vinieron las ceremonias y protocolos funerarios, en los cuales arribó una sensación de incredulidad y aceptación por la partida de mi abuela. Ya era adulto, la niñez y la adolescencia yacían en el pasado... Bienvenido a la puerta de mi existencia real, a las riendas de mi vida. Ya la inocencia supuesta se había ido; adiós a las escapadas infantiles; adiós a los juegos de salón; adiós a las vacaciones de verano; adiós a las fantasías; adiós a contemplar el cielo por la noche pleno de ensoñación; adiós a los dibujos animados por la tarde; adiós a los pantalones cortos. Era menester asumir o comenzar a asumir el papel de adulto.

Posterior a las exequias y las ceremonias fúnebres de mi abuela sentí un vacío y una soledad al observar su cuarto vacío. Lo que me partió el corazón fue ver un fajo modesto de dinero envuelto en un listón color violeta y un rosario. Esos dos regalos los conservé por mucho tiempo, hasta que me fui a la aventura. Cuando regresé, supe que mi hermana los había tirado, al igual que muchos otros objetos que yo conservaba. La soledad y el poco reconocimiento de mi madre y mío hacían a mi hermana celosa en extremo, a tal punto que procedía a hacer cosas infantiles. Era un resentimiento hacia mí y a mi madre que nunca pudo superar. Yo, lejos de reñir, tan sólo me alejaba y me volvía indiferente a su persona; eso le encolerizaba. Ella se obsesionó con ser una madre para mí, pero una de mis verdaderas madres, quien siempre me respetó, había dejado de existir. Asimismo, mi madre biológica era muy cercana a mí y esa asociación le dolió sobremanera.

Por cierto, justo antes de que muriera mi madre, quise acercarme mi otra hermana, quien es, por cierto, científica, para que me asesorase en álgebra, pero su indiferencia y falta de tiempo me causó una profunda decepción. Aquí comenzaron a cortarse los lazos con ellas; aunque esto ocurrió hace décadas, pude darme cuenta de su disposición para establecer lazos de familia sin fruto alguno. En la actualidad, mi otra hermana quiere reestablecer lazos familiares, no obstante, yo no tengo ánimo ni fe alguna... sólo indiferencia. Considero que debe existir voluntad y buen ánimo a tal efecto, pero ni uno ni otro prevalecen, por lo que prefiero ignorar sus intentos.

Posterior a la partida de mi abuela, durante un año, entré en una crisis de depresión. Por cierto, intenté cursar de nueva cuenta la carrera, pero tuve como sorpresa agradable que, como si se adivinasen mis intenciones y concepciones, existía un nuevo sistema de educación, que consistía en aglutinar las materias relacionadas entre sí, llamadas módulos. Amén de ello, había un personal progresista muy diferente, sin embargo, las horas de escuela todavía no disponían de tiempo suficiente para hacer todas las tareas, y mucho menos para estudiar. Intenté de nueva cuenta estudiar, mas la depresión persistía. Le dije a mis padres mis intenciones y aceptaron, pero yo intuí que una crisis financiera no daba los recursos necesarios para que yo estudiase; eso contribuyó a que también me desanimase. Con todo, asistí con nuevos bríos. Sin embargo, era ya incomprensible y mucho el estudio como para llevar a cabo el estudio.

Por cierto, he de agradecer a dos profesoras que de buen ánimo me quisieron ayudar; eso me recordó a otras dos profesoras que me dieron la oportunidad de recursar química, pero la rechacé, ante la total decepción de ambas. Agradezco sus buenas intenciones hasta este día. No sé si en verdad una de esas maestras sentía atracción por mi persona; yo pecaba de ingenuo, pero era franco y directo. Una de las profesoras tenía un aspecto de ratón de biblioteca con un sesgo de sensualidad: de estatura mediana, pelo recogido color castaño, apiñonada de tez y unos lentes negros que reposaban sobre una nariz delgada y discreta. Ella insistía en que me quedara, en que no me fuera.

En un inicio pensé emigrar a otro país, deseé ir a cursar artes en la entonces Unión Soviética, sin embargo, necesitaba una recomendación del partido socialista. Intenté hacerlo, pero faltó más voluntad de mi parte. Al final, tomé un año sabático y decidí ir para allá. Una de mis compañeras de clase tenía una hermana que había estudiado medicina en ese país y me aconsejó cómo obtener una beca. Mi destino, mi persona, hubiere cambiado de haber ido allá. La verdad es que estaba huyendo para encontrar el amor; eran muchas las excusas para maquillar eso, aunque me resistía a aceptarlo. Buscaba el afecto, eso era claro, y quería, también, realizar mis potencialidades intelectuales. Eran dos situaciones que, en efecto, quería combinar y llevar al cabo. Deseaba encontrar un sentido existencial. Sabía que mi amiga quizá tenía cierta atracción por mí. Ella era muy noble, pero un poco aletargada en su forma de ser y un tanto receptiva. Me atraía un poco, pues no era conflictiva; incluso pude componer un poema con una influencia de Poe, combinada con la poesía vanguardista, inspirado en ella. Recuerdo que ese poema lo leí en una tertulia de la escuela donde trabajaba en los influjos del alcohol.

Durante mi año sabático intenté acelerar el progreso de mi identidad. El escape fue la asistencia a todo tipo de eventos culturales gratuito, desde teatro hasta música clásica; iba a las bibliotecas y me sumergía en ellas. Vagaba por todos los sitios culturales. Comencé a dibujar, a exhibir en las calles mis dibujos; comencé a escuchar todo tipo de autores de música clásica. En ese tiempo, cunado asistí con mi abuelo a que vendiera su vehículo, para festejar el buen término del negocio fuimos a una cantina a comer. Yo no tomaba, así que le llevó a mi abuelo tres horas para convencerme de tomar. La cerveza era muy amarga, no me gustaba, pero comencé a combinarla con los alimentos y aderezarle sal y limón para disfrazar el amargo sabor. Curiosamente, muchos alimentos son de creación y aceptación cultural, y lo es lo mismo la cerveza. Salí bebiendo 5 cervezas y mareado. Esa fue la primera vez que consumí cerveza. Desde allí comencé con placeres hedónicos que involucraron el cigarrillo; la ceremonia machista de inmiscuirme en esos vicios tuvo efecto. Poco a poco se iba armando un Frankenstein en mí, que terminó por crear un bohemio. Ese año sabático sirvió para que se enriqueciera mi espíritu cultural e intelectual. Ese año fructificó en todo lo que sé, sentó las bases para edificar un ámbito cultural en mí y creó fundamentos para concebir la realidad desde otro punto de vista.

Mi objetivo de ir a URSS viró a un anhelo por llegar a EUA. Era un deseo que tenía a mediano plazo, pues necesitaba crear toda una logística para ello. Entretanto, estaba inmerso en una vida más liberal, desentendida y vuelta a los placeres concupiscentes. Sentía tanta libertad que convoqué, en una revista, a crear un grupo cultural, bohemio, ecléctico y libre de creencias específicas. Sorprendentemente, llegó el director de una revista semicultural y gente de diversa índole y edad. En medio de esas personas me topé con una mujer vía telefónica; era un poco huraña y estaba envuelta en un halo de soledad. Al final, luego de varias llamadas y establecer el día de nuestro encuentro, en un monumento histórico en la ciudad que vivía, luego de dos largas semanas, pudimos concurrir allí y conocernos. Ella era hermosa. Recuerdo que llevaba una blusa negra de seda y unos pantalones de corte árabe harén que estaban a la sazón de moda. Vestía unas sandalias negras y sus uñas estaban barnizadas de rojo carmín. Bella como era, agrio era su carácter. Con todo, la hice sonreír de vez en vez, sin embargo, no creo que tuviere atracción por mí, acaso sólo la mínima. Después de convivir y dar paseos por la ciudad por algunas horas, me inquirió cómo comencé a superar la depresión. Le dije que leí un libro de Sartre que me inspiró a pensar con claridad. Posterior a ese encuentro, quedamos de hablarnos por teléfono en 7 días exactos, con todo y ese misterio que le protagonizaba. Al término de esos siete días, pensé que era ella la que iba a llamar, pero un velo de orgullo propio me impidió hacerlo. Culturalmente, la mujer espera a que un hombre tomé la iniciativa y que uno dé regalos. Helen Fisher, en el libro *Anatomía del amor,* refiere que algunos chimpancés ofrecen cortésmente a las hembras algún fruto para cortejarlas. Sin embargo, me disgusta ese papel un poco hipócrita de cortesía. Es diferente cuando uno da un regalo por amistad; me encanta compartir y ha habido desde hombres homosexuales hasta mujeres que me malinterpretan por hacerlo. El caso es que no le hablé, y ya entrado el día fue ella la que me llamó. Estaba furiosa porque tuvo que humillarse. Le pedí disculpas, pero su orgullo estaba tan herido que nunca más pude enmendar la relación. Le he querido encontrar en las redes sociales, pero no he tenido éxito; me gustaría saludarle.

Por ese tiempo mi ebullición y algarabía por el arte y la cultura efluían de manera jubilosa; escribía poesía, cuentos e incluso, en un sueño, concebí una sonata para fagot de corte clásico. La embajada inglesa convocó a un concurso artístico múltiple; yo envié un cuento detectivesco con un halo de misterio y una poesía de verso libre. Unas semanas después, mi madre tocó a la puerta de mi recámara, haciéndome saber de un telefonema para mí. Era un empleado de la embajada y quería informarme que había sido uno de los ganadores. Me emocioné y le pregunté si era el cuento el que había ganado, pues me fascinó el desenlace del cuento consistente de unas cuantas páginas, sin embargo, fue el poema el que ganó. Le comuniqué esto a mi madre y ella se puso muy contenta y me acompañó a recibir el premio. En la embajada tenían un octeto de violines y mi madre quedó fascinada; la música clásica en vivo era hermosísima. Ella estaba bellamente emperifollada: vestía un abrigo rojo de lana que usaba para ese tipo de ocasiones, una falda gris de fieltro y zapatillas rojas. La picardía de mi madre bulló como siempre y me impelió a que me hiciera de unos canapés para mi papá, los cuales, en complicidad mía, tomaba y depositaba de forma lúdica en su bolso. Fue una escena como en la novela *Lazarillo de Tormes*, un jolgorio del cual los dos fuimos cómplices. Terminamos por extraer canapés y vino blanco.

Mientras decidía a dónde ir, EUA o URSS, tomé múltiples trabajos. Era muy difícil obtener un empleo, pese a ser joven. El primer empleo fue en una librería. Ahí me hice amigo del dueño, que posteriormente terminó siendo mi mentor en la vida. Aun ahora me guio por preceptos que él me enseñó. Por motivos increíbles terminó siendo el amante de su socia. Él siempre fue muy mujeriego, por cierto. Su forma de ser era afable, su cultura, vasta y su simpatía lo hacía muy atractivo hacia las mujeres. Lo inverosímil en él es que era amante de su socia, una persona judía de costumbres muy austeras. Yo no sentía mucha simpatía por ella porque era muy tacaña. Recuerdo que una vez me dio dinero de más, de forma distraída, cuando me mandó a comprar unos insumos para la librería. Mi consciencia me impelía a devolver el dinero extra, pero, como era muy avara, no tenía ánimos de hacerlo. Al final, después de meditar en ello durante mi refrigerio y hora de almuerzo, fui a comer a un restaurantillo. Allí me encontré con una viejecita indigente que me partió el corazón; me pidió una ayuda monetaria. Fue una situación ideal porque me vino a la mente una opción salomónica para solucionar la polémica y el dilema de devolver el dinero. Devolverlo era alimentar la avaricia de la socia y quedarme con el dinero no era honesto, así que lo que hice fue invitar a comer a la indigente; pagué y le dejé el resto del dinero. Una mujer avara me puso en un contratiempo, aunque otra mujer me dio la solución indirectamente. La librería terminó por cerrar y ser vendida, por lo que cambié de empleo y de rubro.

Mi segundo trabajo fue en una discoteca. El protocolo para pedir un empleo en esa ciudad era ir bien vestido y presentable. Me vestí con el único traje que tenía y logré impresionar a los dueños de la discoteca, una pareja, en la cual la mujer era la que dominaba y estaba a cargo de todo. Ella se creía una diva: todos teníamos que saludarle, pero no correspondía a el saludo. Mi posición allí era de anfitrión y ofrecía una bebida de cortesía a los clientes; quizá mi buen léxico me ayudó para obtener esa posición. Yo cumplí con mis obligaciones y memoricé cada uno de los ocho cocteles en el menú, la cuales tenía prohibido consumir. Sin embargo, escurridizo como era, pedía una bebida gaseosa de cola, la cual sí podía consumir. Durante un evento de Halloween en el cual apagaban todas las luces, cambié las bebidas por las colas con ron; tomé tres o cuatro. La discoteca se ubicaba en una zona turística y una muchacha americana se quedó estupefacta con mi estampa cuando me vio. La verdad es que ella me gustó mucho; era una rubia muy joven de ojos azules. Nunca pude entablar conversación, pues, a pesar de que pasé mis exámenes de inglés con altas calificaciones, no sabía hilar una oración en ese idioma. Aquella fue otra oportunidad frustrada, como tantas que se han presentado en mi vida; a veces se debe a mi timidez; a veces, a mi inseguridad, y a veces, a mi lento reaccionar.

La discoteca terminó por ser sólo un trabajo eventual. Después fui a trabajar a un restaurante como mesero; no contaba con mucha experiencia y no supe cargar la charola y mantenerla firme sin el uso de un restirador; esa habilidad es algo que aún admiro en muchos meseros. Ese restaurante era también administrado por una mujer, quien resultó ser la dueña; era una mujer de una belleza elegante y altiva en sus cuarentas; era una persona inteligente. Ella dispuso la caja exactamente en el medio del restaurante y desde allí veía cualquier acontecimiento, así podía reprimir a gritos a cada empleado cuando no cumplía con sus tareas. Mis pobres aptitudes de mesero me impidieron continuar allí, pero supe que la mujer era sagaz, intrépida y una inteligentemente buena administradora, sobre todo cuando no había un hombre que le estorbase.

Después de varios intentos, un amigo terminó por ayudarme a encontrar un empleo de vigilante en una escuela secundaria. Era un trabajo gubernamental con prestaciones y seguridad sociales y un muy buen salario. Estuve muy entusiasmado con ese empleo, pues me dio seguridad por otro año más. Durante ese año tuve la oportunidad de conocer gente y más eventos surgieron, pues la seguridad y rutina del empleo me dio la ventaja para hacer diferentes actividades. Durante ese año, producto de la convocatoria de la que hice referencia, conocí a una mujer brasileña de formas muy voluptuosas, sólo que padecía de una discapacidad. Era muy mística. Pude intimar más con ella cuando me solicitó algunos bocetos para sus terapias; en un tiempo razonable le hice varios que le encantaron. Con el paso del tiempo pudimos erigir una amistad que duró mucho tiempo. Yo por aquel entonces todavía sufría de depresión y ella me aplicó de manera gratuita una de sus terapias, consistentes en poner pirámides en mi espalda y dirigir ondas magnéticas a lo largo de mi cuerpo. Aunque no sentí mejoría, cada terapia me arrullaba y me daba paz en el espíritu. Desarrollamos una buena amistad, pero ella no quería que yo me fuera del país, por el contrario, deseaba que me quedase y le enseñara a conducir. Su habilidad no era muy buena y como pude le enseñé lo más esencial de manejar. Recuerdo también que por ese entonces daba clases de dibujo y tuve algunos alumnos. La relación con aquella mujer era muy abierta, más aún porque comencé a llevar una vida bohemia. Ella fue en verdad mi primera amiga. Aprendí que sí se puede tener amigas, en especial cuando no se siente atracción, sino, más bien, disgusto físico el uno por el otro; es como sentirse completamente ajeno a una relación carnal. Lo interesante es que en la amistad femenina hay un marco de confidencialidad. Ese mismo marco lo he tenido hombres. En verdad, aquella amistad llevaba muy buen término: íbamos a explorar diferentes lugares de campo, museos y lugares de interés. Sin embargo, ella tenía una atracción carnal por mí; lo supe cuando dijo que, si le daba clases, podía tener relaciones con una rubia muy bella. Evidentemente, se estaba describiendo. Tímido y temeroso por cambiar la relación de amigos, no me atreví a hacerlo abiertamente. Son esos los momentos cuando uno mismo se encuentra cómodo en la relación de amistad, pero, a la vez, se tiene desconfianza de avanzar a otro nivel. Si hubiéremos tenido relaciones, no habría sido ya lo mismo.

Durante ese tiempo comencé a llevar una vida bohemia y, debido al mejor sueldo, me volví asiduo parroquiano de prostitutas. Hubo una de ellas con la que intimé mejor. Cuando llegué por primera vez, vi a una prostituta de estatura corta, pero cara muy bella. Era ligeramente robusta y lo que me llamó la atención fue el perfume que usaba, una fragancia floral y de aroma pesado y nocturno, pero encantadora. Su piel tersa me encantaba. En la segunda visita que le hice, tomé más confianza y le pedí permiso para besarle. Ella estaba mascando una goma, algo que siempre ha sido muy sensual para mí, desde el chasquido hasta el movimiento copulador de la boca. Cuando ella accedió, con un silencio y un ligero coqueteo de mirada, procedió a sacarse la goma de la boca, pero le dije que no era necesario, a lo cual me mostró una mueca pícara, como diciendo: "Tú sabes a lo que te expones". Entonces comencé a besarle, a recorrer con mi lengua sus labios, sus dientes bien alineados y a extraer la goma con mi lengua. Luego de terminar el beso comencé a mascar la goma y me pasé el dedo índice entre mis labios, apenas asomando sensualmente la lengua, al tiempo que dibujaba una sonrisa pícara y me acerqué para devolverle el beso. Musité: "Olvidé devolverte algo". La besé con sensualidad y le devolví la goma, mientras que le expresé calladamente: "Verás que la goma tiene mejor sabor". Luego de ello le envié un beso desde mis labios con las yemas de mis dedos, le guiñé de forma coqueta y procedí a despedirme. Eso, obviamente, no lo habría hecho con una mujer ordinaria, a menos que nos desnudásemos de prejuicios. Muchas de esas incidencias se las comenté a mi amiga de Brasil e incluso le hablé de los festejos en el trabajo y que llegué a subirme a una mesa y, bajo los efectos de las cervezas, recité varios de mis poemas. Al término de uno de ellos, por cierto, llevé al subdirector a los bajos fondos para que tuviere experiencias con una de mis amigas de allí.

La escuela me dejó también experiencias que no eran licenciosas. Pienso que el hecho de ser asiduo con las sexoservidoras me impidió faltarles el respeto a las alumnas; por el contrario, les ayudaba con sus tareas diarias. Recuerdo que había una madre de una niña muy inquieta y que descuidaba sus estudios, por lo tanto, ella me visitó en la oficina y me suplicó que le ayudase a su hija a reconsiderar su comportamiento, pues sólo le quedaban tres meses de vida. Eso me conmocionó sobremanera y hasta mi último día allí hice lo posible por conminar a aquella estudiante a no escabullirse de las clases. Hay hombres que mantienen una buena imagen, pero llevan una doble vida. Si bien yo era lúdico, no lo era con la gente inapropiada, sino con las que tenía un acuerdo, siempre respetándolas; en verdad lo hacía, pues no tenía necesidad de hacer lo contrario. Siempre respeté a las alumnas, a pesar de que eran apenas unos tres años menores que yo. Supe que un profesor gustaba de llevar a las niñas a mi oficina para iniciarles un reporte. Yo no gustaba de ejercer los reglamentos de forma injusta, de manera que les inquiría la razón de su incidente. Las alumnas me dijeron que el maestro las acosaba e incitaba a que lo besasen, pero cuando las alumnas lo bromeaban, él se enojaba y me enviaba a las "mal portadas". Una de ellas me llamó la atención por su sencillez y modestia; gustaba de estar en la oficina mientras yo dibujaba o escribía y ella contemplaba. En una ocasión tuve que hacer una ronda y le di la confianza de estar en la oficina porque sabía que no me iba a robar. Nunca lo supe hasta que dejé ese empleo, pero ella escribió en mi cuaderno de poesía lo mucho que me quería y admiraba en una de las cartas más bellas que he recibido. De ella no supe más, pero me percaté de que era una persona no sólo bella en lo físico, sino que tenía un alma sencilla, pese a que su padre tenía dos casas de materiales para construcción. Aún le recuerdo y aún no me arrepiento de respetarla; por eso no me arrepiento de ser asiduo con prostitutas.

La razón por la que renuncié a la escuela fue porque no quería atarme a la seguridad y coartar mi posibilidad de ser libre. Siempre he sido idealista y me he identificado tanto con el Quijote como con el principito. Me aficioné a escritores rusos, en especial a Dostoievski. Comencé a leer *Crimen y Castigo* en donde vivía y lo fui leyendo poco a poco, mientras que tenía vivencias que eran asociadas con las páginas de los libros que leía. Así aprendí a leer las buenas novelas; lo hacía cuando iba al dentista y porque me sentía como uno de los protagonistas; quería sentirme un poeta bohemio, una persona espiritual, culta, talentosa y vivir la vida, pero con la desgracia de no encontrar el amor. Muchas vivencias fueron anecdóticas, épicas y parecidas algunas a las de novelas y películas. Sin embargo, nunca fueron paralelas con respecto a un final feliz. Dentro de mi ingenuidad y atrevimiento (no tengo recato en cuestionar de frente y directo, sin preámbulos, a personajes respetados o símbolos de cine, de literatura, etc.) perdí esa timidez y aprendí el aplomo cuando en la secundaria tenía que ir a un templete a hablar de lo que leía; incluso al subdirector, un hombre rígido y severo en autoridad, lo cuestionaba cuando algo no era justo para mí.

En una ocasión, un actor puso en escena una obra de teatro de Gogol, en la cual un loco expresaba su resquemor contra el mundo. En una plática posterior al término de la obra, el actor nos conminó a hacer preguntas. Yo le pregunté que, si él tanto admiraba al personaje principal, se atrevería a asumir en la vida real el papel. Me gané el encono y descontento de la gente; yo les dije que admiraba al Quijote, que estaba por emprender un viaje por el mundo como él lo hizo y que no me gustaba la vida sosa, apacible y sin aventuras. El actor quedó turbado. Es bien cierto que hay gente que admira a personajes, héroes de películas y obras literarias, pero no se atreven a emularlos en la vida real. Este testimonio es de alguien que se atrevió a asumir las cosas épicas de la vida a cambio de renunciar a la vida sedentaria, cómoda, esquemáticamente social; renuncié a un estatus social, a acumular riqueza material, pero no riqueza espiritual. En este aspecto, que este libro sea testimonio para jóvenes inquietos, para padres de familia pasivos, para ese hombre que se acomoda en determinado estatus social y está contento con ello, pero que tiene un resquemor de arrepentimiento. Rememorar no es sólo vivir, sino revalorar y reafirmar las convicciones.

Capítulo 5

A la cabalgata y seguid a Don Alonso Quijano. Oh, bienaventurado el que a la libertad se posa en flor de la voluntad mundana ante sus ojos incrédulos

Llegó así otro ciclo de mi vida: mi partida no directamente a EUA, sino a otra ciudad en donde pudiera edificar mis capacidades, reafirmar mi confianza y afirmar las potencialidades de mi cuerpo. Fue así como llegué esa ciudad. La gente era muy amable, pero con el tiempo supe que había mucho racismo, circunstancia que tuve que superar. Evidentemente fue un choque semicultural en mi propio país, pues en mi ciudad el racismo no es tan exacerbado. Sin embargo, tuve que acostumbrarme.

En esa ciudad las mujeres son hermosas. En el trabajo sólo pude llevar a una cita a una mujer bella, pero, estúpidamente, no logré reunir todo el dinero para la cuenta; son de esas cosas en que uno no hace bien los cálculos, así que quedé corto. Ella me ayudó a finiquitar lo que faltaba, para mi gran vergüenza.

Acostumbraba a ir a los sitios donde habitan prostitutas, por ello sólo fui a un centro nocturno de *table dance* y tuve relaciones con una mujer de edad adulta. Ese sitio era espectacular: tenía tres salones donde tenían diferentes tipos de espectáculos, y un cliente podía divagar de uno a otro y convivir con las mujeres. En uno de ellos había un salón vaquero donde podías sentirte en el viejo oeste. Ese concepto se llevó a otras ciudades, de las que daré relato en lo sucesivo. Sólo conviví someramente con las meseras de ese centro de trabajo en esa ciudad de mujeres bellas, incluso con unas tuve rencillas severas. Hace 15 años visité ese sitio y una de las meseras con las cuales tenía diferencias aún trabajaba allí; olvidándonos de todo eso, ella me saludó. En ese entonces llevé a mi esposa estadounidense y departimos de forma bohemia de ese sitio en honor a los viejos tiempos. Recuerdo que había una mesera que me hacía mofa y me era muy difícil responderle, máxime por la incomodidad de trabajar.

Terminé renunciando por el ambiente hostil de allí. Curiosamente, la gerente del restaurante me detestaba e hizo lo que pudo para incomodarme y que renunciara. Le di pelea a ella, pero aprendí que un enemigo femenino es un adversario muy incómodo porque no olvidan, sino que se obstinan hasta derrotar al adversario. Mi hermana lo hizo así con mi madre y conmigo, lo cual me afectó de por vida. Contar con un enemigo femenino en un centro de trabajo es como tener plena batalla con mi hermana. Aun ahora tengo opositores de esa calaña. Fue muy triste tener a un opositor femenino en la familia. Cada mujer opositora que he tenido es una recreación viva de mi hermana y cada que surge otra, mi apego a ella se desvanece más. ¿Por qué me detesto de una forma subrepticia? Nunca lo sabré.

La venganza de las mujeres con las que he tenido problemas, en especial laborales, ha ido hasta las últimas consecuencias. Durante mis hostilidades con esas mujeres aprendí a luchar usando el escarnio, la debilidad de la mujer. Usé métodos contra mi hermana: nuestras peleas no fueron posteriormente de regaños, improperios y gritos, pues aprendí a usar el escarnio, la sorna y la mofa y el sarcasmo en contra de ella. Eso mismo usé contra muchas mujeres y varió la forma de enfrentarme a ellas. A veces procuro la paz, aunque no en muchas ocasiones resulta bien. También he recibido humillaciones, he terminado perdiendo y, bueno, sólo absorbo la experiencia de la pérdida.

Irónicamente, mi experiencia seria con las mujeres tuvo que ser bohemia. Esto comenzó cuando un compañero de trabajo me llevó a un bar nocturno. Ese bar era muy peculiar: era un restaurante familiar que a partir de las 10:00 p.m. se convertía en un centro nocturno de prostitución. Las prostitutas comenzaban a llegar allí. Hubo entre ellas una que tenía pechos grandes; los pechos grandes siempre me han atraído. Era una mujer de estatura mediana con el cutis un poco maltratado, por lo cual no usaba maquillaje. La vez que llegué allí solo, ella se encontraba leyendo un diario, por lo que fui a su mesa y le invité un trago; por mucho tiempo departimos y ya entrada la madrugada la llevé al cuarto. La verdad es que ella era muy ducha en las técnicas sexuales. Tenía 12 anos más que yo y me sentí ligeramente abrumado por tal situación, sin embargo, se convirtió en una amante de ocasión a quien le pagaba por sus servicios, a quien besaba como amante y quien, en cierta forma, se convirtió en mi novia de ocasión. Pretendí no pagarle en el tercer encuentro que tuvimos, pero no por avaricia, más bien fue para sentirme apreciado por ella. Cuando me dispuse a salir me atajó en el umbral de la puerta, por lo que me bloqueó la salida y me pidió el pago con lágrimas en los ojos, diciendo: "Mi amiga me dijo que no dejase que nadie se aprovechase de mí y se fuera sin pagar". La vi a los ojos con cierta vergüenza y le dije: "Sí, tienes razón, pero no lo hacía por lo que tú crees... Es por otro motivo de hombres. La siguiente vez te doy el dinero antes e incluso por adelantado, pero rompamos estos protocolos; hazme sentir que no estoy pagando por tu cariño y retribúyeme al hacerme sentir que lo hacemos sin la relación de cliente-comerciante. Al pasar el umbral de esta puerta reiniciemos... refresquemos nuestra relación. ¿Acaso no un hombre le da el gasto a la mujer y no le está comprando el sexo?". Ella me estaba devolviendo el dinero y le dije: "Toma. Lo dejo en la mesa y lo tomas después, como si nada hubiere ocurrido. No rompamos el encanto de la relación, ¿va?". Y así ocurrió. Esa relación no fructificó, sobre todo porque yo tenía que seguir mi viaje y porque los recursos haciendo retratos eran lánguidos e insuficientes. Pensamos en algún momento vivir juntos. Ella estaba enamorada de un hombre que murió trágicamente años atrás y contaba con una hija de doce años. Curiosamente, ella tenía dos nombres, uno típico americano y el otro ruso, como salido de una novela de Dostoievski. Hubo un despido triste, pero fue lo mejor. Si hubiese tenido recursos, bien habría compartido mi vida con ella. Otra de las razones por la que no salió adelante esa relación fue porque, durante mi estancia en la hostería, llegó casualmente un par de mujeres que iban en busca de uno de los huéspedes. Yo les abrí la puerta y me inquirieron sobre la persona que buscaban. Desde allí comenzamos a entablar una relación. Ellas no encontraron nunca a la persona que buscaban, era algo así como *Esperando a Godot*. Entretanto, una de las acompañantes me sugirió que estaba buscando un novio como yo. En realidad no me atraía mucho ella, además, no me quería complicar la vida, pues teniendo poco dinero apenas podía con los gastos de hospedaje y las visitas al bar, pero me siguió insistiendo por un buen tiempo hasta antes de mi partida, y es que en verdad había un tercero en discordia…

Mi segundo y bello amor platónico, sublime, tuvo lugar en un supermercado de la esquina que había allí. Era una mujer de aspecto árabe muy bella y delgada, elegantemente enmarcada en un vestido negro de tul y portaba pulseras muy elegantes. Su rostro era de ojos grandes cafés, almendrados, y su nariz era elegantemente pronunciada. Sus labios eran muy delicados, su voz, tenue y melodiosa. En verdad sentí una atracción sublime, como la que sentí con la otra chica en la otra ciudad. Debía de estar ilusionado de una mujer con nombre de cuento de hadas en vez de sutilmente enamorarme de otra de aspecto de Scheherezade. Me ilusioné tanto que estaba dispuesto a abandonar mi viaje, a conseguir un modo de vida estable y crear una familia con ella, si acaso hubiere sido su novio. Estaba preparado para hacer algo épico, abandonando otra situación épica. Eran días en los cuales tenía que definir todo; en realidad tuve que decidir. Quise abordarla y le pedí una cita, pero me dijo que más adelante. Algo me decía que en realidad no estaba interesada.

Estaba en un dilema de tres mujeres, llevaba una vida doble y en verdad no pude asentarme. Mi ímpetu por seguir mi viaje me impelió a dejar todo con mucha nostalgia. Aquella hostería era muy agradable; teníamos derecho a tres comidas muy magras por día. Allí conocí también a una gitana muy bella, alta y de presencia muy regia que llevaba una mascada rojiza y un vestido muy largo y artesanalmente bordado. Portaba, asimismo, unas sandalias muy bellas color blanco y aretes muy ostentosos. Creo que una vez la abordé y le pregunté si leía las cartas o la mano; le hice una broma en relación con ello, pero su falta de sentido del humor me desdeñó.

También recuerdo que en esa hostería me ocurrió una escena similar a una de Raskolnikov, de *Crimen y Castigo*. Resulta que, cuando iba al almuerzo incluido en la renta de la hostería, vi en el portal de la entrada que unos huéspedes estaban jugando una partida de dominó. Como es uno de mis juegos de salón favoritos, accedí a jugar con ellos. Lo que comenzó como un simple convivio finalizó como una tertulia y borrachera tal que duró hasta muy pasadas las 2 a.m. A la mañana siguiente recuerdo que quedé totalmente dormido y me levantó el timbre de la puerta, por lo que procedí a abrir. A lo lejos divisé dos siluetas en la transparencia de las hojas de las puertas. Mi respuesta fue enorme cuando divisé a mi madre y hermana mayor, quienes me estaban pagando una visita. Ellas creyeron que estaba increíblemente sorprendido por su llegada, pero en verdad el azoro sobrevino de sólo pensar que, si hubieran llegado 12 horas antes, me habrían encontrado ahogado de alcohol, al igual que mis amistades allí, y se hubieran percatado de todas las botellas vacías, colillas de cigarro y el desaliño que presentaba el vestíbulo de esa hostería. Por fortuna, no pudieron ser testigos de tan bochornoso escenario. Algo análogo me ocurrió a la forma en que la hermana y madre de Raskolnikov lo visitaban. Cuando fuimos a desayunar a un pequeño establecimiento nos encontramos a la dueña, una joven de cabello corto y ojos muy grandes. Esa misma mujer manifestó atracción por mí; quizá porque las dos veces que acudí allí llevé un traje negro a rayas y de doble pechuga que me gustaba mucho portar. Mi experiencia en esa ciudad fue una que se remite a vida nocturna sublime y mágica en los bares; genial el bar que tenía dos horarios. Incluso cuando me aburría, de allí iba a otro bar contiguo, que tenía un pasillo larguísimo y angosto en el cual sólo cabía una mesa. Al término del pasillo había un salón más amplio. Después de una hora determinada, cuando todos los parroquianos llegaban, se presentaba un cantante bohemio y, ocasionalmente, alguna chica de la vida galante. Eran noches de ensueño, surrealistas… Esa era la vida que más me agradaba de esa ciudad, asombrosamente. Por desgracia, tuve que salir de allí. Otro ciclo en mi vida llegaba, otro fenecía.

Emigré de esa ciudad a otra aun antes de llegar a mi destino. A esa ciudad llegué casi sin dinero. Tuve que realizar todo tipo de labores para sobrevivir y contaba con muy poca ropa. La familia que me hospedó era pueblerina, muy tradicional y cuatro de las hijas de la señora se portaron muy amables conmigo y me estimaban muchísimo. Yo fui muy cercano a una de ellas, la cual me doblaba la edad y era muy bella, tanto que tuve una honda atracción por ella. Las otras hijas llegaban también de visita y una era fanáticamente cristiana, pero lo hacía, como muchos cristianos, sólo para disfrazar su propensión a la hiperactividad.

Fue necesario que trabajara en un restaurante y tenía un problema de hiperhidrosis, sin embargo, las dos cocineras me tenían en muy alta estima y me cambiaron de departamento. Me apodaron "El callado" porque era muy lacónico. En verdad estaba muy descorazonado por no poder llegar a mi destino. En otra ocasión tuve que ir a trabajar a un sitio donde no podía hacerlo; la única forma de hacerlo era entrando a hurtadillas y siendo escurridizo. Me instruí con una persona que me indicó cómo escabullirme, de forma que seguí sus instrucciones, como en una película; así lo hice para no ser descubierto. Trepé una cerca muy alta y descendí con cautela para refugiarme en una casa a donde todos acudían. Desde allí pasaba por un patio que comunicaba con otra cerca de una casa contigua, decidí pasar para salir del otro lado de la casa. Cuál fue mi sorpresa cuando, al salir del boquete, vi a una mujer de edad madura que con su dedo índice indicaba que no profiriera palabra alguna, pues la policía estaba afuera. Con un sentido maternal me dijo: "Ve atrás. Siéntate y te aviso cuando ya se vayan las autoridades". Luego de dos horas fue a decirme que ya no había nadie me fui; me dijo con unos ojos tristes: "Ve con cuidado y que Dios te proteja, muchacho del alma". Sentí ese amor afectivo como un bálsamo al corazón. Nunca olvidaré ese acto afectivo, una semilla más que se depositó en mi alma.

Pasaron varios meses hasta que al final pude pasar. En el país realicé todo tipo de tareas rudas del campo. Las lecturas de Dostoievski y Tolstoi me hacían olvidar todo tipo de pesadumbres y amarguras allí. Al final pude regresar a la ciudad y reunirme con mis padres. Estaba cansado y sin saber qué tenía que hacer en ese receso. Mi objetivo era ir a otro sitio donde el trabajo fuera mejor remunerado y pudiera ahorrar para regresar, abrir un negocio y llevar una mejor rutina. En verdad tenía en mente ir de visita a otra ciudad en donde pudiese tener un empleo mejor. Al regresar, mi madre fue a mi encuentro y me pidió que le extendiera mis manos, lo cual hice. Ella procedió a acariciarlas y luego profirió una frase que me sorprendió: "Pobre de mi hijo, ¡ya tiene manos de obrero!". Quedé desconcertado ante ello y posteriormente fui al clóset en el cual tenía mi ropa. Ciertamente, mis manos habían adquirido una textura áspera. Quise recrear viejos recuerdos viendo la ropa que usé en la ciudad en donde viví y en la cual pasé momentos muy gratos. El traje de doble pechuga que tanto me gustaba estaba en el gancho y algo me incitó a probármelo y emular recuerdos. Cuando lo extraje del gancho noté que parecía ser más pequeño que antes y al tocarlo más me percaté de ello. Cuando intenté probármelo ya no me quedaba en la parte de la espalda; lo acomodé y reacomodé, pero seguía sin quedarme. Fue entonces que caí en la cuenta de que el traje no había encogido, sino que mi espalda se había ensanchado debido al trabajo rudo del campo y por otras labores que requerían intenso trabajo físico.

Es curioso que inconscientemente tuviere idea del tamaño de mi cuerpo por verlo en el espejo, pero en verdad no había recatado en que era más robusto que apenas hace dos años. Mi cuerpo, mis manos y yo éramos diferentes. Supe entonces que ya podría haber terminado mi carrera o quizá estar disfrutando de otra vida, aunque no, no era eso, sino que había muerto ese ser ingenuo, ese artista delicado que tenía manos tersas, ese joven, ese adolescente. Yo era una especie de Mr. Hyde, un ser burdo que perdió la delicadeza. Me senté en el canto de la cama y comencé a sollozar con las manos en mi rostro, con esas manos rudas... Era ya otro físicamente.

Sentía que —como en el personaje del cuento *William Wilson* de Poe, en el cual el protagonista mata a su contraparte gemela— asesiné a mi esperanza de ser artista, a ese joven prodigio que ya no lo sería. Quizá por eso no quise ya dibujar, esculpir ni hacer nada artístico... Sencillamente, era otro. Tal vez lo hice para reconciliar y hurgar en ese pasado apenas inmediato, en el cual todavía era ingenuo y soñador.

En la ciudad donde inicié mi odisea quería ir a buscar a esa mujer bella, altiva y elegante y que añoré todo el tiempo que estuve laborando en el campo. Era esa esperanza del amor, era el ideal que no me resignaba a dejar y sólo había una tenue posibilidad de encontrarle: el supermercado en el cual laboraba. Le comenté a mi madre que iría allí a visitar unos amigos, a lo cual ella decidió acompañarle. Aunque prefería estar solo, acepté con gusto su intención de acompañarme. Llegamos a hospedarnos al hotel más anejo de la ciudad y recorrimos varios sitios de interés juntos. Cuando ella se cansó, en la primera oportunidad salí presto del hotel con rumbo al supermercado, el cual se hallaba a cinco minutos en autobús. El corazón me palpitaba con prisa por la emoción y el nerviosismo. Se me hizo eterno el llegar. Cuanto más me acercaba, más atribulado y aprehensivo me encontraba. A tan sólo una manzana divisé que la tienda proyectaba la luz de su entrada principal; era ya tarde-noche y se atisbaba el salir y entrar de clientes. Al llegar me introduje de improviso y barrí con la mirada las cajas, pero no había señal de ella. Así lo hice en repetidas ocasiones. No podía siquiera preguntar por ella, pues nunca me atreví a preguntarle su nombre. Finalmente desistí de buscarle más. Ya resignado y alicaído por esa situación, decidí junto a mi madre que permaneceríamos dos días más en la ciudad. Luego de la ilusión reventada e ingenua quería devolverme, y he ahí a mi madre, a quien tomaba como consuelo, pero no le podía referir mi gran desilusión y congoja. No obstante, de alguna forma podía sentir compañía y consolación por su presencia, aunque en muchos momentos uno mismo, en ese tipo de situaciones, prefiere permanecer solo; en ese momento así lo deseé, pero también me percaté de que mi madre era una compañía y consuelo para mi pena callada.

Al día siguiente, posterior al desayuno, acudimos al zoológico. Era el último recorrido antes de partir el día siguiente; era un domingo pleno de brillo y Sol. Mientras explorábamos la sección de los primates, me percaté de dos mujeres que estaban viendo, a unos metros, las jaulas de los animales; ironía del destino: yo me sentía como un primate encerrado en mi desgracia y en mi soledad y con el corazón, una vez más, roto de forma extraña, pues mi imaginación había sido mi gran enemigo. Esto ya había pasado unos años antes con "O" y ahora acontecía con otra mujer que idealicé, que sabía que estaba idealizando, que había construido, una persona que a ciencia cierta no sabía si compaginaba con mis ideas en mi corazón y mente... otra ilusión fenecida. Quizá hubo un momento de ilusión, quizá en mi mente era mejor que siguiese viva, quizá fue mejor que así la procurase en mi mente, como una heroína de novela. Quería ser Raskolnikov y que ella fuera mi Sonia; quería que ella fuese una mujer delgada, elegante y muy maternal hacia los niños. Quizá me identifiqué con los niños, con esa añoranza de amor carnal afectivo del que carecí... quizá por eso me enamoré de su estampa al verle tratar a unos niños con tanta dulzura y paciencia. Aquella era una identidad indirecta a través de los niños, era la imagen de una madre que me hizo falta y que observaba en otra persona. Las asunciones inconscientes y subconscientes y las manifestaciones de esto son complicadas y se alternan, ya que no son llanas, planas y esquemáticas. No era propiamente un trauma de Edipo, pues en realidad llevaba una relación de amistad con mi madre, aunque no era una madre protectora y consentidora. Su compañía me servía, por lo menos, para no sentirme tan solo y desconsolado.

Y bien, en el zoológico veía a esas dos mujeres vestidas de manera juvenil, sencilla y sin pretensiones. Una de ellas portaba un pantalón de mezclilla pescador, una pulcra camiseta blanca y lucía el pelo largo y ondulado; atrajo mi atención sobremanera. ¡No podía ser! ¿Era acaso ella? Decidí seguir la misma ruta y el mismo paso que llevaban, de manera que incité a mi madre a apurar un poco el paso de manera sutil, dando excusas de una jaula más interesante que la otra. En verdad temía acercarme mucho y romper esa ilusión; en verdad tenía un temor inmenso, como timidez. Además, pensaba que ella no se acordaría de mí. La seguía de manera furtiva y no percibía con claridad su faz para identificarla. Estaba saboteando la posibilidad de descubrir que no era ella y de romper esa ilusión renacida una vez más. ¡Cómo podía recrear la ilusión otra vez y derruirla de tajo! Entonces la seguí y la seguí, pensando la manera de abordarla. Me llegaron mil excusas a la cabeza, como inquirirle si había trabajado en aquel supermercado. Quizá por la magra atención hacia mi persona y mi corazón azotado por el ansia, la incertidumbre y el nerviosismo, aceleré el paso. No veía nada alrededor y no existía ya el zoológico, aquel era un mero accidente de espacio y sólo me enfocaba en una situación inmediata. Como en una película, lo demás no existía; mi mente abstraía lo importante, sólo me concentraba en seguirla y pensar cómo abordarla y cómo asegurarme de que era ella. Así íbamos por el recorrido del zoológico, que tenía una forma de herradura. Llegamos hasta el medio del zoológico y aún no me decidía. Admiraba a esa mujer que iba delante mío y que se perdía de vez en cuando entre la gente. Yo desistía de mi persistencia por verla y hablarle, pero a esa acción le correspondía la reacción de sabotear mi deseo febril de salir de dudas y de materializar mi sueño. Aquello era sencillamente demasiado, demasiada la coincidencia de encontrarle allí y que lo sublime y etéreo de un idealismo romántico se hiciese realidad... Era demasiado bueno para ser realidad. El tiempo y el espacio se disolvían inexorablemente; tenía que tomar una decisión, quizá no la más acertada, pero no podía dejar que el destino que se encargase de ello. Yo siempre tomaba las decisiones antes de que el destino lo hiciese por mí, y esa no fue la excepción. Volví a la realidad, la burbuja del sueño explotó y tomé de inmediato la decisión en vilo. Algo me surgió del inconsciente: era menester cerrar ese capítulo en mi vida de la mejor manera, soñar que no era un sueño, sino realidad y aceptar que esa era una parte bella de mi vida, una experiencia que me sirvió de bálsamo existencial y que me hizo saber que los personajes de novela épicos podían volverse realidad. Como menciona el remate de *Crimen y Castigo*: "Esa es materia de un nuevo libro porque hasta aquí llega el último capítulo del presente libro...". Esto cerraba de una forma bella mi relación con aquella mujer del supermercado. La ilusión vivía aún en esa ciudad, así como sus recuerdos hermosos. Decidí entonces ver cómo se alejaba aquella mujer del zoológico, como cuando en *Casablanca* Rick ve a Lisa alejarse. Me acerqué más a mi madre, ya, quizá, no con desconsuelo, sino con la ilusión de una novela clásica, esa ilusión que hice realidad y tomé prestada; la cual devolví al libro y dejó en mi corazón un halo de tranquilidad y felicidad por haberme enamorado de manera sublime y mantener a esa heroína en mi mente viva. Ya no quería matar la ilusión, como había acontecido con "O" tiempo atrás.

La verdadera libertad es la que consiste en inventar nuestra existencia cada día, a nuestra forma y criterio; hay que recrearla sin condiciones prestablecidas ni referentes convencionales. Esa situación fue parte de un proceso existencial no solamente amoroso, sino de sentido de la vida y de cómo llevar de manera quijotesca mis sueños y asumirlos en la realidad y la cotidianeidad. Fue una experiencia espiritual de la que fui, y soy aún, dueño. La libertad y lo espiritual se funden con la realidad.

Por aquel entonces fue cuando, por primera vez, a mi manera, me convertí en un mujeriego al tener a tres mujeres de distinta ralea y que me servían para proyectar mis diferentes personalidades. Evidentemente, no materialicé las tres relaciones, pero a algunas les di vida en mi imaginación. Me volví un mujeriego incidental.

Capítulo 6

El derrotero de mi etérea levedad promiscua

Resignado a mi nuevo destino, tuve que regresar a la ciudad a donde fui para trabajar y hacer un patrimonio. Al llegar a la ciudad que elegí, decidí pedir posada en un albergue que me ofrecía lugar sólo para dormir, pero no para estar allí durante el día. Sin embargo, yo dedicaba el día a buscar empleo incansablemente. Después de buscar empleo y no encontrar nada, tomé la decisión de acudir a la oficina de desempleo para pedir ayuda. Una mujer atractiva, alta y de buen porte me asistió en mi necesidad laboral y vio varias opciones. Al final, tomé un empleo nocturno, agradecido de tener algo. Después de ahorrar por unas semanas y haber pedido posada durante el día (ya que sólo se ofrecía eso a la gente que demostrase estar empleada de noche), decidí ir a vivir a un hotel residencial y tener mi propio espacio. Estaba estático y lleno de júbilo por tener un espacio propio de libertad.

Durante los primeros años en esa ciudad tuve que trabajar en dos empleos y casi fue nulo mi acercamiento con las mujeres. Sólo recuerdo que una dentista de origen oriental y latino tenía mucha admiración por la forma tan atrevida en que procedí para llevar al cabo mis convicciones. Nunca supe si la dentista estaba casada, si yo le atraía o si no quería que me regresara, pero me hablaba dos veces a la semana para saludarme y me dejaba mensajes en la máquina telefónica. Me gustaba mucho, incluso su forma de ser, pero mi convicción de regresar a mi ciudad era una idea fija en mí. También me encantaba su voz arrulladora; hablaba como si susurrase y en forma pausada. Cuando me mudé ya nunca más supe de ella, pero la recordé por muy buen tiempo.

Al inicio de mi estancia en la nueva ciudad me topé en la lavandería a una americana rubia, ella estaba haciendo lo propio con su ropa. No hablaba mucho inglés, pero ella me abordó y preguntó algo que no logré comprender. Con el tiempo supe que quería ir al cine y me inquirió si quería hacerle compañía; asentí, por lo que fuimos a ver una película. Después de la película quiso ir conmigo al cuarto, y así fue, sólo que la conserje del hotel donde vivía era una persona muy conservadora y logró descubrir que llevaba una invitada sorpresa. No tuve más remedio que ir a un hotel. Tuve relaciones sin condón y me angustié tremendamente, pues temía contagiarme de sida. Tuve mucha suerte y juré no hacerlo otra vez.

Por ese entonces no tenía relaciones continuas y sabía de lugares de prostitución. Comencé a recoger prostitutas de la calle, pero eran diferentes a las de la ciudad. Donde vivía, ya no había bares de bohemia ni lugares de reunión similar, era sólo la calle y el auto. En ese entonces la prostitución pululaba por doquier y era muy fácil encontrar a una prostituta. Sin embargo, carecía de un auto y sólo podía ir con alguna mujer cercana. Por un año no tuve un auto, de hecho, el auto que mi padre me proveyó nunca lo sentí mío, pues no consideraba como mío lo que yo no había adquirido con mi propio trabajo. Por fortuna, obtuve un empleo, pero requería del uso de un auto. En verdad no aspiraba a tener un auto y no me gustaba mucho la idea de poseer uno, pero sólo para trabajar compré uno muy modesto de marca japonesa. Era algo sin pretensiones, pero era un espacio mío y al que podía recurrir sin permiso de alguien. Lo primero que hice fue dar una vuelta por las zonas aledañas variadas, desde las pudientes hasta las más pobres. Por supuesto, me tentó la idea de ir a la zona roja, y después de unos días por fin me animé a hacerlo. Sabía muy poco inglés, pero, como pude, me di a entender. Mi mejor escuela de idiomas fue comunicarme con las prostitutas y aprender a hablar de forma coloquial. Más tarde me "gradué" con las mujeres que fueron mis parejas y no hablaban mi idioma.

Al principio fue un poco estrambótico el tener que estar llevando prostitutas al hotel. Si bien ya no existían preámbulos, tuve la libertad de contratar prostitutas hasta tres veces al día. En verdad ya no había problema en el hotel, pues la conserje había fallecido y en su lugar estaba un tipo de aspecto serio y lentes. En una ocasión me dio permiso de introducir una chica y en agradecimiento le di una botella de tequila. Él quedó más que contento. Supe entonces cómo meter chicas sin que me lo prohibieran, de modo que cada semana, o más seguido, le llevaba diferentes botellas de licor. Fue el paraíso, pues conocí todo tipo de prostitutas. Por ese tiempo me relacioné en el hotel con una joven guapa, de estatura mediana, pechos y glúteos enormes, pero muy lacónica y sosa de carácter. Ella también vivía ahí. Al principio nos relacionamos muy bien y llegamos a conversar muy seguido; sabía que era cristiana y por eso tenía ese tipo de idiosincrasia. Llegamos incluso a comprometernos y planeamos ir a un centro de diversiones, pero ella, al final, no quiso por su religión, pues requeríamos estar casados para salir juntos. En verdad que no me atraía casarme y todo quedó en amistad, aunque sé que yo le atraía, pues me pedía pasar mucho tiempo con ella. En aquel hotel vivía también un señor que nos doblaba la edad y que pretendía a esta mujer; por mucho tiempo la asistió en cosas que ella requería. Ella lo veía como un padre, pero él quería casarse con ella. Tal era su obsesión que en una ocasión me preguntó cuáles eran mis intenciones para con ella. Asimismo, ocurrió que, en mi último día de estancia en el hotel, él fue a despedirse de mí en persona. La mujer me llamó por teléfono desde el cuarto de él para irse a despedir de mí, aunque después de la llamada olvidó colgar y oí la conversación con él, quien le dijo que no fuera a despedirse de mí. Ella insistió sobre lo contrario. Supe por medio de una novia, pues trabajaba con ese hombre, que él era un neurótico y que había estado en la cárcel por la muerte de su esposa. Durante la despedida, ella me agradeció el no haberle faltado el respeto y refirió a una ocasión en que la dejé quedarse en mi cuarto; yo había ido a trabajar y cuando regresé ella yacía dormida, atravesada diagonalmente, en mi cama. Claro está, yo no le hubiere instigado, acosado ni seducido.

He aprendido a ser amigo de las mujeres, a verlas no como objetos sexuales. He aprendido a en verdad ser abierto con ellas y no sólo moverme en el ámbito machista de ver a cada mujer como un objeto sexual. Es curioso, pero he recibido mofas cuando presento a alguien como mi amiga y, siendo guapa, se me bromea que en verdad ella es mi novia. De igual forma, la familia de ella cree que en algún momento determinado nos haremos novios.

En esos tres años que viví por mi cuenta en un cuarto de hotel, conviví con muchas prostitutas; esa fue la época en que más sexo tuve; fue allí donde proyecté mi adicción al sexo. El primer día que pude rentar el cuarto de hotel estaba emocionado y eufórico por tener un espacio propio, aunque fuere rentado; era un espacio que no era compartido y que podía administrar y adornar a mi manera. Las prostitutas allí no se prostituían tanto por necesidad, sino drogas. Algunas que recién salían de la cárcel estaban urgidas de sexo. Recuerdo que una de ellas, que tenía una cara muy bella, aunque con huellas de varicela, se excitó sobremanera; fue una relación muy intensa que disfruté en extremo. Yo le atraía, por lo que le pedí su teléfono para citarnos otra vez. Acordé pasar una noche con ella, pues hasta ese momento no había pasado noche alguna con una mujer.

La única vez que pude pasar la noche con una mujer se trató de una prostituta que conocí en un centro nocturno, donde uno bailaba y departía con mujeres antes de que los *table dance* entraran en boga. Tuve la oportunidad de conocer ese tipo de centros nocturnos, que incluso eran objeto de dramatización en algunas películas del cine clásico. En esos centros se asiste, se elige a una mujer con quien conversar y ella cobra por cada copa o trago que uno consuma y por los suyos. Se puede bailar y se paga por cada baile. En esos términos se podía incluso llegar a acuerdos sexuales o sentimentales con la mujer en cuestión, sin ninguna restricción. Ahora los *table dance* tienen nuevas reglas y controlan más a las mujeres que allí trabajan. Sin embargo, los nuevos *table dance* tienen más creatividad, como después lo relataré.

En ese centro nocturno salí con una mujer muy guapa, con la que mis amigos y yo charlamos junto con otras mujeres. La dama en cuestión no se hallaba en el grupo, sólo la encontré al salir del club y me cobraría cierta cantidad de dinero por pasar la noche. Por desgracia, no pude reunir tal cantidad y mi aspiración por platicar toda la noche con una mujer quedó frustrada. Creo que mi obsesión de pasar una noche con una mujer era el deseo interno de ser apreciado por alguien, de ser amado; en parte era por la falta de afecto maternal; en parte era por mi adicción al sexo, y en parte era por autoestima.

Uno idealiza, y en verdad resulta más excitante la idealización porque el cerebro exagera la realidad, la regodea y la recrea; por eso es que el sexo resulta fascinante, no es tanto que el sexo en sí sea excitante. Así funciona el sexo y la parafernalia que lo rodea. El maquillaje sólo exalta y sugiere las partes sensuales y erógenas de la mujer. Un escote que deje adivinar los senos de forma sensual es más libidinoso que los senos expuestos en su totalidad.

Durante mi estancia de tres años en el cuarto de hotel llevé muchísimas prostitutas, y a todas las traté con mucho respeto. Sólo hubo dos que me robaron o me intentaron robar, pero lo tomé como experiencia para no ser confiado la siguiente vez. Muchas de esas personas eran drogadictas. De entre las que me dejaron una buena sensación fue una rubia de pelo castaño y tez dorada; su cara era sensual y sus labios pequeños, pero el superior estaba pronunciado, marcado como el de un bebé, lo cual la hacía muy sensual. Poseía glúteos esculturales, amplios y muy hermosos, al igual que su cadera. Tenía problemas de infradotación al caminar, pues no podía caminar de forma recta. Su pelo era sedosísimo y sus ojos verdes claros enmarcaban su grácil rostro. Ella decidió vivir unos días conmigo y en ocasiones me visitaba de improviso. Era educada en extremo y no gustaba que nadie dijera improperios. Su esposo la llamaba constantemente para saber si estaba en buen estado de salud; sentía pena por él. Su pubis era angelical y con ella me atreví a hacer sexo oral; fue maravilloso, pues ella era terriblemente higiénica y mantenía sus partes íntimas pulcras y con olor floral. Tenía una vulva muy bella y los labios de su clítoris eran como una flor de mayo. En verdad es el pubis más maravilloso que he visto, lo mismo con sus glúteos firmes, grandes y redondos. Ella hacía las cosas con una delicadeza extrema. Una vez me pidió que le acompañase a hacer su lavandería; fue sensual ver sus manos finas posar la ropa dentro de la lavadora, volteando cada prenda al anverso para que no se manchase por fuera de jabón. Dejaba que corriese y se llenase la lavadora de agua, luego vertía el jabón líquido y con las yemas de los dedos revolvía el detergente con el agua para después ir depositando las prendas dentro de la solución espumosa. Ese acto me resultaba muy sensual. Ella era muy lacónica y se expresaba con movimientos gráciles de su cuerpo. Era increíble que una persona así fuera adicta a las drogas. Tenía tres hijos. Ella casi no veía a su interlocutor a los ojos ni sonreía, creo que sólo la vi sonreír una vez en todos los días que pasé con ella. Sólo teníamos relaciones cuando veía disposición en ella y la respetaba, pues gustaba de dormir mucho. Quizá sufría de una depresión.

Otra mujer que recuerdo, por su ingenuidad, tenía rasgos muy bellos, pero era de esa belleza acartonada que al final pasa por ser indiferente. Tenía unos ojos azules intensos muy bellos y un cuerpo agradable. El primer día que le vi tuvimos relaciones y fue muy dócil, se dejaba besar y le encantaba que lo hiciera. Me abrazaba muy maternal y delicadamente. Pecaba de ingenua. La primera vez que tuve relaciones con ella le dejé en la esquina que me solicitó y al despedirme le quise decir que me hubiera gustado tener relaciones con ella otra vez, pero me interrumpí a mí mismo, pues me sentí apenado por confesarle que sentía mucho agrado por ella. Ella me interpeló, pidiéndome que le fuese franco, y así lo hice. Luego me espetó: "Me hubieras dicho antes. Pero no es tarde; regresemos". Le dije que ese día estaba justo de dinero y que la siguiente vez le pagaría el resto; me dijo que no había ningún problema. Al regresar tuvimos relaciones otra vez. No quise tener preámbulos por el ansia de sentir su calor y su vagina. Con ella compartí el más bello abrazo que he sentido con mujer alguna; sentí el calor de sus pechos un poco lánguidos y de sus besos sensuales. Luego de eso terminó durmiendo y de vez en vez despertaba y volvíamos a tener relaciones; fueron cinco o seis veces. El glande me ardía de fruición y fricción. Al día siguiente fui a trabajar luego de dejarla en su casa. Era un ardor en el pene lo que sentía, pero sentía también mucho contento. Ha sido la noche sexual más maravillosa que he pasado hasta ahora.

Otra mujer sensual con la que estuve fue una rubia con tez dorada, rasgos faciales muy finos y ojos verdes esmeralda estéticamente enmarcados por unos párpados que caían en las comisuras de sus ojos y le daban un halo de misterio y sensualidad. Su cabello era un poco largo y estaba recogido en una coleta. Vestía siempre con una falda larga tipo hindú, sandalias y una camiseta o blusa sencilla. Sus pechos eran pequeños, pero firmes y sensualmente contorneados. Ella hacía el amor de manera delicada y sus besos eran muy sensuales. Por desgracia, al igual que la anterior, terminó consumiendo tanta droga que su mente fue afectada.

Había otra mujer con pechos grandes, pero en extremos firmes y duros, lo que hacía que perdieran la sensualidad. Ella sudaba muchísimo. Era muy agradable, pero muy pragmática. Asimismo, era una persona de negocios que no era adicta; debió de acumular mucho dinero, pues no tenía vicio alguno. Pese a que se dejaba besar, resultaba un poco fría y sin personalidad sensual, pero a bien me gustaba tener relaciones con ella. Tampoco me veía mucho a los ojos.

Resulta curioso que alguien sí me veía a los ojos, a pesar a su miopía. "C" fue una prostituta muy bella, quizá la más hermosa entre todas. Su belleza parecía italiana, o bien, rumana. Su tez era blanca y padecía de lupus. Su risa era apagada, sensual y coqueta en extremo, al igual que su voz, que era idéntica a la de una locutora de radio en EUA conocida en toda la nación. Su pelo largo negro caía como una cascada de agua sobre sus hombros. Sus pechos grandes y firmes eran muy sensuales y sus piernas, contorneadas. Recuerdo que cuando nos despedimos por primera vez me regaló fotos de ella en bikini. En retribución, le obsequié un retrato al óleo que tuve por muchos años. Estaba casada y era prostituta a guisa de pagar el consumo de heroína que requería a diario. Su esposo sabía de mí y era muy celoso, pero nunca trabé conversación con él. Recuerdo que un día fui a su casa y entré de sigilo, pues su marido estaba en el trabajo. Ella lucía un camisón de popelina Victoria's Secret con encajes delicados que bañaba de sensualidad a su cuerpo frondoso. Posó su mano delicadamente en la mía, como una tierna mariposa prendida allí, y con una sonrisa socarrona me condujo a la cama de su aposento. De una manera sutil me fue despojando de mis prendas y de manera maternal simultáneamente me murmuró al oído palabras tiernas, al tiempo que soltaba risillas juguetonas. Ya desnudo me reclinó en la cama y fue besándome las piernas y el estómago. Sentí las caricias finas que su pelo hendía en mi piel mientras posaba sus labios húmedos en mi cuerpo delgado y percibí el humor delicado, olor a nuez, de su piel tibia y las caricias de sus pezones frondosos, que, como un par de botones de flor en capullo, uncían de tierno candor cada pulgada de mi piel. Me prendí a ella como estrujando ese momento de placer sublime para no dejarlo ir. Adivinaba, con mi vista henchida de pasión onírica, sus pecas en sus hombros y pecho, al igual que la lechosa blancura en donde sus sostenes le recubrían, dejando un sugerente contraste entre la piel expuesta al Sol y la piel oculta de manera sensual. El hecho de estar en el aposento matrimonial de ella y entrar con sigilo, como un sagaz bergante que hurta en su morada a hurtadillas, me hacía exaltar mi placer e incitaba mi imaginación. Ella, quizá, lo hizo exprofeso para exultar nuestra complicidad de amantes, aunque ella, siendo una prostituta, deseaba darle un sentido eufemístico a nuestra relación. El sentir la emoción de un amante escurridizo procuraba una fantasía muy real y sensual. Posterior a ese largo preámbulo sensual se desató totalmente su camisón; entonces se posó en mí, prendiéndose encima de forma vaquera, y al mismo tiempo se inclinó para besarme en la boca y el cuello; asimismo, sembró su cabello en mis hombros con delicadeza. Ella procedió a elevarse y descender muy pausadamente para estimular un mayor placer, al tiempo que cerraba los ojos, manifestando una difuminada sonrisa angelical, y gemía de forma apagada y sensual, su voz. Ese día tuve uno de los más sublimes orgasmos que he experimentado. La fantasía hecha realidad, los preámbulos, la improvisación, la confabulación de los dos y el ambiente que yacía en el departamento contribuyeron a tan fabulosa experiencia.

Me encantaba tener relaciones con "C" y la relación se mantuvo viva por muchos años, aun cuando tuve una novia de planta que duró conmigo cinco años. Nuestra amistad y sexualidad duró, al menos, 15 años. Cuando me mudé a mi país temporalmente se supone que conservaba sus fotos en bikini, pero las busqué hasta el cansancio y nunca las encontré. Le recriminé a mi hermana el hecho de haber cambiado de sitio las cajas donde tenía guardadas las fotos por cuanto estaban insertadas entre las páginas de un libro; plena de curiosidad —algo común en la mayoría de las mujeres que, en un momento de soledad, hurgan entre las pertenencias de otra persona para saber de sus secretos y su vida, tal como aconteció en la película de *Nueve semanas y media*—, las hubo de encontrar y las cambió de sitio. Mi exesposa terminó encontrándolas. Ella sabía de "C", pues un día me llamó al celular y mi esposa contestó; tuve que mentirle diciendo que "C" era mi prima, excusa muy estúpida, por cierto. Claro está, mi ex nunca se tragó esa píldora. Por muchos años tuvimos relaciones íntimas y fue sólo hasta que me casé que casi no le contacté telefónicamente, sólo lo hacía cuando me sentía solo y desamparado de mi exesposa. Después de mi divorcio me contacté con ella y la llevé a comer al pie del puerto en un restaurante de mariscos. Luego tuvimos conversaciones telefónicas, sin embargo, terminaron por cuanto ella quería que le contactase con un distribuidor de drogas. Le dije que no conocía a nadie y más tarde me pidió dinero para suplir su consumo de estupefacientes, a lo cual me negué de una manera discreta. Ella no solía enojarse, sólo lo hizo dos veces, y esa fue una de ellas. Le dije que sólo le ayudaría cuando pidiese ayuda en NA y abandonara el horror de esa farmacodependencia. Por desgracia, ella no accedió y se molestó conmigo, asegurando que sólo si le contribuía para el consumo de drogas podría hablar con ella. Seguí firme con mi oferta de que se regenerase, pero ella, de forma atajante, acertó sólo a decir que no y procedió a colgar la bocina. Eso fue lo último que escuché de ella. No supe de ella por años, hasta que por impulso busqué su perfil en internet. La única referencia que tuve fue que estaba en la morgue. Me rompió el corazón tal noticia.

"C" era una mujer muy bella y sencilla. Aún recuerdo su voz y su risa disimulada y sugerente; aún recuerdo que improvisaba cosas en el sexo. En una ocasión llevó un vaso con hielos al estar desnudos en la cama. Ella procedió a tomar unos hielos e introducirlos en su boca y darme sexo oral, con los cubos de hielo derritiéndose en su paladar y lengua; era una fusión exultante el frotar maravillosamente, y de forma alternada, la lengua y el succionar de los labios con los hielos en mi pene. La doble sensación de frío y tibieza era de tal goce que lo he hecho con otras mujeres, y también han disfrutado de tan sensual experiencia.

Cuando retorné a la ciudad a la que no pensaba regresar, "C" pronto me visitó en mi cuarto y platicamos los dos sentados en la alfombra, desnudos y tomando una taza de café. Tenía todas mis pertenencias empacadas alrededor del cuarto. Luego de una breve charla acercó su rostro al mío y comenzó a frotar su lengua en mis labios; también soltó, de manera subrepticia, risillas traviesas, a la vez que murmuraba sugerentes comentario. Correspondí deslizando las yemas de mis dedos entre sus senos firmes y frondosos. Luego se recostó en la alfombra de ruda textura; entonces acarició mi cabello, mis hombros y mis manos. Procedí a recorrer con mi lengua y con mis labios su pubis exuberante y vulva pronunciada, al tiempo que ella exhalaba calladamente. La espontaneidad de la improvisación y el encuentro informal de despedida procuraron una bella experiencia, ajena a todo protocolo, sin lujos de ninguna índole, en un cuarto modesto. Tal ambiente generó una atmosfera existencial sin ningún atavío de formalidad, el cual he recreado con otras mujeres al iniciar un galante cortejo.

En el caso de entablar una relación sexo-amistosa con una prostituta me ofrecía la oportunidad de ser abierto, de no tener recatos —claro está, manteniendo un respectivo respeto—, de manifestar plenamente nuestra forma de ser libre de urbanidades y procedimientos rígidos. Este tipo de experiencias que salen de un ámbito cultural preestablecido se mantienen así en tanto no surjan compromisos; de otro modo, la experiencia de amistad con una mujer o un hombre se mantiene rígida y es muy complejo, así como difícil, poder estructurarla y manifestar verdaderos tintes de franqueza, sin ninguna pretensión ni atavíos ficticios. En ocasiones muy frecuentes, entre los hombres, por ejemplo, tendemos a construir una imagen falsa de nosotros mismos; es un escudo para dar una impresión, cuya proyección ante otros hombres inste a exaltar nuestras virtudes y levante nuestra autoestima. En el caso de las mujeres, esto toma la forma de una suerte de atracción, entonces se construye una relación rígida, acartonada y convencional. En verdad es difícil no recaer en este tipo de relaciones diplomáticas sin espontaneidad alguna. La formación de una amistad en verdad sincera con una mujer, sin la búsqueda de la atracción sexual y afectiva, es muy difícil sin que se implique la búsqueda de la atracción por alguno de los dos sujetos. Creo que un principio a tomar en cuenta es que el físico de cada uno no sea en lo mínimo, o quizá mínimamente, para el otro; de este modo, esa posibilidad de atracción no distrae la amistad. Es irónico, pues hubo mujeres que en un inicio me atraían físicamente, pero terminé siendo su amigo cuando se perdió la atracción física. En realidad, con casi todas las parejas, eso se termina en determinado momento, aunque se reafirma en ocasiones.

Otra mujer que me viene a la mente es una prostituta de cara sensual, aunque no tan bella como las anteriores. Estaba en sus cuarentas y tenía un bello cuerpo. La conocí cuando estaba sentada en una parada de autobús sola, cuando ya no era hora de paso de autobuses y estando también ella en una zona alejada de la prostitución. Disminuí un poco la marcha de mi auto y acerté a observar que ella me esbozó una sonrisa, a lo cual le pregunté si podía hacerme compañía. Ella vivía con un amante, pero no se veía que estuviere enamorada de él, prefería mucho mi compañía y me llamaba con frecuencia. En una ocasión me sugirió hacer un trío con una amiga suya. Asentí y procedimos a hacerlo. Fue fenomenal sentir que una me daba sexo oral mientras me besaba y acariciaba a la otra. Su amiga era una rubia menuda y muy bella; no recuerdo su nombre, pero con frecuencia me llamaba. Cuando estuve de novio con una modelo oriental dejé de tener relaciones con ella y con toda prostituta. Ya no supe más de ella.

Recuerdo a otra mujer que me dejó bellas memorias, una rubia también baja de estatura, pelo largo y sedoso y que en ocasiones trabajaba de secretaria. Su voz era apagada y pausada, a la vez que en extremo sensual. En realidad era lacónica, pero sonreía afablemente y miraba a su interlocutor con vivacidad. Su boca pequeña asomaba un labio superior bien contorneado y levantado que resaltaba su sensualidad. Tenía ojos almendrados de un bello color verde olivo. Su nariz era grácil, pequeña y respingada. Ella solía siempre comenzar con sexo oral. Su cuerpo era extremadamente sedoso y terso; sus pechos pequeños eran tiernos y suaves. En una ocasión fui a la tienda de conveniencia, ya en la fila sentí, con el rabillo dl ojo, que alguien me observaba a mis espaldas. Viré cautelosamente y reparé en ella; me esbozó una sonrisa y al llegar a la caja tomé las cosas que ella iba a consumir y las pagué. Conversamos un momento y me preguntó qué estaba haciendo. Le dije que nada, que sólo fui en mi día de descanso por una bebida refrescante. Ella me preguntó si quería disfrutar de su compañía, a lo cual asentí con gusto y agrado. Cuando llegamos al cuarto vimos la televisión y los comerciales que en ella había. Recuerdo que conversamos por horas de forma grata. A bien que llevaba una sudadera que se quitó cuando comenzó a besarme y se posó en la cama para que yo la desnudase. Su cuerpo tibio y sus pechos tiernos se sugerían como un par de manzanas deliciosas. Comencé a besarle, a sentir el vaho tibio de su boca sensual, sus labios tiernos y, sobre todo, el cuerpo tibio en extremo. Su torso caliente me excitó sobremanera y en cada segundo de la relación tuve el mejor orgasmo en posición de misionero. De ella ya no supe más, sólo que estaba saliendo con un tipo de baja ralea. Ella era adicta a la marihuana. En algún momento me sugirió ir a una discoteca o algún centro nocturno; quizá pude hacerlo y llevar una relación agradable, pero, por los problemas económicos por los que pasaba en ese entonces, no pudo ser.

Una mujer que frecuentaba, recuerdo, salía con un tipo que fue apresado y terminó en la cárcel por vender droga. Ella era una mujer rubia con muchas pecas en el rostro; las pecas me excitaban. Yo sabía que era una prostituta, pero, como tenía buena amistad con su novio, nunca le solicité sus servicios, hasta que quedó soltera. Me gustó mucho esa relación, aunque fue breve; me gustó besar su cara sensual y sentir que las pecas me excitaban. De ella sólo supe de nuevo hasta que la vi una vez en el patio de una casa cercana al restaurante donde laboraba; tenía un hijo en brazos y al pasar cerca de su casa me vio con ojos de júbilo y alegría. Yo estaba en otra relación y me arrepentí de no hablarle; creo que se había regenerado, pues había ganado peso. Eso en verdad me importaba.

Capítulo 7

La odisea de la cruzada del amor y desamor en el plano incidental del infortunio de lo convencional

Resulta irónico que la prostituta que más me afectó, y que paradójicamente estaba olvidando, fue una que tenía un poco de sobrepeso y hablaba mi idioma, lo cual era extraño. Ella se subió a mi auto, comenzamos a platicar y noté que era muy aprehensiva, pues movía su pierna de manera constante de arriba hacia abajo. Su sobrepeso le hacía ver los párpados más hinchados, haciendo que sus ojos fueran un poco rasgados. Su pelo rojizo era lacio y no era muy estético. También tenía un poco de acné en el rostro. En realidad, ella no me causó mucha atracción por su forma aprehensiva de ser. Al subirse al auto comenzó a hablarme en su idioma y me dijo que era originaria de la costa del país del que provengo. La conversación, intuía yo, era sólo una excusa para timarme, por ende, yo no la estaba tomando en serio en cuanto a solicitar sus servicios, máxime cuando me dijo cuánto cobraba, pues se me hacía un poco elevada su tarifa. Al final, por la desconfianza que me externó aquella mujer, decidí que la dejaría de vuelta en donde la recogí.

Años más tarde, de paso por el centro de la ciudad, iba a dejar a una empleada que trabajaba para mi modesta compañía de ese entonces y reparé en una mujer de piernas largas, sandalias de plataforma y minifalda que bajaba de un autobús... Noté que era una prostituta. Luego de dejar a la empleada en su casa regresé al mismo sitio, sin la esperanza de encontrar a la prostituta. Para mi fortuna, atisbé que iba apenas a unas calles adelante. Me aproximé, le vi y ella sonrió; subió al auto y consentimos en el pago. La llevé al estudio en donde vivía. No hablaba mucho, pero sonreía por lo que decía. Al llegar le ofrecí una bebida refrescante, vimos la televisión por unas horas y conversamos mucho. Rompí el encanto de la plática cuando procedí a hacer el amor con ella; ese fue un error craso que no debí cometer, pues pude vivir el momento, dejar que las cosas fluyesen y hacer el amor de forma espontánea. Resulta difícil saber cuándo se pasa el umbral de la confianza con una prostituta, pero se aprende, y lo he aprendido. Antes de tener relaciones consentimos en vernos otra vez el domingo por la mañana... y así fue.

Ella y yo empezamos a tener una bella amistad. Ella laboraba en un restaurante de comida rápida y tenía tan sólo un mes de haber salido de la cárcel por haber robado cosas de su entonces novio. Fue que comenzamos a salir más bien como amigos, pues quise resarcir mi error. En verdad que fue muy sublime nuestra relación de amistad; fue de esas relaciones de amigos que desembocan en el noviazgo de forma muy hermosa. Ella terminó diciéndome que no soportaba vivir en el sitio de asistencia social en el que se hospedaba y yo, claro, le sugerí que se mudara conmigo. Dormíamos en la misma cama, pero sin tener relaciones. Yo la respeté y eso le encantó, incluso después de divorciarnos. Fue una amistad como en *Mujer bonita,* la cual evolucionó de forma romántica y sutil.

Durante dos semanas espléndidas nos identificábamos, charlábamos, dábamos paseos agradables y nos confabulábamos cada vez más. Ella gustaba del cantante Eric Clapton y le compré varios discos de él. Ella terminó por confesarme que le dijo a su amiga que estaba enamorada de mí, y de allí procedimos a consumar muestra relación de amor.

Aquella fue la primera vez que, llegando del trabajo, le llevé chocolates y una flor, entonces procedí a darle un masaje y hacer el amor.

Fue que despues de unas semanas ya de intimar y de llevar una relacion de noviazgo, atisbe a ver a su identificacion ya vencida desde ha unos anos, que la persona de la foto manifestaba una apariencia obesa y fue que me trajo a la memoria a la persona que yo ya habia conocido y fue la cual quizo timarme y que se comportaba de forma muy impasiva, era ella, la misma persona que diez anos antes ya habia conocido, vaya coincidencias en la vida.

El hecho de comenzar el noviazgo terminó por matar nuestra amistad e iniciar un ciclo de celos de su parte, de manera irracional, ya que ella rompía y tiraba objetos alrededor. Tampoco soportaba ver mis películas o mis libros, pues era de mente conservadora. Llegó a romper varias de mis películas que no le agradaban, sin embargo, era muy dulce y hacíamos el amor al menos 2 veces al día. Sobrellevamos la relación por un año y a su término llegó una crisis, en parte porque me sentí relegado por ella; en las fiestas que tenía en su trabajo no me llevaba y me decepcioné. Mi desagrado no lo expreso con exabruptos, sólo con silencio y coraje interno. Eso detonó que yo no llegase a la casa hasta muy tarde. Fue que ella quien me suplicó que llegara, no obstante, me negué. Por lo tanto, ella se fue de la casa.

Tiempo después, aquella mujer regresó a casa, pero ya estaba drogada. Intentamos reconstruir la relación, aunque la droga superaba nuestros intentos. Llegamos a un acuerdo: ella estaría enclaustrada hasta que yo regresase del trabajo. Una semana después le di la confianza de salir, sin embargo, de nuevo se sumergió en las drogas. Me enojé y la eché de la casa. Sentí un vacío y extrañeza que me llevaron a una depresión; luché por superarla, pero no podía. Mi ansia era causada por mi deseo de que ella volviese. Fue entonces que uno de mis amigos me indicó que la vio y en dónde estaba. Cuando la encontré tenía una expresión fría y de indiferencia; le rogué que regresase, a lo cual se negó. Le dejé mi número de celular en un papel y le expliqué que, si cambiaba de decisión, volvería por ella. Una semana posterior a ese encuentro, me llamó. Fui lleno de emoción por ella y comenzamos, llenos de alegría, a reiniciar la relación.

Anteriormente, aquella mujer me pidió matrimonio de forma delicada. Yo me había negado a ello con dos previas mujeres, pero esta vez accedí y planeamos la boda en mi ciudad. La emoción de ir a la ciudad nos cegó ante la verdad de nuestra relación: ya casi no teníamos relaciones y ya no había tanto afecto. Llegamos a la ciudad y planeamos la boda y la recepción improvisada. Seguíamos discutiendo y era evidente que la relación estaba alterada.

El día de la boda fue sensacional de manera modesta. Hicimos un buffet entre todos los familiares, se contrataron dos orquestas con música diferente y hubo mucho tequila. El tequila se acabó, pero había comprado muchas botellas, por lo tanto, le pregunté al mesero por qué se acabó el tequila tan pronto, a lo que me respondió: "Su esposa se acabó todo el tequila". Mi esposa comenzó con un problema de alcoholismo que le alteraba el carácter hasta hacerla violenta; esto fue el principal detonante del resquebrajo de nuestra relación.

Decidimos vivir en mi país hasta que arreglásemos un asunto con mi visa. Durante ese tiempo fuimos profesores de lenguas extranjeras y vivimos un ambiente muy agradable: disponíamos de tiempo, un ambiente cultural y diversión formidable. La pobreza no muy extrema nos conminó a ser creativos y cómplices en la supervivencia grata. Aunque no teníamos relaciones sexuales como antes, disfruté del tiempo que compartimos como nunca lo había hecho con pareja alguna. Con poco dinero íbamos a eventos culturales hasta en la calle. En verdad que esos tiempos los valoro sobremanera. Por otro lado, el tiempo que pasé en mi país y los momentos gratos no necesariamente los asocio con ella, por lo tanto, no sentí añoro por ella como antes.

En verdad que teníamos una vida muy agradable, pero esto terminó cuando obtuve la visa y tuve que regresar a EUA. Ella tendría que retornar hasta que yo pudiere reunir medios para asentarnos en EUA, rentar un departamento y traer nuestras pertenencias y mascotas. Viajamos varios kilómetros, por días, hasta llegar de una ciudad a la del nuevo asentamiento; esto nos sirvió para ser cómplices de viaje y afirmar lo que quedaba de relación.

Los momentos de carencias en los que teníamos que improvisar, momentos de pobreza, curiosamente, nos unieron más. Un día de San Valentín acordamos que tendríamos una noche romántica en un restaurante y usaríamos los recursos que teníamos, pero luego mi esposa sugirió hacer una noche romántica tipo *La dama y el vagabundo* en el patio de la casa, y así lo hicimos. Cocinamos una receta de un librillo que compré unos días antes: elaboramos una salsa bearnesa francesa que servimos sobre unos filetes miñón con champiñones, puré de papa y espárragos a la mantequilla y una crema de cilantro deliciosa. La pobreza nos obligó a improvisar; creábamos y vivíamos el momento. Esto no sólo sucedió con la comida, sino también con viajes a los poblados aledaños. Creo que viajamos en ese par de años mucho más que en toda nuestra vida. Recuerdo que fuimos al último concierto del último tour de Eric Clapton y, como mi esposa llevaba botas para estar elegante, el caminar de la casa al estadio (vivíamos a unas cuantas manzanas) le causó ampollas. La tuve que llevar cargando en brazos. Como una niña, ella sostenía una taza con la foto del cantante y una camiseta que también tenía su imagen. Aquellos fueron momentos sublimes.

La mudanza nos trajo recursos, pero menos tiempo para departir juntos. Nuestra relación ya no pudo mantenerse igual. Comenzamos a alejarnos más, hasta que llegó su madre, a quien acepté con gusto en nuestro hogar. La irrupción de su llegada resquebrajó más aún la relación, incluso terminé por salir del cuarto cuando su madre llegaba a platicar; ella no tenía respeto por la intimidad de la pareja y eso me enconó. Salí de la casa creyendo que mi esposa me rogaría que regresase, pero no sucedió así. Unos días antes, mi esposa quería tener relaciones conmigo, sin embargo, ya que las relaciones se reducían a una vez cada dos semanas, me sentí relegado. A manera de venganza, la rechacé. Ella no lo soportó y terminó por engañarme y romper nuestra relación. Una noche mi esposa no llegó a casa; eso me pareció una falta de respeto a la relación y me molestó. Le escribí, como tantas veces lo hice, una carta donde le solicitaba nuestra separación... esta vez no vino una negativa, sino lo contrario. Estaba devastado y entré en un ciclo de depresión; incluso pedí la ayuda de mi exsuegra para que intercediera, pero no hubo resultado alguno.

Mi esposa me dio dos semanas para salir de casa. Separamos a las mascotas que queríamos y dejé todo, excepto un auto viejo, mis pertenencias personales y adornos caseros que ella no quería. Ella se quedó con todo el moblaje, el auto nuevo y, claro, el departamento que estábamos rentando. Más tarde descubrí que ella ya estaba viviendo con otro. Quedé aún más devastado.

Al finalizar las dos semanas el ambiente del trabajo agradable, la gente de allí y mis amigos subieron mi estado de ánimo y por arte de magia superé mi segunda depresión en la vida. Entonces vi todo con optimismo, al tiempo que me exesposa se percató de que su nueva relación no era comparable con la anterior y que no llenaba sus expectativas. Es muy común que la gente con amantes, cuando viven con ellos, realicé que éstos no son lo que idealizaron. Por momentos le ayudé monetariamente, pues contaba con dos trabajos.

Ya instalado en mi nuevo departamento sentí una abundancia de libertad y contento, libertad de espacio y tiempo, libertad de actividades que podía hacer sin dar cuenta de ello a nadie.

Le fui fiel a mi esposa todos esos años. Aquella noche de ausencia no fue la primera vez, pues ya en la otra ciudad me había hecho lo mismo. Hasta la fecha ignoro si me engañó en esa ocasión. Por un largo tiempo ella me instó varias veces a que la abrazase, pero ignoraba que esa era una señal de su deseo por reconciliarse conmigo. Ella quedó devastada cuando le pedí el divorcio, pues, además, estaba saliendo con otra mujer.

Cuando la relación con mi esposa estaba resquebrajada, encontré a una mujer con unos ojos fulgurantes y negros que tenían parecido con los de una actriz; incluso su nariz ligeramente curveada era muy bella. Ella resultó ser una prostituta. Salí con ella algunas veces. En realidad, aquella mujer tan sólo solicitaba ayuda monetaria de mi parte; sólo la ayudé una vez y en una ocasión me llamó para ir al sitio en donde trabajaba. No quería hacerlo, pues era como ver a otra persona, pero al final decidí asistir. En el fondo me atraía el hecho de llegar y ser una especie de lo mismo: mezcla de cliente asiduo, administrador sexual o alguien importante para ella. Ya no era el cliente que era tratado como tal, de manera distante y fría, era una persona familiarizada con ella… y eso era algo atrayente como seductor. Sin embargo, a la vez, no quería romper el encanto de unir las dos personas que era ella. Curiosamente, en las relaciones hay un umbral entre la actividad laboral que hace la pareja y el ser parte de ella, o se está familiarizado con el ambiente laboral de la pareja; así es que, al llegar a su lugar de trabajo, comencé a buscarla en ese ambiente hendido de color ámbar, luces intermitentes y de olor a licor por doquier. No tardé en encontrarle: estaba sentada en el fondo de un saloncillo estrecho y contiguo a la entrada principal. Ella yacía sentada y enfundaba apenas un bikini dorado. Departía y bebía con otras amigas cuando, de súbito, viró de pronto su vista hacia la entrada principal, atisbo en mí y se incorporó de inmediato. Ella me extendió la mano y me dio un abrazo y un beso cálido, entonces pidió que le invitase una bebida, lo cual hice.

Ella me había dicho que estaba casada con un albañil y que el dinero no le era suficiente para mantener a su familia; por ende, tuvo que convertirse en bailarina exótica y ganar más dinero que él. Ella le confesó a su esposo cuál era su profesión y él tuvo que soportar la humillación. Eso me recordó la escena del funcionario Marmeladov (en la novela de *Crimen y Castigo*), quien era humillado por su esposa. Sentí pena por ese hombre y ella, quien, a su vez, padecía de otro tipo de problemas psicológicos. La mujer me decía que le restregaba a su esposo el hecho de que ella ganaba más dinero y que tenía que suplementar los abarrotes e insumos; también le exclamaba que era una vergüenza que él, como hombre, ni siquiera pudiere pagar lo necesario de las facturas y provisiones de alimentos. El hecho de ganar más dinero, evidentemente, le daba más poder y esto la cambió. El poder cambia al débil porque experimenta una situación desconocida que siempre ha carecido; es como el niño que siempre deseó un juguete y cuando lo tiene no lo comparte, no lo suelta. La gente que nunca ha tenido un puesto que le detente poder le va a cambiar; esto es un patrón muy común.

He visto mujeres que, cuando tienen poder, no saben administrarlo o lo ejercen de manera muy personal. En el caso de esta mujer, ella proyectó las frustraciones de su matrimonio y personales moviéndose a través de ciertos marcos de referencia social: que el hombre proveyera lo necesario y la esposa se quedase en la casa cuidando a los niños. Siento que muchas mujeres no están predispuestas a este proyecto, y sé de algunas que en el fondo no querían tener hijos, pero la presión social las impelió a ser madres y cumplir con las obligaciones que el esquema social procura. Mi madre, pienso, no deseaba tener hijos, no deseaba cargar con toda esa presión social y la carga de criar hijos. En cierta forma, creo que casi todas las mujeres que son madres se ven frustradas con esta situación en determinado momento, pero sobre el caso de mi madre y esto último ahondaré en la sección dedicadas a mi madre y en la de las mujeres con los hijos. Quizá en algún momento la mujer en cuestión fue maltratada o abusada de niña, por lo cual, de grande, se volvió agresiva y malhumorada; quizá sólo buscaba a un ser débil de carácter para proyectar sus frustraciones.

Un par de años después el club fue remodelado; el tugurio modesto con ciertos encantos fue ampliado de tal manera que lo unieron con el otro a espaldas de éste. De cómo quedó reconstruido hablaré en lo posterior y en relación con otras mujeres que allí conocí.

Volviendo al evento de mi reunión con la prostituta que mantenía a su esposo, cuando acudí a su lugar de trabajo, ella se me prendió al cuello y me plantó un beso tierno, tibio y fogoso, al tiempo que ponía sus manos en mi nuca, cerraba sus ojos angelicales y me ungía sus pechos y su vientre en mi cuerpo. Ella estaba sorprendida de mi presencia allí, pues creo que no confiaba en que fuera. Estaba embriagada y eso rompió toda desinhibición. Una mujer que trabaja en un ambiente libidinoso tiene una dignidad que le impele a llevar a sus amantes a ese lugar, y dentro de esa desinhibición bulló la alegría y esperanza de aquella mujer al verme, quizá como apreciando un acto de confianza de mi parte y de no condenarla por su actividad (es cierto que muchos hombres no dejan de menospreciarlas y degradarlas, bajándoles su autoestima). Mientras me besaba, comenzamos a bailar lentamente; sentí por fin sus labios cálidos y sus besos tibios, pues hasta ese entonces habíamos salido sin tener una aproximación carnal. No recuerdo, previo a ese momento, que alguien me besara cálida y tibiamente, con caricias en mi cuerpo. He besado mujeres que han bebido y su aliento es agrio, aunque el de ella era dulce, de un vaho deliciosamente sobrio (es bien cierto que para no sentir el olor ácido del alcohol lo mejor es también estar alcoholizado).

Aquella fue una velada maravillosa. La prostituta reía como una niña por cualquier tontería y se abrió conmigo: decía incongruencias graciosas, yo la hacía reír y me besaba o me abrazaba. Ella me dijo que quería tener relaciones conmigo, pero algo se lo impedía; nunca supe qué fue y la respeté. Creo que un beso pasional es más maravilloso que una relación sexual complicada. La nuestra fue una especie de relación sexual sin necesariamente serlo, plena de preámbulos de placer carnal y ceremonias que no incluyen el coito. Quizá incluso fue mucho mejor que consumarlo por cuanto lo que queda a la imaginación supera a la realidad y deja un sabor de recuerdo, melancolía y éxtasis. Fue un trozo de noche de ensoñación, de pasión surrealista, de lujuria angelical.

Cuando regresé a casa, mi exesposa dormía plácidamente. Llegué con ese dejo de ilusión de haber compartido un momento maravilloso en el *table dance* con esa mujer.

Esa mujer y yo nos volvimos a ver, ya de día, y, como en la película *Bella de día*, era ella otra mujer; en el ambiente del table dance su personalidad cambiaba, al igual que su indumentaria. Me excita ver a las mujeres vestidas con una gorra de béisbol y con el cabello recogido en forma de cola saliendo por la hendidura posterior de la gorra; el día que tuve una cita con aquella mujer, ella así iba vestida y lucía espectacular. Así lució también en la última cita. Era una persona diferente a la que vi la noche anterior y allí fue la despedida final con ella. Le agradezco por ese momento de placer y ensoñación que me dio en una noche ámbar de luz y llena de placer, candor y exultación, pero, sobre todo, por bridarme una ilusión de sentirme amado en verdad, no necesitado. Esa noche volví a mi realidad, a una esposa diferente a esa mujer activa, entusiasmada y vital.

Mi esposa vivía sólo por la inercia de vivir, por estar acorde a lo que la vida le ofreciese de manera pasiva y sin estímulos. Vivíamos como zombis, sin hablar mucho, sólo yendo en los días de descanso a sitios de consumo para comprar y no para convivir. Ya no éramos empresarios, sino empleados, y eso cambió nuestro estilo de vida, nuestra estabilidad matrimonial y nuestra relación.

Capítulo 8

De los incidentes y experiencias previas a la consumación de la interrupción de mi devenir en el mundo de Edipo, en transición hacia la anhelada boya de lo ideal y estable llamado amor

Los pormenores aquí dispuestos son una introducción y refieren a la etapa de mi juventud en la cual di desenfreno a mi adicción sexual. En dicha etapa no había mujeres en mi ámbito laboral ni social con las que intimar, amén de que el idioma también era una objeción. A veces visitaba hasta cinco prostitutas al día; muchas de ellas ya me conocían. Con ninguna tuve problemas de violencia o desavenencias, y, aunque llegué a pasar toda la noche con algunas, la ilusión de pasar una noche maravillosa y fantástica nunca aconteció. Nunca me sentí plenamente identificado con ninguna de ellas. Sí hubo un placer sexual que quizá muchas parejas no han consumado con los cónyuges que creen amar, pero, si bien yo no contaba con una pareja en plenitud, por lo menos pude satisfacer todo tipo de deseo sexual y con todo tipo de mujeres, pues, a pesar de ser prostitutas, ellas también sentían placer. Yo siempre tenía, por cierto, algún caramelo, souvenir o bebida refrescante para obsequiarles: era mi deseo no hacerlas sentir prostitutas, que se desarrollase otro tipo de relación, o bien, que no se sintiesen mal.

Así se cerró una etapa, el periodo en el que tuve un auto propio que me generó libertad y con el cual di rienda a mis impulsos licenciosos.

Me sentía ajeno a la demás gente, me sentía marginado; estaba inmerso en un mundo en el que me relacionaba de manera íntima con prostitutas. Esto prevaleció hasta los treinta años. Nunca me casé en ese periodo, sólo tuve una novia que era prostituta. Todas mis relaciones en ese entonces fueron sexuales y con poca afección, sin embargo, hubo momentos épicos, anecdóticos y, sobre todo, de un gran placer.

A mi regreso, después de pasar un tiempo sabático en mi país, llegué de nueva cuenta para tener un mejor empleo. Evidentemente, seguí en el mismo hotel donde viví antes. Por ese entonces interactuaba con más mujeres, pero nunca pasó de poder ser un simple compañero de trabajo; asimismo, aprendía día a día más el idioma inglés y podía comunicarme mejor. En el hotel donde vivía había una mujer joven, un poco más joven que yo, quien se sentía muy sola, pero que estaba casada. Creo que una ocasión coincidimos en la terraza. Ella fue mi confidente, a tal grado que me tocaba a la puerta para ir a platicar con ella a la terraza. Todo iba bien hasta que cometí la estupidez de abrir la puerta con el torso desnudo, pues hacía un calor horrible. Ella se volvió y nunca me volvió a hablar. También había una mujer allí que me propuso ser su compañero de renta, pero no acepté, pues yo ya estaba inmerso en una relación y no quería arriesgarme.

Por aquel entonces ya había dejado el restaurante donde trabajé debido a un conflicto laboral; yo apoyé a los empleados e incluso me uní a renunciar con ellos. Me sentí muy contento por seguir mis principios éticos, laborales, de amistad y solidaridad. Casi me daba por vencido en mi búsqueda de trabajo y, como el brazo salvador del cuento de Edgar

Allan Poe en *El pozo y el péndulo*, una tarde anterior a mi planeada partida, un amigo que conocí en el albergue a donde llegué por vez primera a esa ciudad, me ofreció una plaza abierta de trabajo. El sitio de empleo no podía tener mejor ubicación: un hotel ubicado a tres manzanas de donde vivía. Acudí lleno de placer y contento al entrenamiento. Éramos sólo tres empleados en ese departamento laboral: una era una empleada guapa y muy frondosa de cuerpo, pero su forma hiperactiva de conducirse y su manera interminable de hablar cosas sin mucha sustancia la disponían como alguien sin mucha categoría. Ella buscaba un esposo y fue entonces que inició una abierta amistad. En realidad no había devaneos muy abiertos de su parte y también yo estaba muy confuso en cuanto a sus intenciones hacia mí. La mujer tenía cinco hijos. Era de buen parecer, piel trigueña, ojos grandes, alta y tenía pechos muy grandes. Por alguna razón hay relaciones que inician con confrontaciones en la forma de pensar de la pareja y también, por razones raras, hay una atracción desde la mujer hacia el hombre. Aconteció con esta mujer en cuestión, con mi exesposa y con otra mujer, que me buscó luego de que supo que había terminado con su amiga. Me buscó e inquirió si yo aún buscaba una novia y salimos por unos días, pero había constantes desavenencias y eso terminó por desanimarme de tal relación, así que decidí desistir de verla. Por eso mismo, yo ignoraba las intenciones de esa mujer alta con la que tenía diferencias. Lo peor que acontece en estas confrontaciones es que las mujeres con las que tengo desacuerdos emiten opiniones inmediatas guiadas por la burda percepción sin documentarse antes, por lo tanto, ignoraba sus intenciones y las señales que enviaban eran muy confusas. A veces las mujeres son de una dignidad tal que expresan lo contrario a sus intenciones. En realidad, esta mujer se había quedado sin empleo allí donde entré a trabajar por su inconsistencia en ese trabajo, y buscaba una pareja que le sustentara sus necesidades económicas. Pero, por otro lado, de forma sardónica decía que no andaría conmigo. Pienso que esa es una forma absurda de coquetear: es decir lo contrario para procurarse dignidad, pero en el fondo es un ofrecimiento de parte de ellas para ser abordadas e iniciar una relación; procuran no dar una imagen de "ofrecidas". Quizá suceda a las mujeres, a veces, como a los hombre: uno es atraído por una mujer, pero a la vez hay detalles de ella que no lo convencen y divaga entre el coqueteo y la inseguridad (sí, pero no). En verdad nunca supe de su forma de coquetear sino hasta después de que confesó que quería que yo fuera su pareja.

Curiosamente, aquella mujer camuflajeó estas confesiones y admisiones, como una mancha en el pelaje de un leopardo, en una conversación deshilvanada, introduciendo la confesión en la plática a guisa de esconderla entre otros tópicos. Creo que es común en la mujer disfrazar la dignidad y no evidenciarse, aunque en el hombre también acontece esto. La mujer que requiere apoyo económico y que lo pide no lo hace de forma directa, lo hará disfrazándolo en este tipo de conversaciones, o disfrazará el aceptar la ayuda con un rechazo inicial para no herir su dignidad de inicio. La verdad es que ayudé a esa mujer de inicio, y también lo hice con una atención entre coqueteo e inseguridad, pues no quería inmiscuirme en una relación de la cual me costase un gran esfuerzo y dolor desafanarme: así lo hube de experimentar en lo posterior y de lo cual daré relato. Al final terminamos siendo amigos y ella encontró a una persona obesa y sin atractivo alguno, pero que le sustentaba, en parte, sus gastos. No hay que olvidar que las relaciones no inician propiamente con el amor, sino con una relación de atracción y también de características pragmáticas, como la seguridad económica; por eso las clases sociales no se entremezclan, salvo en raras excepciones. El tipo terminó por ser una carga para ella por la diferencia de edad, pues él comenzó a mostrar achaques y discapacidades. Ironías de las relaciones "amorosas". Iniciar una de estas relaciones con mujeres que conllevan una carga no sólo de hijos, sino también de emociones, prejuicios y conflictos emocionales, es complicarse la existencia. Por eso he preferido a las mujeres sin hijos o mujeres, independientes de lazos patológicos con la familia. Y aun sin hijos es menester en la mujer el buscar relaciones con alguien más, relaciones afectivas no necesariamente amorosas; por eso terminan siendo "amigas" de esta y de aquella mujer. Estas relaciones forzosas terminan en conflictos tarde que temprano y uno termina también en el medio, pues la mujer nos inmiscuye en la convivencia con estas amistades. Así, por ejemplo, aconteció con mi exesposa y otras amantes que tuve. Carol Gilligan mencionó en su afamado libro *Desde una voz diferente* que la mujer tiende a construir un tejido de relaciones y a constantemente estarlo expandiendo; ello no sólo le da seguridad, sino también armonía y un sentido existencial.

Lo cierto es que, si no hubiere permanecido en el país, mi destino no hubiere girado 180°. Por ese entonces yo gustaba ir de compras a las tiendas de bazar por cuanto me fascinaba encontrar cosas de valor anticuario, o bien, de un valor único por su originalidad o bien artesanal. Había una tienda a la vuelta de la esquina de donde vivía a la cual disfrutaba cada vez que asistía; era una especie de vicio el encontrar cosas diferentes cada vez, desde un disco de acetato hasta una prenda de vestir muy original. Me hice asiduo en esa tienda e intimé con dos mujeres maduras. Yo contaba con 30 años y ellas estaban en sus cuarentas. De hecho, con la primera mujer de las dos con las que inicié una amistad fue a guisa de obtener descuentos, y en retribución le hice un retrato de ella y de sus hijos. Nunca pensé que ella estaba soltera y que tenía una amistad con la otra empleada. En realidad, pensé que sólo deseaba una relación de amistad, pero a la postre supe que era todo lo contrario. No sentía atracción por ella. La otra empleada era una mujer de una belleza excelsa, una mujer madura por la cual uno siente una atracción única y obscena, que en muchos hombres se torna en una fantasía, en especial cuando uno observa elegancia, pulcritud, clase y galanura. Tres años hacía que le había atisbado y me llamó la atención su sonrisa hermosa, su pelo recogido y sus ojos negros fulgurantes. Cuando recaté en ella le comenté a un amigo acerca de su belleza y de su altiva candidez, sin embargo, él me atajo, aduciendo que ya ella estaba casada con un conductor de tráileres. Eso fue suficiente para desanimar mis pretensiones. Creo que ya la otra mujer le había comentado a su compañera de trabajo de sus intenciones hacia mí, por lo que inició una especie de competencia entre ellas, pues mi manera seria de conducirme y con protocolos galantes, amén de mi manera de vestir y mis talentos, les atrajo. La primera mujer, por la que no tenía atracción alguna, no dio indicios, o bien, no los percibí. Por otro lado, cuando se encontraba distribuyendo algunas prendas de vestir en la sección en la cual yo hurgaba, la mujer de belleza majestuosa inició una conversación conmigo por unos días, hasta que decidió a invitarme un café. Yo, con júbilo, acepté.

Era un jueves y yo y la mujer hermosa decidimos departir la tarde de un domingo después de su salida del trabajo. Fueron días largos de emoción y ansia para mí hasta que esa tarde llegó y fui por ella a su trabajo. Siendo asistente de gerente, ella tuvo que hacer corte de caja y la reconciliación de todas las transacciones; de allí elaboró un reporte y finalmente llevó un depósito de las transacciones monetarias al banco. Por lo tanto, tuve que esperar afuera de la tienda por más de una hora. Eso me molestó un poco, pero al final me olvidé todo y decidimos ir a un restaurante que ya no existe y que aludía a los años cincuenta; los asientos semejaban asientos de autos clásicos de esa época y los atuendos de meseras y ayudantes eran acordes a ese periodo. Evidentemente, la música doo wop, rock and roll y melodías diversas de ese entonces eran reproducidas en arcadias musicales. Cuando llegamos ella sonrió abiertamente y unos surcos se le formaron en las comisuras de sus ojos que se abrían hacia las sienes, lo cual denotaba su edad. Eso en verdad me atrajo aún más, pues remarcaba su belleza madura y, por consiguiente, la fantasía de relacionarme íntimamente con una mujer así, sueño de todo joven, el cual se hacía realidad. Fue así como inicié mi primer romance con alguien que no era una prostituta. La amistad comenzó así y en el restaurante, entre la algarabía de la parafernalia y los atuendos y música del restaurante, hablaba un sinfín de cosas mundanas: de dónde era originario, anécdotas diversas de mi juventud, de mi escolaridad, de mi llegada a este país, etc. En verdad yo me hallaba emocionado y ella escuchaba siempre con su sublime sonrisa a flor de labio. Casi no habló, sólo se remitió a escuchar. Con el tiempo me reveló que yo hablaba mucho y que se hallaba anonadada por mi conversación.

La amistad prosiguió, pero no me animaba a dar el primer paso. En una ocasión me llevó a donde vivía y me quiso dar un beso en la boca, pero yo, en un acto extraño de timidez, le expuse la mejilla. Fue un acto reflejo, como otro que tengo inconscientemente: cuando alguien procede a palmearme, o posa su mano en mi cuerpo, tiendo a moverme de manera esquiva; he aprendido a no hacerlo tanto para no rechazar el afecto de alguien, como el posible acercamiento de alguna mujer.

He de confesar que los pechos grandes siempre me han llamado la atención en una mujer y me vuelven sexualmente insano. Esa mujer tenía unos pechos no sólo grandes, sino también tersos, bellos y firmes. Su ropa elegante nunca me dejó adivinar esto, hasta que reparé en sus senos de manera furtiva cuando se quitó el saco que llevaba puesto durante una cita en su casa; me invitó a ver una película. Fue con ella con quien vi película, así como la primera mujer con quien lo hacía, excluyendo a mi madre y mi hermana. Fuimos varias veces al cine. En cierta ocasión pasé entre ella y la televisión. Se me cayó algo que llevaba hacia la cocina y que por nervios se escapó de mis manos. Al inclinarme a recogerlo me volteé y le planté un beso largo en su boca. Entonces comencé a desabotonarle su camisa y ver su cuello marmóreo terso y sus mejillas frondosas, como dos manzanas aromáticas. Poco a poco le desabotoné la blusa olanada y ella, colaborando, me excitaba. Poco a poco me besaba y yo hacía lo propio. Su sostén color beige y su escote dejaban adivinar la exquisitez seductora de sus senos grandes. Retirarle su sostén y desencajar los ganchos que lo aseguraban fue una tarea complicada para mí, cosa irónica, pero siempre he tenido problemas con ello, tal como en una película sarcástica italiana o buñuelesca. No obstante, vale la pena hacerlo y requiero de más práctica. En realidad me encanta hacerlo. Es notorio que la excitación varía cuando una mujer invita a desabrochar su sostén, diferente a que ella lo haga, a menos que lo haga con el fiel propósito de exhibirlo de manera exuberante y seductora para la pareja con la cual tendrá relaciones. El desvestirse, el bañarse juntos e incluso la interacción antes de cualquier preámbulo sexual también son determinantes de manera inconsciente en una relación y pueden denotar cierto egoísmo en el transcurso de esas situaciones. Al dejar caer el sostén y ver sus senos regios y majestuosos, aquella mujer me incitó sobremanera. Sin embargo, ella había tenido una operación de remoción de su matriz a causa de un cáncer temprano, por lo tanto, no podía tener relaciones por un par de semanas más y sólo nos remitimos a acariciarnos y explorar cada cuerpo con caricias y besos. Llegamos a un paroxismo sexual muy eróticamente sublime. La hice reír al decirle que era mi primera experiencia haciendo el amor con una sirena por cuanto no podía penetrarla.

En realidad, como con otras mujeres, esta relación se hizo conflictiva; no sólo por la diferencia de edad, pues su alcoholismo y su frustración por su incapacidad de concebir también fueron factores importantes. Además, ella tuvo eventos de incesto con una de sus tías, quien la sedujo. Ella había tenido ilusiones de tener una relación sexual con otra mujer.

El hecho de tener una amante, contar con sexo cada semana, ir a eventos de diversión y asueto juntos y hacernos compañía era algo agradable. Con ella comencé a tener sexo de formas diferentes; la posición que más disfrutaba con ella y la que se hizo asidua era la vaquera. Gustaba de tenerla encima de mí y que pudiera disfrutar de sus senos, como si fueran dos frutos. Asimismo, me encantaba besar y sentir su cabello en mi cuerpo. En algún momento ella se quejó de que yo no hacía muchos preámbulos, y en verdad tenía razón. Fue posterior a esa relación que comencé a tener un mayor juego de preámbulos y a explorar mejor las posiciones sexuales. Por desgracia, nuestra cultura machista no nos insta a complacer a la mujer, pues sólo busca el placer propio. Tanto este aspecto como otros que procuran igualdad entre los géneros los he aprendido y los he puesto en práctica en mis posteriores relaciones sexuales.

Fueron cinco años de relación de noviazgo. Durante ese tiempo los dos vivimos en nuestras moradas correspondientes. Yo era la persona que cargaba con los gastos en nuestras salidas a eventos y de diversión. Viajamos, incluso, a dos ciudades en ese transcurso.

A ella le gustaba jugar en los casinos, aunque ignoraba que tuviere tan arraigada esa propensión. Cuando recaté en ese intenso interés por parte de muchas mujeres, caí en cuenta de que "O" era muy afecta a las arcadias de los casinos. "O" fue la primera mujer no prostituta con la que pasé noches enteras, con la que pude relacionarme y con la cual experimenté días en pareja.

"O" no tomaba iniciativa en otras cosas y nunca me dijo palabras afectivas como "te quiero", o bien, "te amo". Eso era lo que más hería mi susceptibilidad. De no ser por eso, no me hubiese incomodado el casarme con ella y llevar un matrimonio agradable, con una manera cómoda de compartir las cosas mundanas de la vida, buen sexo e incluso que se recuperara de su vicio de alcohol.

14 años de diferencia existían entre nosotros. Su inglés, amén de ser su idioma original, era prístino y educado. Su léxico y pronunciación eran deliciosos. Durante los eventos de días festivos que pasábamos juntos también teníamos relaciones y recuerdo que uno de esos momentos sexuales fue de los más sublimes que he experimentado; después de una reunión familiar llegamos directamente a la recámara y ella comenzó a desvestirse, evidentemente, para tener relaciones. Cuando ella iba a despojarse de sus medias, color azul marino intenso, las cuales me excitaban en alto grado, le dije que no se desprendiera de ellas. Entonces, en una posición misionera, disfruté de su cuerpo, de sus senos, de sus labios y de sus besos, sintiendo el suave roce de sus medias y el siseo que se desprendía de esa acción al sentir que sus piernas frotaban con sus medias mis piernas y estimulaban aún más mi fruición. El color de las medias, la silueta que denotaban con su entallamiento en las piernas y el sentir la fricción, como una especie de halo ventisco que frotaba mi piel susurrando con lujuria, me llevaron a un clímax y orgasmo muy sublimes. Ese fue uno de los mejores momentos sexuales de nuestra relación.

Durante esos años de relación seguí procurando los servicios de prostitutas con frecuencia. De ellas recuerdo aún a algunas. Una de ellas incluso vivió en mi cuarto de hotel, pero la mantuve oculta por meses. Ella era adicta a la metanfetamina y seguido se perdía en las calles. Años después la volví a ver cuando, ya regenerada, yo estaba con otra novia, quien creyó que ella era una prostituta casual (sí lo era, pero yo ya estaba viviendo con ella). Salimos una vez más en ese entonces, pero era su hermana, de ojos color miel y pelo castaño, muy hermosa, con quien yo quería salir y quien era muy amable conmigo.

Volviendo al capítulo con "O", mientras estuvimos juntos tuve muchas relaciones con prostitutas. En verdad no tengo justificación para mi infidelidad. En una de esas relaciones el condón reventó y yo, frenético, puse cloro con agua en mi pene para enjuagarlo. Meses después comencé a estar enfermo; tenía síntomas de diarrea, fiebre y sudoración nocturna (una noche desperté agobiado, posé las manos en mi rostro y vi con horror la sudoración nocturna). Estaba perdiendo mucho peso, al grado en que adelgacé sobremanera. El síntoma más grave era la hinchazón de mis glándulas linfáticas, en lo especial la axila del brazo derecho. Me dolía sobremanera, era un dolor como el de haberme luxado una coyuntura y cuando lo tocaba me dolía aún más. Probé con hielos y compresas calientes y frías, pero el resultado era mejoría sólo temporal. Fui a un médico general y los antibióticos no funcionaban. Vivía en desasosiego y en azoro intenso por la incertidumbre. Sabía de manera inconsciente que era una infección y que bien podría ser sida. Como biólogo, también sabía que podía ser tuberculosis, pues ambas infecciones tenían los mismos síntomas. El doctor optó por drenar la infección del ganglio hinchado; fueron aproximadamente 30 mililitros de infección, pues llenó casi dos jeringas. Por lo menos mi dolor disminuyó. Empero, mi gran temor por tener sida crecía.

Fui a hacerme el examen de tuberculosis antes que el de sida. Ante mi sorpresa, fue negativo (y cuánto rogaba para que fuese positivo). Finalmente, fui a hacerme la prueba tan temida de sida. Al llegar a la clínica tenía un número que resguardaba mi anonimato. Tuve que esperar una semana, que fue larga y angustiosa; cada día que pasaba era una tortura hasta que llegó la última noche. Tenía que ir a la clínica un martes a las nueve de la mañana y yo estaba en vilo, con mucho miedo. Un amigo me acompañó al examen. "O" sabía también lo de mi examen, pero en cierta forma fue indiferente por razones que aún desconozco.

El día fatídico llegó. El voluntario, un hombre joven que estaba a cargo de dar los resultados de una forma afable y amistosa, me dijo que, cualquiera que fuere el resultado, ellos me apoyarían mientras sus manos hurgaban en el archivero de carpetas con hojas de resultados. De manera paciente extrajo la hoja que cotejó con mi número. Leyó el resultado y dijo de súbito y en forma tranquila: "Negativo". El alma me volvió al cuerpo; fue como volver a renacer; era tener otra oportunidad de vida; era sentirme jurado y regenerado para nunca más procurar los servicios de prostituta alguna.

Ese día salí de la clínica loco de contento y fui con mi amigo y "O" a festejar los resultados a un restaurante. Me habían impactado las recientes muertes de personalidades víctimas de sida; la muerte más cercana fue la de un compañero de clase del estudio de idioma inglés, quien era asiduo a las clases, pero que ocasionalmente faltaba por las crisis que padecía en su medula espinal. Él fue ingresado de emergencia al hospital y feneció.

Debido a mi infección desatendí muchas cosas. Previo a los primeros síntomas pasé un buen rato con una prostituta guapa que deseaba pasar toda la noche conmigo. Yo, de forma estúpida, no accedí, pues compartía el cuarto con un amigo, pero bien pude rentar otro cuarto, y más amplio. Ella me ayudó a que un enfermero, amigo suyo, viera mi infección y me canalizara con un doctor. Aún recuerdo su cabello rizado, nariz fina y tez trigueña; portaba una chamarra de piel con una esencia de perfume femenino. Era muy agradable y quizá pudimos haber tenido una relación muy agradable.

Los síntomas posteriores a esa infección no identificada duraron un año, pero opté por ir a hacerme de nueva cuenta la prueba de tuberculosis. Esta vez di positivo y me alegré en verdad porque así se descartaba el sida.

En la escuela a la que asistía había una mujer que me profesaba una profunda admiración y que seguido me invitaba a su casa. En verdad no tenía mucha atracción por ella, pero al final decidí tratar de corresponderle. Sin embargo, me evadió totalmente y no quería siquiera que me le acercase. La causa era clara: uno de los instructores de inglés era voluntario en la clínica donde me hice el examen y me denunció con ella. Bien pude haber tomado acciones en contra de él por infracción y violación al procedimiento ético de anonimato y confidencialidad, y él hubiere no sólo sido separado de allí, sino que habría sufrido, quizá, las consecuencias legales más extremas. Al final no quise hacerlo, ¿qué más da? Era negativo y eso ya era ganancia divina. Por un largo año padecí de dolores en las coyunturas en donde la serie de ganglios se encontraba, en especial en el cuello, las piernas y la zona del esternón.

Posiblemente, "O" sabía de mis infidelidades y permanecía callada, o quizá no. El caso es que la relación se fue desgastando al tiempo que yo, en la escuela, iba relacionándome con nuevos estudiantes. Previo a estas últimas relaciones, he de mencionar que en el lugar de trabajo al que iba llegaba en temporadas veraniegas una mujer inglesa en sus cuarentas; era muy bella, de estatura corta, pelirroja y de cabello largo. Tenía un cuerpo muy bello y su acento era encantador. Estaba embelesado, como muchos, con el acento inglés. Ya había recatado en esa mujer, pero sólo la veía como una cliente y nada más, hasta que un compañero de trabajo me comunicó que una mujer inglesa había inquirido por mí. Procedí a ir a su cuarto para saludarla y ella se alegró de verme. Comenzamos a platicar muy asiduamente y me preguntó que si podía llevarla conocer una población en mi país. Le dije que sí por la emoción de salir con ella, pero, como no tenía los documentos pertinentes para salir e ingresar de nueva cuenta, tuve que cancelar el viaje, cancelando también la relación posible. Posteriormente, ella cometió un error al salir y permanecer por más de un año fuera del país; le recogieron su visa y ya nunca supe de ella, pero antes me invitó a vivir con ella en su país. Sentí horrible el no haber tomado una decisión inmediata. Ella era una enfermera retirada y sé que habría llevado una vida agradable con ella si tan sólo me hubiera atrevido a ir allá. Siempre fui adepto para tomar decisiones impulsivas y renunciar a la comodidad, pasividad y a la parsimonia de llevar una vida parca y timorata.

En realidad me agradó el acento británico de aquella mujer, era pausado y melódico como arrullador, era como una mariposa barroca que emergía de sus labios y se prendía a mi aliento como ensortijo de un halito prendido al desconsuelo de mi desazón. Destellaba una efébica y grácil figura, pelirroja ella, de tez marmórea y tez lozana, ojos verdes vivaces que hablaban uncidos a cada palabra que emulaba en una ansiedad agradable se agolpaba en una ingenua conversación, al tiempo que me preparaba el té y me alcanzaba unas galletas de mantequilla.

Me preparó un té con leche, ciertamente; fue algo maternal como agradable y sublime, más que sentirse servido y ser machista, me agradaba el que alguien recatase por mí y departiera parte de su tiempo, de su vida conmigo. Procuraba una blusa de popelina dorada y el escote discreto dejaba adivinar unos pechos erguidos de manera seductora y grandes. Podía percibir sus pantorrillas bien delineadas surgir de una falda blanca sencilla y ajustada. Creo que su disposición y confianza de invitarme a ese cuarto de hotel residencial, manifestaba no sólo su confianza en mi persona, sino también una cierta forma bienaventurada y sencilla, como ingenua, de intimar conmigo. Aún la recuerdo con una deliciosa sensualidad espiritual. Era varios años más grande que yo y una persona maravillosa.

La escuela seguía siendo mi catarsis, mi fuente de socialización con otras mujeres y con otro tipo de gente. A pesar de que aún seguía con "O", la relación ya se estaba desgastando; además, su alcoholismo la indisponía e incitaba a decir incongruencias. Durante un lapso en que dejamos de vernos acudió una estudiante muy hermosa a la escuela: era alta, delgada, de caderas anchas y tenía una cara de muñequita de porcelana japonesa. Aunque su nacionalidad era china, tenía un acento muy melodioso y su voz tenue era pausada. Ella era muy inteligente y sólo iba para pulir sus conocimientos de inglés. Mientras eso sucedía, yo permanecía sentado en la parte frontal de la clase de inglés. Ella llegaba siempre retrasada cinco minutos y, como a mucha gente, no le gustaba sentarse al frente, pues temía ser cuestionada por la maestra. La nueva y bella estudiante se sentaba junto a mí y así comenzamos a entablar conversaciones con comentarios jocosos, de los cuales ella se reía. Así se fueron alternando las clases, que ya de por sí eran muy amenas, llenas de júbilo y entusiasmo y graciosas. Fuimos conectando más nuestras compatibilidades, de forma que creamos un lazo de amistad cada vez más estrecho, hasta que llegaron los días festivos de fin de año. Ella ya no planeaba regresar a Estados Unidos, pues tenía la intención de incorporarse a la universidad y obtener un diplomado de negocios por cuanto su mentalidad estaba avocada a ser una importante ejecutiva. Yo estaba desconcertado y un poco triste, ya que sólo contaba con la última clase para obtener su teléfono y, eventualmente, también una cita. En el segundo receso me animé, luego de contarle algo gracioso, a invitarla a cenar. Entre risas tomó mi cuaderno y en una esquina de una de las hojas escribió su teléfono. Estaba contento. Tantas veces tuve la oportunidad de pedirle una cita, pero mi poco ingenio y valor para hacerlo me detuvieron y sabotearon mis intenciones. Lo importante era vivir el momento y tener acceso a una mujer de las grandes ligas, algo que muy pocos podían obtener si no contaban con dinero. Cuando llamé a aquella estudiante sucedió algo gracioso: su nombre era el mismo de un cliente que tenía y confundí su número con el de ella, de modo que metí la pata y llamé a la persona incorrecta. Más tarde, de forma graciosa, mi compañera de clases me lo hizo saber y entendí por qué "L" no había regresado mi llamada".

Ella y yo nos vimos un sábado. Le esperé por casi media hora. Llegué puntual a la cita y escuchaba en la radio una canción de John Lennon; coincidentemente, una de nuestras compatibilidades eran las canciones de The Beatles. Ese grupo en realidad nos compaginó y fue un medio que nos conglomeró en una armónica relación; incluso una canción de dicho grupo me traerá por siempre recuerdos de cuando aquella mujer y yo hacíamos el amor. La llevé a un restaurante contiguo a una fábrica de cervezas. Mi hermana era clienta asidua de ese restaurante y por ella lo descubrí. El restaurante contaba con un sitio muy particular frente a una chimenea. Allí estuve con "O", quien en verdad me gustaba mucho. Ella quedó fascinada y de ahí fuimos a una odisea de paseos por la ciudad. Visitamos, por ejemplo, un puente que dirigía hacia otra ciudad y un bar ubicado en la parte más alta de un rascacielos. Lo que ella deseaba era disfrutar de muchas cosas novedosas y ser mimada. De esta forma asistimos a diferentes sitios; uno de ellos era un bar construido con partes de un castillo escocés. Ese bar lo descubrí en un cumpleaños que le festejé a "O" años antes. En ese piano bar, al calor de las copas, mi compañera de clases empezó a besarme en un rincón; disfruté de sus besos y la increíble aproximación de la mujer más hermosa que había conocido. Fue un lapso de increíble ensoñación que se tornó verdadero. Regresé a la realidad luego de besarle en la acera, en el auto y de vivir un momento sencillamente esplendoroso. Ella era no sólo una mujer bella, sino también una modelo, por un tiempo, en su país; modelaba su cuerpo y sus manos tan finas como bellas. En una ocasión antes de este evento, fui por ella para ver una película y recién ella regresaba de tener una cita con un tipo de finas facciones de la ecesi del este. Evidentemente quedé desconcertado y me puse celoso. Después de ver la película me confesó que no le gustaba aquel tipo por su torpeza y arrogancia; asimismo, me dijo que mis ojos eran encantadores, que se parecían a los del personaje principal de la película y que por eso había elegido dicha película.

Mi desconcierto con respecto a mi relación con aquella estudiante se debió a que, un día antes de juntarnos para ver la película, me confesó en una playa que tenía una intensa atracción por alguien… era yo. Había señales de atracción, pero también de desapego, pues en ocasiones me decía que tarde o temprano regresaría a su país; incluso, en algún momento, me sugirió de manera indirecta el hacerlo. Aquí me sucedió algo similar a lo que me pasó con la inglesa. Yo estaba dispuesto a hacer cosas épicas, quijotescas, aunque en el fondo podía resultar un fracaso. Ella hacía cosas muy divertidas y tenía un espléndido sentido del humor. En cierta ocasión, ella quiso probar una hamburguesa y fue quitándole las cosas que no le agradaban hasta quedar tan sólo con los pepinillos; los comió haciendo gesticulaciones que iban desde el placer hasta el disgusto. Ella jugaba con la alimentación de Estados Unidos, dándole una bofetada con guante blanco de manera graciosa. Ella me enseñó a comer con los palillos chinos, a comer sushi y otros platillos orientales; como era, al inicio, un tanto torpe en el manejo de tal utensilio, ella se mofaba y hacía gestos cada vez que la comida se me caía de los palillos. Luego de divertirse me enseñaba de nueva cuenta de manera paciente. Ella gustaba en lo profundo de The Beatles, al igual que yo, y combinamos ese gusto con nuestra diversión. Nos contamos todo acerca de nuestras culturas.

En una ocasión llevé a aquella mujer a una playa muy fastuosa, enmarcada dentro de un poblado con edificaciones alpinas; era una combinación de los Alpes suizos con una playa de la costa americana, magna combinación que también enmarcó nuestro ensueño. En el viaje ella consumió una bebida tropical embotellada, la cual disfrutó mientras vestía unos pantalones cortos de mezclilla, una camiseta color rosa, lentes para el Sol y unos tenis color blanco. Mientras bebía, posaba sus pies en el tablero de mandos del auto para desde allí deslizar de forma coqueta sus bellos pies hasta el volante y ayudarme a conducir; eso bien pudiere representar un simbolismo en una película. También me viene a la mente que en su departamento cociné para ella comida improvisada, un desayuno, y mientras lo hacía ella me abrazaba, me susurraba al oído, acariciaba mis orejas con sus labios y ponía condimentos en su cuerpo. Comimos e hicimos el amor en la alfombra; ella se colocó todo tipo de condimentos en el cuerpo. Estaba yo de hinojos, haciendo el amor de una forma muy extraña; mis rodillas terminaron raspadas y sangrando, pero yo terminé henchido de placer al combinar dos manjares. La mujer es muy adepta a la alimentación, le encanta el hedonismo y la fruición más sublime de la comida. De esa forma los dos nos confabulamos tanto en guisar como en consumir los alimentos, pues a la vez que le daba de comer, ella me daba de comer y me ofrecía su cuerpo combinado con manjares, especias y aceites en su cuerpo. Ciertamente, ella nunca vio película alguna relacionada con esta escena en el medio de un departamento vetusto, el cual estaba limpiando para una correcta mudanza, limpieza, alimentación, lujuria y hedonismo oyendo canciones de The Beatles.

Por ese entonces tenía aún los últimos estertores de la infección que se suponía que era tuberculosis y, cuando hablaba, sentía dolor en los ganglios de la garganta. Por cierto, tal infección terminó siendo una infección de sida gatuna, pues "O" y yo teníamos a un gatito que me llegó a morder en la cabeza de forma lúdica. La pequeña criatura tuvo que ser sacrificada, pues padecía de sida.

Volviendo a "L", he de confesar que nuestra relación estuvo conformada por eventos maravillosos que nunca voy a olvidar. He de decir que, acorde con la idiosincrasia con cada mujer, viví situaciones sublimes y únicas; fuimos cómplices de diversas maneras y en ambientes diversos. Muchas de ellas tenían nacionalidades divergentes y diferentes a mi cultura. Paradójicamente, no me enamoré de pleno, pero "L" ha sido una de las dos personas que más he amado y con quienes he pasado los momentos más maravillosos en mi vida. Por nada cambiaría todos esos eventos tan gloriosos. Por lo general, los mejores momentos dentro de cualquier entorno son tanto los de competencia como los de creación de riqueza. Yo no cambiaría esas vivencias amorosas y de lujurias por las de riqueza y prestigio. Mi complicidad con "L" llegó incluso al régimen escolar. Yo le conseguía libros de promoción, o bien, yo los ponía en promoción; le conseguía también libros en las bibliotecas, insumos y materiales relacionados con la universidad.

"L" tenía un tío acaudalado que tenía empresas en San Francisco, a donde eventualmente se mudaría. Crearía una fortuna, tendría familia y conseguiría una vida tranquila, sin embargo, su subconsciente le contraponía lo que la inteligencia y temple le disponían en contra de sus emociones y carácter. "L" padecía de un conflicto de ser muy sensible y espiritual a mi ver, contrapuesto a la consigna cultural de la creación de riqueza y bienestar. Ella tenía una gran nostalgia por Hong Kong y, como persona proveniente de culturas mixtas, mantenía un temple oriental, pero con influencias inglesas. He de acotar, por cierto, que he tenido otras amantes con ese conflicto cultural. "O" tenía dos culturas y siempre tuvo un conflicto de no ser aceptada por su cultura original, por lo que esta situación la obligó a refugiarse e identificarse con otros de su misma situación. En el caso de "O" confluían una serie de situaciones conflictivas: la incapacidad de tener hijos, su divorcio, incesto infantil, alcoholismo, baja educación, pobreza y, para colmo, su origen racial.

Creo que los hombres no atisbamos, y nos negamos a ello, en todos los conflictos en los que la mujer es una víctima. No sólo es la burda idea de sometimiento machista, es una situación cultural que la dispone en una paradoja y dilema que la obligan a definirse acorde a patrones culturales y hasta semibiológicos. Este es un esquema que ha sido, en casi toda su totalidad, construido a modo de la mentalidad del hombre y asumido a veces en contra de su voluntad por la mujer.

Creo que ahora entiendo más a Raskolnikov y a mí mismo. El dinero es sólo un accidente de la vida; son cosas banales todo lo material en su real concepción. El verdadero principio es espiritual por encima de todo lo material, por eso

Raskolnikov rechazaba y eran frívolas las proposiciones de negocios de Dimitri, su amigo. Raskolnikov no vivía acorde a horarios o itinerarios preestablecidos, dormía, comía y se vestía conforme él fuera requiriéndolo, no conforme a lo establecido en los hábitos culturales en que se nos educa. A mi manera he sido libre en este aspecto; he aprendido a ser libre, a no ser pasivo y seguir patrones culturales. No poseo riqueza, no poseo nada, pero mis recuerdos y vivencias no las he de cambiar por nada. Ni todo el dinero del mundo podría comprar estas vivencias, ningún potentado las podría comprar. El aburrimiento y el hastío es la condena de muchos que decidieron llevar una vida segura, llana y timorata. He procurado mi verdadera libertad y la he asumido, al igual que los riegos y las consecuencias.

He sido una especie de Casanova, no un don Juan. El primero busca el placer y vivir el momento incluso sin zaherir a la mujer, aunque es deshonesto; el segundo es egoísta, mitómano y sin escrúpulos, a fin de consumar una conquista, y cosifica así a la mujer. Yo en verdad no estaba tanto buscando el placer, sino una relación que quizá comprendiera flexibilidad y lujuria, pero cuya finalidad fuese la consumación del amor. Lo intentaba una y otra vez sin lograrlo, y sin lograr tampoco la aceptación o el reconocimiento amoroso de la otra persona. Mi visión del sexo no era la hedónica, era el medio de consumar la aceptación del otro de manera carnal; era ese deseo de saberme amado en una consumación carnal, un deseo oculto no reprimido, pero devenido de la carencia de afecto familiar, maternal y familiar. El sexo era la consumación carnal de la otra persona y el pináculo máximo del amor. El ser mujeriego fue accidental e incidental, de allí el subtítulo de este libro. Tengo que confesar que también mis desmanes incluían la manera existencial de vivir a plenitud cada instante, de asumir en pleno el hedonismo a costa de lo que fuere, pero sin perjudicar a un tercero.

Mi relación con "L" era de sufrimiento y goce, algo que en cierta forma le daba sentido. Era disponer lo inalcanzable, pero retirarlo; era mantener una cierta distancia, una forma de preservar la autoestima al procurar la distancia entre la mujer, que es bella, pero de la cual ella misma no termina de convencerse. De esto daré cuenta en lo sucesivo, en el capítulo de la belleza, la apariencia física y los aspectos seductivos y erógenos de la mujer. Esa manera de dar y luego retirar es común en muchas mujeres y me sucedió con otra ("A"), quien era muy seductora y amorosa en un momento y al siguiente me rechazaba por completo. Ese juego del "gato y del ratón" es un recurso al que, sobre todo, muchas mujeres recurren para subir su autoestima, para cerciorarse de que aún se sienten halagadas y deseadas; por encima de todo, es su último cartucho para no tener la indiferencia del hombre.

En un principio le daba toda suerte de regalos, desde chocolates, libros, ropa y alhajas hasta una esclava de oro que conseguí de segunda mano, a la cual le inscribí "Te amo, corazón" en mi idioma y se la di para que la luciere por doquier. Ella adoraba esa alhaja. Me encantaba inundarla con regalos e, irónica y paradójicamente, al darle y darle la malacostumbré a regalos; así tuve su atención y le generé un poco de dependencia hacia mí. A la postre eso sirvió mucho con las parejas que tenían menos dinero que yo. No lo hice como una forma de atarlas mediante lo material, sino como una manera generosa de consentirlas. Me place consentir a los seres que me rodean, incluso a mis mascotas; el dar cosas bellas, desde materiales hasta espirituales, es una hermosa forma de compartir, y compartir es una experiencia muy preciosa. En cierta ocasión una compañera de trabajo me preguntó por qué le obsequiaba cosas; de manera inconsciente, esa es una forma de dar felicidad, entablar y estrechar lazos de amistad, compartir algo agradable y resolver una necesidad pequeña de la gente. No sé si esto causó expectativas de ilusión amorosa en la gente, pero, si en algún momento lo hice con la pretensión de seducir, ahora no tiene otro sentido que el de ser generoso y agradable.

Lo más interesante en el inicio de la relación con "L" fue que llegó un momento en que me remarcó: "Ya, ya me conquistaste, no tienes que darme más regalos". En verdad era la primera mujer con la que me involucré que tenía más recursos económicos que yo. Ella tenía un recurso de improvisación, simpatía e ingenio tan bello que yo compartía como una manera de baile acompasada. En su cultura oriental persiste un recurso amoroso de tener una amante, una concubina, y la gente adinerada es la más propensa a esta costumbre. En cierta manera, yo era el concubino de "L" y ella mantenía ese estatus, pues incluso tenía un novio oficial. Esa situación confusa me tenía en vilo y en una incertidumbre que no vislumbraba algún plan que llevara la relación a buen puerto. Sin embargo, yo tenía dos perspectivas. Una era no estar a su altura y seguir la relación, que sería como recibir algo inmerecido; el otro lado de la moneda era estar ya a su altura y mantener una dignidad e igualdad. Cualquier persona con un sueño hecho realidad estaría en ese dilema, o bien, en una realidad nueva en la cual uno mismo baja de las nubes a aquella persona que parecía etérea e inalcanzable. Es entonces cuando se encuentra una identidad con la persona que ya no es un sueño. Esto es curioso, pues también uno quiere que la persona idolatrada siga siendo así, y uno sigue alimentando el sueño para mantener viva la ilusión que le sirve a uno como referencia existencial y le da sentido a la vida. Creo que de manera inconsciente procuramos complicarnos la vida y crear problemas para darle sazón a nuestras vidas llanas.

Es común que en las relaciones amorosas exista una ilusión de inicio, no obstante, se desvanece cuando se consuma la relación. Entonces, la persona idolatrada se vuelve real e idéntica a quien la venera, además, se le encuentran defectos desde físicos hasta de carácter. Es bien cierto que hasta la mujer más hermosa oculta sus defectos y permanece siempre con el temor de que se le descubran, lo cual le inserta en una crisis existencial por cuanto la apariencia física le afecta sobremanera. Como hombres, nosotros tenemos la ventaja al tener una situación cómoda de no lidiar con la apariencia física. Claro está, el conservarse adecuadamente también es una ventaja. Es bello que me digan que a mi edad aún no tengo canas, que aún soy delgado y no tengo arrugas.

Mi personalidad siempre ha sido jovial, optimista y sonadora. No tomo en serio las cosas como las demás personas; no soy adusto ni sobrio, soy aún muy juguetón, pero procuro la justicia y soy un apasionado de ello. Por eso mismo yo me placía en que "L" me consintiera. Un día convenimos en ir a un restaurante tradicional japonés con una plancha en medio de los comensales. Mientras el show del cocinero se desarrollaba, ella me musitó al oído de una manera tersa y seductora: "La cuenta va de mi parte, cada cobro por cubrir... incluso la propina. ¿Lo oyes? Cualquier céntimo va por mi cuenta... Hoy serás mi prostituta, mi amante; déjame sentir lo que un hombre siente pagando y consintiendo. En retribución, tú sabrás lo que es ser una puta. Siéntete como una ramera, como una cortesana, como una meretriz de alta alcurnia". Me extrajo simultáneamente la cartera y se puso el dedo en la boca, rematando: "Ni lo pienses". No soy un actor de profesión, pero me fascina interpretar diferentes personalidades. Procedí a abrirme la camisa de forma seductora y mecí mis cabellos de forma elegante para dar una impresión de seducción, al tiempo que me puse una mano en la barbilla y me viré para ver a "L" con los ojos entrecerrados y guiñarle uno de ellos. En efecto, ella pagó todo. No me opuse, pues no sólo fue un ejemplo de igualdad de género, también fue una experiencia de sentirme consentido y asumir mi papel de gigolo.

Resulta curioso que mi eterna amante "C" siempre me propuso trabajar en un crucero y convertirme en gigolo, pues aducía que tenía madera para ello. Cumplí ese sueño por unas horas con "L". Ir a un restaurante era una experiencia singular, pues no sólo nos divertíamos charlando, sino que ella coqueteaba con los meseros a guisa de ponerlos en un predicamento y yo hacía el papel de celoso para divertirnos con sus reacciones. Su apertura sexual era diáfana, sin tapujos y le divertía ver diferentes situaciones sexuales.

Cuando yo vivía en un sitio compartido con otra persona y "L" me visitaba, mi compañero tenía que salir para que yo pudiera tener relaciones con ella. Era, entonces, una situación que nos incomodaba, de tal modo que tuve que rentar un pequeño estudio que decoré a mi manera: dos sillones reclinables color hueso, una cama, una televisión y un baño pequeño. El departamento estaba ubicado en una zona gay de la ciudad. El estudio era muy acogedor y lo pinté con un color de bajo tono, un beige claro que daba una sensación de paz. En cierta ocasión en que acompañé a "L" a su auto nos topamos con una pareja de hombres homosexuales practicando felación en un auto; ella sólo se rio y dijo que el hombre no sabía cómo hacer sexo oral y que le iba a enseñar teniéndome a mí como modelo.

"L" tenía curiosidad por saber cómo se llamaban las partes nobles en mi idioma. Le contesté entonces que papaya era como se le denominaba a la vagina. Teniendo eso en mente acudimos a un restaurante japonés y comimos una exquisita sopa mitsu, seguida por rollos de sushi y un postre que no recuerdo bien. Pedí de inmediato una botella con sake, lo hice exprofeso para ponerla de buen humor, que dijese cosas graciosas y entrar en confianza, a la vez que se desinhibiría sexualmente después de la cena, un remate feliz. Cuando llegó el florerito con la bebida tibia ella procedió a fruncir grácilmente su nariz, y en un acto de pretensión de falso encono asintió: "Me quieres embriagar para que te dé papayita...". Le contesté que la papayita curada en alcohol es deliciosa. Estuvimos conversando sólo de la papaya durante toda la cena. Lo más gracioso ocurría cuando el mesero se acercaba e inquiría si necesitábamos algo más; le respondíamos que trajese la siguiente ronda de comida, y así lo hicimos hasta que llegó el postre. Al final, el mesero preguntó si faltaba algo más y "L" dijo riéndose: "Sí, lo que sigue". Ante ello, el mesero, atónito, recató al decir: "Pero ya no hay nada más. Ya lo traje todo, no falta nada más". Ella, sonriendo sardónicamente, atinó a decir en forma de susurró: "Sí, sí hay algo más". Miró fijamente al mesero hasta hacerlo sonrojar y que éste se retirara atolondrado. Ella procedió a carcajearse y a decir: "No sabe que lo que sigue es... papayita". Compartimos otra botellita de sake y salimos joviales del restaurante. "L" me abrazó como un buen camarada, fue un abrazo fraternal, el más cordial y cariñoso que he sentido.

Estábamos ebrios, contentos y divagando entre un mar de gente. Ella imitaba a otras mujeres al caminar en su manera tosca de hacerlo y yo hacía lo propio. De allí fuimos a un hotel. "L", divertida y desenfadada, coqueteó con el recepcionista; ella ignoraba que era homosexual y él sólo se remitió a verme a mí. Entonces, "L" dijo en el elevador: "Qué hombre tan extraño". Ella terminó cansada al salir del elevador y me pidió la cargase para llevarla al cuarto; allí, me pidió que la desnudase y le sedujera para ella sólo cerrar los ojos y sentirme recorrer lentamente todo su cuerpo. Ella estaba dispuesta a que yo la excitara de la mejor manera, a mi criterio... y así lo hice. Final maravilloso de una velada grandiosa.

El novio de "L" siempre le llamaba a las diez de la noche y todo tenía que estar en silencio, salvo en las excepciones cuando le llamaba con antelación. Él incluso sabía de mí y eso me incomodaba, en cierta forma. Recuerdo que posterior a que la besé en el piano bar por vez primera, nos vimos al siguiente día en mi recámara; ella me siguió besando y despojándome de mi ropa, por lo que accedí a hacer lo mismo. Sin embargo, cuando ella vestía sólo su sostén se abrazó con vergüenza y comenzó a llorar. Le puse de nueva cuenta la blusa y la abracé fraternalmente. No hilamos palabra alguna y la llevé a su casa. "L" sólo me acariciaba y frotaba su cara en mi hombro. Sabía que para ella era algo muy intenso el tener otra relación, pues tenía un novio y debía guardar las apariencias. Al día siguiente, "L" se presentó de nueva cuenta y tuvimos una relación espléndidamente. Ella tenía que romper su umbral de temores que no le permitían liberarse de prejuicios y, quizá, ver si yo no era un patán.

"L" era alta, por ser una modelo, y tenía un cuerpo muy bello, no obstante, yo no lograba asociar eso que cultural y biológicamente se identifica como lo excitante, es decir, el cuerpo frondoso y exuberante de una mujer en correspondencia con el placer sexual. Besé a una mujer hermosa, sí, pero no correspondía al placer que genera ver un rostro hermoso y un cuerpo espectacular. Vaya mito el tener esa ilusión perene de vanagloriar la belleza física.

En una ocasión, como es costumbre en muchas japonesas, "L" llevaba medias colegialas y un vestido corto a cuadros, enseñando los muslos, lo cual llamaba la atención de todos los transeúntes. Eso enaltecía mi orgullo. Nunca podré saber por qué ese día, cuando tuvimos relaciones, ella se prendió de mi cuello y comenzó a besarme, al tiempo que yo le acariciaba el cabello y le iba desnudando. Al estar completamente desnudos quise buscar un condón, pero ella enojada me dijo: "¿Es en verdad necesario?". Yo aduje que era un acto responsable y ella comenzó a llorar. Supe que "L" buscaba una prueba que le asegurase mi amor, que yo no tuviera ningún prejuicio por ser ella una persona oriental y que no me interesase el tener un hijo con ella. Varias situaciones psicológicas se evidenciaban, aunque se encontraban reprimidas: era autoestima manifestada por saber lo mucho que la quería y qué tanto era yo capaz de hacer por ella. Reconocí mi error y en un momento de locura me quité el condón. Tuve relaciones con ella mientras ella pasó de un momento de llanto a uno catártico y de goce. Al final, ella dijo, con una mirada extraviada en el vacío: "¿Pero qué hemos hecho? ¿¡Qué hemos hecho!?".

Era evidente que, como el efecto de una droga, "L" estaba inmiscuida en sus inseguridades y sólo se enfocaba en cerciorarse de mi amor hacia ella. Ella ansiaba ser querida, deseada, añorada y aceptada por alguien que estuviera fuera del ámbito de negocios del modelaje, alguien más ordinario. Mi poesía, mi cultura, mi ingenio y mi compatibilidad la dispusieron en una situación crítica y caótica. Ella se rompía y se debatía entre lo ideal y espiritual con lo pragmático y real... los negocios, la riqueza, la humildad, lo espiritual y lo sencillo. Ella luchó por reprimirse, por convencerse de que se podían reconciliar esas dos situaciones. Por supuesto, yo no lo consideré así.

Una de las más sublimes relaciones sexuales que he tenido fue con "L". Ese día fuimos a un hotel; yo llevaba una grabadora y reproduje un disco de The Beatles. Durante el preámbulo sexual, la penetración y hasta el orgasmo escuché una canción que asocio plenamente con "L": "*P.S. I love you*". En los momentos más incómodos de mi matrimonio yo reproducía constantemente esa canción; mi exesposa nunca sospechó el motivo e incluso la cantaba.

Ya estando ubicado en el estudio, me viene a la mente que ella estaba deseosa de una fruta pulposa y jugosa. Fui *ipso facto* a traerle una sandía madura. Cuando estaba a media manzana de lejanía me topé con una maestra de literatura que era muy bella y de senos frondosos, además de que era culta. Bien pude insistir en cortejarle, pero no me atreví por estúpido, tímido y por esa ética que prohíbe relacionarse al profesor con su pupilo. Vi un destello en sus ojos alegres al verme. Entablamos una conversación somera, pero bien pudo alargarse. Posteriormente, laborando como mesero, la vi con un novio un poco timorato con apariencia de ratón de biblioteca.

La relación con "L" duró un año, un año en el cual nuestra convivencia evolucionó al punto en que disfrutábamos de una armonía bellamente etérea, sensual y maravillosa. En ocasiones no contaba con el dinero suficiente para llevarla a un restaurante de lujo, pero opté por cambiar varios frascos de monedas y obtuve $90; fue más que suficiente. En mi cumpleaños fuimos a cenar, me obsequió un reloj e hicimos el amor de maravilla. Yo no disfruté a plenitud porque su novio también fue y yo me sentí desplazado, marginado de una relación real y pragmática. La realidad económica me dio un mazazo. Inconscientemente, volví a las andadas. Mi posibilidad de encontrar una relación con una persona del mundo real, no el de las prostitutas, era sólo un sueño efímero. Terminé por encontrar a una prostituta rubia, delgada, de rostro dulce y encantador. Quizá por venganza, quizá por decepción, quizá por asentar mi realidad de nueva cuenta a donde pertenecía… traicioné a "L". Ese fue un nuevo capítulo en mi vida… adiós al sueño maravilloso que nunca olvidaré y del que aún no despierto.

"BL" era una mujer, una prostituta más joven que yo por casi 15 años; era rubia, de tez muy blanca y ojos verdes muy claros. Me pareció, de inicio, muy tierna y de carácter muy apacible, aunque muy pasiva. Fue su manera pasiva lo que me atrajo. Era una mujer libre de toda complicación... aunque después me daría cuenta de que en realidad era todo lo contrario. "BL" era originaria de Nueva York, aunque su acento no era marcado y, según ella, su descendencia era italiana. Era muy propensa a acariciar en exceso y a besar de igual manera, pero parca al hablar. Sabía algunas palabras en italiano y con ella ejercí el poco italiano que sabía. Tenía un carácter muy gracioso, pero un temperamento muy explosivo cuando era celosa. Fue la primera mujer con la que tuve que compartir una morada. Con ella aprendí a comprar ropa, introducirme en una tienda, elegir prendas, tallas y el tamaño de los zapatos y de la ropa interior. Ese fue el inicio de una relación conflictiva, la cual intenté mantener lejos de "L", pero ambas mujeres terminaron hablando por teléfono y se generó un pandemónium. Allí terminó mi relación con "L". Aun ahora no entiendo cómo no terminé a tiempo mi relación con "BL".

En cierto momento había vuelto con "O", pues ella insistió en verme. Existió una corta reconciliación. Ella había dejado de consumir alcohol, estaba sobria y en verdad me dio gusto verla así. Un día —no recuerdo bien cómo fue—, yo acudí a su casa, pero ella no me dejó entrar a su casa. Fue muy extraño. A la postre tuve la sospecha de que allí estaba un amigo con quien mantuve una amistad de más de 40 años, pero quien en realidad no era propiamente mi amigo, sino, más bien, un cómplice en diferentes aventuras. Él sí me consideraba como un amigo, pero en verdad yo tenía mis recatos acerca de su amistad. Yo siempre sospeché que se metió con "O" cuando supo que terminé con ella, quien acabó por rogarme que volviera.

En otra ocasión visité a "O" en su casa de nuevo y me rogó que la complaciera sexualmente, pues me añoraba. La seduje sutilmente. Ella vestía una camiseta blanca, sin sostén, y un pantalón de mezclilla. Recuerdo que la posé en su cama de manera muy delicada y le dije que cerrase los ojos. Procedí a besarle el cuerpo sin quitarle prenda alguna y lamí sus senos por encima de su camiseta; entonces me percaté de que sus pezones se irguieron, henchidos por el placer. De manera muy lenta le despojé de su ropa, a la vez que le susurraba palabras muy eróticas. Cuando hube de desnudarle en su totalidad le seguí explorando el cuerpo a guisa de seguirle excitando. En realidad, lo que estaba haciendo era reforzar su añoranza por mí. Aquello era un mensaje que decía: "Mira lo que te perdiste". Eso era, quizá, una manera inconsciente de compararme con mi amigo y decirle que esto sí era hacer el amor. Esa fue la manera más vengativa posible de afirmar mi persona sobre la de él... y resultó.

Cuando por fin tuve relaciones de nuevo con "O", gocé sobremanera de sus senos. La lujuria con "O" superaba la que experimentaba con "L", sin embargo, la consumación, la concatenación entre la compatibilidad y la belleza de "L" con el sexo eran en verdad más contundentes y plenas, de forma que no había una disociación entre el sexo y la compatibilidad. Por alguna razón siempre he tenido esa escisión entre el sexo y la compatibilidad con las mujeres, que, en parte, se reforzó con las prostitutas, pues con ellas solamente había sexo, sexo comprado, lo cual automáticamente las separaba de su personalidad. Por muchos años supe que existía esa escisión entre el sexo y las mujeres por las cuales sentía afecto. Eso era un factor que complicaba mis relaciones. El motivo principal de una relación con una prostituta era la satisfacción sexual y la posible amistad era algo adicional, no obstante, la relación sexual se enajenaba de la relación personal. Yo no hacía lo mismo con las mujeres que no son prostitutas —cualquier psicólogo bien podría argumentar que yo separo el sexo de la compatibilidad por la razón que acabo de aducir—, sin embargo, esto es algo natural en todas las personas. Las condiciones externas a nosotros nos escinden: somos diferentes en la escuela, el trabajo, nuestra vida privada, el sexo y con las mujeres. El sexo extrae de nosotros comportamientos subconscientes, reprimidos, lujuriosos, lúdicos, licenciosos, fantasiosos... todo diferente a lo que en la vida cotidiana reprimimos. Mi temor por sabotear una relación amorosa y afectiva dando rienda suelta a mis deseos sexuales procuraba esa escisión. Considero que es un poco complicado equilibrar esa situación, ya que el sexo es en verdad complicado, no sólo por la poca imaginación e inexperiencia de gran parte de la gente, sino también porque persiste un egoísmo en el que las personas sólo buscan su propio placer. Mediante el placer no se consuma una unión afectiva, por lo tanto, se parte, se separa, esa consumación cuando no se halla la reconciliación y la compaginación de la pareja. La constante búsqueda de placer, la inseguridad del hombre de alcanzar ya no el orgasmo, sino la eyaculación, el temor de mantener erecto el pene, el pavor de no ser capaz de eyacular, la eyaculación precoz, la inseguridad en el sexo, la inseguridad de asumir el papel activo, las fantasías reprimidas, la falta de creatividad, el desconocimiento de las partes erógenas de uno mismo y de la mujer, el temor de preguntar a la pareja y la disociación al no incluir a la pareja en la relación sexual, preguntándole por sus necesidades por establecer esa comunicación perdida de conocerse sexualmente, etc., hacen que la relación sexual se complique y escinden a cada persona de la idea de consumación poética del sexo en pareja.

En ocasiones hay una compaginación, una complicidad en el sexo, y una disociación en la vida cotidiana. El hecho de consumar una relación sexual en la concepción de un nuevo ser desvirtúa por completo la verdadera compatibilidad y consumación amor-afectiva; se cree que la concepción es la verdadera consumación. La concepción es un accidente biológico, pero en realidad lo que sucede es que complica la vida de una pareja. Eventualmente, el hijo, o hijos, será lo único en común que tenga una pareja. Esta es una salida fácil de asumir la compatibilidad, de autoconocerse y conocer a la pareja.

Aunque el sexo con "L" no era tan excelso, vaya que lo disfrutaba. Eso era lo de menos por cuanto que, espiritualmente, en la forma de compartir nuestras personalidades, confluíamos muy bien. Con "O" esto era diferente, pues la lujuria superaba por mucho a la cotidianeidad con ella debido a diferentes situaciones. Los gustos de "O" eran más herméticos, ya que se reducían a su visión estadounidense y su ignorancia del entorno cultural ajeno a dicho país. Los extranjeros de clase media avenidos a este país tendemos no sólo a absorber la nueva cultura, sino a aprender otras. Con "O" yo tenía que adaptarme a sus gustos y cultura, amén de que prevalecía la diferencia de edad, la cual bien podría abarcar una generación entera.

El capítulo de mi vida con "L" por fin se cerró, pues "BL" la confrontó en un hecho vergonzoso que pude evitar. "L" era una persona persistente, perseverante y siempre la asocié con la canción *Break my stride*. De ella ya sólo supe cuando me invitó a su graduación, a la cual asistí muy apenado por lo que sucedió. Yo fui la persona que grabó su video de graduación y en la cual un actor afroamericano muy famoso dio un discurso de una hora que se tornó un poco somnífero hacia el final, aunque tenía excelentes intenciones, pues su ideología es de izquierda.

Al igual que con la cajera de la ciudad en la que viví y que, al parecer, le vi luego de un año, sucedió lo mismo con "L"; ella fue a comprar comida al sitio donde yo trabajaba. Si en verdad era ella, entonces tenía el cuerpo un poco más descuidado. Vestía un uniforme deportivo y le comenté a mis compañeros de trabajo que, si tenía un BMW, lo más seguro es que era ella. No tuve oportunidad de acercármele ni ella atisbó en mí, pero salí intempestivo y sólo acusé que, en efecto, conducía un auto de aquella marca. La ilusión de verle se cortó de tajo en ese entonces, justo cuando me acababa de separar de mi exesposa.

Durante el primer día que "BL" vivió conmigo, ella yacía de forma seductora en una cama con un velo que le recubría su cuerpo delgado, el cual no era muy exuberante, de hecho, era magro, pero su cara bella era lo que más me atraía. Cuando llegué del trabajo me incitó a tener una relación dulce y lenta. Por alguna razón estúpida, sólo pensando en la mera seducción, no me puse el condón. Extasiado por sus tibios labios y lengua excitante, sentí su pubis tierno y suave, así como su vulva y labios vaginales, que me estimulaban sobremanera. Esa fue una de las relaciones sexuales más excitantes que tuve, la cual me incitaba a recrearla una y otra vez, como si de una droga se tratase. Más que nuestra compatibilidad, que era casi nula, más que su cuerpo lánguido, que no tenía muchos atractivos, lo importante fue la sensación carnal excitante en combinación con los besos y la invitación a penetrarle.

De manera inconsciente buscaba salir de una relación fastuosa, turbulenta, conflictivamente sublime y etérea para entrar a una menos complicada y real. Sin embargo, seguía con cierto advenimiento por la aceptación y el reconocimiento, mi eterno devaneo entre la relación con una mujer dulce y pasiva y otra activa, pero conflictiva. Aposté por el despecho y los celos, por la cómoda situación de inmiscuirme con alguien que asumí como sencilla... error craso. Como muchas de las mujeres con quien he departido, "BL" comenzó siendo muy tierna, pero con el tiempo mostró sus demonios. He de decir que también yo los muestro: tiendo a denostar y denigrar por venganza, y eso zahiere más que un golpe.

Conforme la relación con "BL" avanzó, también lo hicieron sus celos. Ella no me daba espacio para disfrutar de música, películas ni libros. Después de un tiempo supe que no éramos compatibles en muchos aspectos y que yo debía adaptarme a sus preferencias y gustos, que eran banales. Curiosa y paradójicamente, conforme pasaba el tiempo, se atrofiaba más la relación por la rutina, la cual incrementó nuestra codependencia. Es muy difícil e hiriente disolver una relación, aunque haya disputas.

Con su asidua asistencia a bares, "BL" me inmiscuyó en reyertas continuas, mientras que yo ignoraba que se seguía prostituyendo por una avenencia extraña a hacerlo y obtener aún más dinero para jugar billar. Incluso llegó a quererme pagar mi consumo gastronómico allí. Durante todo el tiempo que vivimos juntos, sufrí mucho tanto sus infidelidades como sus celos. Finalmente, durante una visita de mis padres, ella decidió irse a vivir a otra casa. A la partida de mi familia decidí ya no dejarle entrar a la casa y cortar de tajo la relación. Esta vez sí funcionó, pues ella me manipulaba con astucia cuando amenazaba irse e incluso llegué a humillarme para rogarle que no se fuera. Ella terminó robándome algunas cosas de colección y ropa. Con el tiempo aprendí que aquello era un resultado de ser incapaz de dejar atrás una rutina a la cual me había acostumbrado. La visita de mis padres funcionó como un ungüento al alma, pues sus visitas fungían como una conexión con la familia, con la cual tengo lazos difíciles de romper y que me ampararían de mi sufrimiento. Su corta visita generó una rutina corta, pero increíble.

Tres relaciones que fueron simultáneas en dado momento se desvanecían por completo; eso creó un gran vacío. Heme aquí, un mujeriego que tenía tres relaciones y ahora no cuenta con nada, salvo un vacío afectivo. Este vacío me hacía ir a clubs e, incluso, comencé a poner anuncios en ese entonces de citas a ciegas.

Mi autoestima estaba por los suelos y tenía un rastro largo de recuerdos, reminiscencias y anécdotas que venían desde mi infancia. Recuerdo que en ese entonces procuraba ver atractivos míos que cualquier mujer pudiere atisbar en mí; ciertamente, mis ojos cautivaban, pero los ojos sin confidencia cambian la apariencia. Los ojos son el medio de comunicación actoral por antonomasia y comunican sentimientos, pero también inducen defectivamente en sentimientos equivocados y engañan al interlocutor.

Hacer ejercicio de joven me brindó un cuerpo atlético y mis glúteos, que tanto me molestaban, llegaron a ser un atractivo para las mujeres. En cierta ocasión quise cursar un diplomado en la universidad, así que acudí con "BL" al campus con un amigo también pelio, que estaba pasando la tarde con nosotros ese día. Ella no quiso bajar del auto, pues detestaba todo lo académico. Al subir los escalones, mis glúteos emergieron abultados desde mis pantalones de mezclilla, que se ajustaban apretadamente. En un auto contiguo al mío había dos estudiantes femeninas y oí que una de ellas me silbó a manera de coqueteo; mi amigo me lo hizo notar y al virarme pude ver que "BL" salió molesta del auto y apuró el paso hasta donde yo estaba para enganchar su brazo al mío, diciendo: "Ahora tú no estás solo". Cuando estaba con una mujer emergía otra oportunidad, otro devaneo por alguien más; entonces me venía a la mente lo que mi abuelo decía: "Hijo, sólo cuando te cases o tengas una mujer en tu vida otras te acosarán". Un clavo saca a otro clavo, un aguijón con otro se saca, una mujer se iba, mientras que otra llegaba. Haciendo uso del consejo de mi abuelo depravado pude tener relaciones adicionales.

Una vez fui a un club latino al que acudían todo tipo de mujeres. Llegué temprano y después de tomar algunas cuantas limonadas y naranjadas me abordó un grupo de varias mujeres. Una de ellas tenía mucho interés en mí y después de bailar por un instante le invité unos tragos. Luego le conté que recién había terminado una relación y que me encontraba triste y soltero. "G" trabajaba en el gobierno y era un poco más joven que yo. Comenzamos a salir y a ver películas juntos, pero muy en el fondo comparaba aquellas experiencias con las que había tenido con la modelo. Fueron veladas muy agradables e incluso cometí, como siempre, otra estupidez: me negué a pasar a su casa a tomar un trago. Yo no tomaba, pero de tomar ese trago me habría quedado en su casa, sin embargo, más por atención que por atrevimiento, me negué. En verdad que, a veces, los mensajes femeninos son muy confusos; los he malinterpretado toda mi vida, quizá porque no sabemos los hombres interpretar su lenguaje ambiguo, sagaz e inteligente a la vez.

Inmiscuirse en una relación inmediatamente después de terminar otra propone muchos conflictos e inseguridades; por eso se recomienda liberarse por completo de una relación recién terminada. Así me pasó varias veces, así le pasó a mi exesposa y por esa misma situación pasaron muchas parejas. Sin embargo, uno nunca se libera por completo, pues incluso se valora y se observa de forma diferente a parejas anteriores, ya sea para bien o para mal.

Siempre me ha ocurrido que, cuando alguna mujer me pretende, no consumo la relación, a guisa de dejarla pendiendo como un plan "B", como un consuelo al que se puede recurrir después. Para tal efecto requería que se afirmara el deseo de la otra persona sobre mí, a modo de reforzar y afianzar la autoestima. Sin embargo, cuando la persona se alejaba de mí, entonces surgían mis inseguridades. Eso mismo pasó con "G". Salimos varias veces e, incluso, una vez fue sola a un club y me llamó para acompañarla. Quizá no la acompañé para no afianzar la relación, puesto que todavía me hallaba muy dolido por la traición de "BL" y aún no la superaba. Por aquel entonces "BL" me seguía llamando para saludarme. Yo no tenía el corazón para despreciarla y ser grosero con ella, pues a las mujeres les hiere sobremanera que uno sea indiferente.

Cuando supero una traición, o una relación conflictiva o de infidelidad, sólo me queda sinceridad e indiferencia. Durante una relación se juega el juego de la indiferencia, del desprecio y la frialdad a manera de atraer la atención del otro y darse a valer, como una forma de afirmar la autoestima y en la cual interviene el orgullo y la soberbia. En mi caso, lo hago de manera frecuente para sentirme querido y aceptado por la otra persona, no obstante, también me he humillado, cedo y busco una y otra vez a la persona. Nunca he consumado mis deseos de revancha, aunque claro que los he tenido, mas se difuman después de un tiempo. Por otro lado, me he topado con mujeres supervisoras o que he rechazado y que llevan a último término sus venganzas.

Mi madre tenía rencillas con familiares políticos y siempre guardó resentimientos en contra de la gente que la hirió. Al paso del tiempo y de jugar al gato y al ratón ella hay no me llamó, aunque habíamos acordado de ir a algún sitio el sábado inmediato. Mientras yo estaba saliendo con ella tuve oportunidad de conocer mediante un anuncio a alguien que tenía una mente abierta y artística. Acordamos tener una cenar informal en un restaurante muy elegante de comida italiano-americana. El restaurante estaba poco iluminado, de forma que daba una impresión romántica y sublime. Yo llegué primero y la señal para identificarme era un clavel rojo; ella llegaría con un clavel amarillo. La vi a lo lejos cuando arribó a la recepción del restaurante, después de unos diez minutos de que llegué. De hecho, llegué demasiado temprano, pero fui a la librería contigua para explorar su material. Yo iba enfundado con elegancia: lucía un saco, corbata y bostonianos negros. Además, llevaba un perfume muy sobrio, elegante y francés. Asimismo, tenía un libro en mano. Aquella mujer era muy bella y casual, pero elegante; lucía un vestido blanco con encajes, como si fuera una musa de arcángel, como una manceba en halo de inspiración. Su vestimenta un tanto hippie la hacía atractiva. Por alguna razón, ella recibía ayuda monetaria del gobierno y vivía con su padre, empero, quería mudarse a Miami. Le gustaba escribir poesía; yo escribía muy esporádicamente, pero le hablé de una novela que tenía, y tengo aún, en proceso de elaboración y le fascinó (resulta curioso que el entonces final de la novela es hoy su parte media). Hablamos de poesía, de libros de comida, de todo. En verdad me fascinó la primera cita a ciegas que experimenté en mi vida. Ella adoraba la película *Mar de amor* y me identificaba con el protagonista. Después de cenar, la mujer me enseñó sus poesías; eran en verdad sublimes; eran puramente metafóricas y no recurrían al verso fácil y forzado, de hecho, ni tenían versos; eran unos decasílabos formidables. Ella en verdad era una auténtica poetisa, la tercera en mi vida.

Al día siguiente decidí llamarla y la invité a desayunar. Fuimos a un restaurante oriental en el cual las meseras llevaron diferentes platillos a nuestra mesa; parecía una especie de procesión oriental le llevaban a uno los platillos. Allí recaté en algo que no tuvo efecto inmediato, pues las consecuencias se dieron apenas ahora: no me gusta que me sirvan, que la gente llegue humillada hasta mi mesa y me ofrezca comida. La comida es un acto de comunión y, en mi opinión, no servil. Noté que aquella mujer despreciaba a la gente y no la miraba a los ojos. En verdad eso me causó estupor, el cual no manifesté de inmediato. Eso fue algo crucial en mi rechazo a su persona, no tanto porque en un principio no me agradase, sino por su forma de tratar a los que, por desgracia, nos sirven. La servidumbre humana es algo inaceptable. Todo ocurrió de manera inconsciente y se detonó con esa situación. Ella me siguió llamando con insistencia y yo le di largas, incluso rechacé el pasar una noche con ella cuando se estaba hospedando en un hotel y me llamó para invitarme a que chapuceáramos en la alberca... lo demás era de suponerse, pues la llamada ocurrió a eso de las ocho de la noche.

A veces hay una compatibilidad de caracteres tal que parece idónea la relación, sin embargo, si la personalidad y el carácter son diferentes, entonces lo demás también lo será por demás. Por el contrario, cuando hay una compatibilidad de caracteres y los modos de pensar son diferentes, así como las clases sociales, o bien, las idiosincrasias y mentalidades no confluyen, la identidad ocurre... aunque a la larga habrá una distanciación evidente. He pasado por cada uno de esos casos y no todo se reduce a la diversidad de nacionalidades, razas y aspectos físicos; como una gráfica, la parte horizontal a esa variedad se remite a las diferentes mentalidades, las diferentes mujeres y las diferentes idiosincrasias. La apariencia física es mero accidente, no obstante, estamos muy acostumbrados a percibirnos mediante el físico.

Por ese entonces mi afición por las prostitutas ya no era tan intensa como antes, de igual manera, ya no era tan joven y sólo subsistía mi magra esperanza de encontrar el amor. Cavilando sobre eso, recuerdo bien la comodidad de un estudio y un trabajo mediocre que me repercutía suficientes dineros para llevar una vida agradable y que me tenía enquistado en una especie de estabilidad cómoda. Inconscientemente, esa era una forma de tomar un refrigerio en mi vida.

Capítulo 9

Inevitable consumación de la ilusión eterna de eso que llamamos amor

Mientras eso sucedía, llegó una prostituta a mi vida que debí conocer diez años antes, es decir, la que terminó siendo mi esposa. La encontré en la calle vestida de una forma muy sensual: llevaba una minifalda blanca, una blusa del mismo color que remataba a la altura de su ombligo y lucía unas zapatillas de plataforma. El día que entramos a mi estudio, ella se recostó en la cama; estuvimos viendo televisión y departiendo por alrededor de dos horas. En realidad congeniamos muy bien y yo la hacía reír bastante. Mediante un impulso incómodo recordé que era una prostituta y comencé a tener relaciones con ella; fue un error craso del cual yo estaba consciente en el fondo, pues rompí de tajo esa armonía que llevábamos. Así sucede cuando uno no entiende de forma positiva a las mujeres. Hay veces en las que uno tiene que ir seduciendo y llevando una compaginación, como un ritmo de las manecillas de un reloj, y no quebrantar el entendimiento que surge con la otra persona; las cosas de una relación más o menos agradable se construyen así. Durante aquella conversación quise extender nuestra simpatía mutua y tener una cita. Así lo hice y nos empezamos a ver con frecuencia, sin embargo, ella estaba, en cierta forma, enfocada en comprar cosas. Comprar las cosas de una mujer y participar en ello es muy agradable, no obstante, en ocasiones se vuelve un egoísmo de su parte tal que, en realidad, sin percatarse de ello, comienzan a ensimismarse en su mundo de vanidad y embelesamiento, excluyéndonos.

Eso sucedía con mi prima, quien se imbuía en juegos con sus amigas y me dejaba relegado; también sucedió con mi esposa y otras parejas. La única persona con quien en realidad eso no aconteció fue "L". En cierta ocasión le acompañé al centro comercial, pues quería comprarse unas botas alpinas de elegancia casual Timberland (ahora me compré un par, pues lo hice en recuerdo nostálgico de ella); esa ha sido la experiencia más bella que he tenido en la busca de un artículo femenino. Ella me pareció encantadora, juvenil y sutilmente seductora; disfruté de verla enfundándose las botas y observar su belleza rematada con un pantalón de mezclilla y una blusa amarilla canario.

Me acostumbré a comprarles cosas a mis examantes y parejas, pero en el proceso he visto una disociación entre la pareja y yo, entonces se rompe esa conexión. Al cocinar juntos o hacer una actividad en común hay una recuperación de ese vínculo, pero en las compras se observa algo diferente, pues es hasta que la persona usa las prendas y los objetos que se le han comprado cuando vuelve un poco la conexión perdida. Cuando yo he observado esta experiencia y sentido esa exclusión, que es repetitiva, me refugio en mi propio mundo de libros, música, escritura y me desconecto, en cierta forma, de la pareja. Esto no sólo es detonado por las compras compulsivas, sino también por otras actividades. Lo que tiendo a hacer es comprarles más cosas, pero les engaño con otra mujer, es como complacerle a cambio de mi libertad de buscar afecto en otras mujeres. Les compro la infidelidad de manera artificiosa y así la he llegado a justificar, es como afirmarles: "Aquí está lo que deseas, pero yo me salgo de esa inarmonía y busco el afecto por otro lado". Así sucedió con mi exesposa: compraba y ya no compartíamos tiempo en una actividad en común. Comprarles cosas es muy grato, pero es parte de un proceso, un ciclo que llega a un círculo vicioso. Muchos hombres compran así a las mujeres, aunque en ocasiones la mujer se siente relegada cuando el hombre les complace materialmente, pues se desconectan y se vuelven fríos y alejados. Encontrar esa conexión y esa compatibilidad resulta difícil.

Durante el tiempo que salimos, lo que hice fue dejar de comunicarme con ella, como lo había hecho con otras mujeres. Sin embargo, comenzó a llamarme con insistencia, a modo de prueba, hasta que vio que estaba molesto. Ella se percató de que la relación no podría construirse así, pues ella tenía que contar con la dignidad de mujer y dejar de asumir su papel de prostituta. Fue entonces que reconsideramos la relación y ella terminó mudándose a mi casa en plan de amistad.

Fueron casi dos semanas de tener una amistad bellísima, tan bella que superó a la relación marital; en esas dos semanas de compatibilidad no hubo compromiso alguno y cada cual se sentía libre: oíamos música juntos, cocinábamos, dábamos paseos, veíamos películas, etc. Se fue construyendo una complicidad que ya nunca volvió a ser igual ni cuando tuvimos esos eventos de complicidad haciendo trampas en la vida. Curiosamente, los matrimonios ordinarios comparten de una forma que me parece timorata y ridícula, bajo el típico esquema de familia nuclear o los papeles asumidos de los géneros: la mujer cocinando, el hombre departiendo y bebiendo con los amigos y los niños jugando sin control. No tener hijos me impelió a construir libremente la relación, sin tapujos sociales.

Un buen día, mi futura esposa me comentó que le dijo a su amiga que estaba enamorándose de una persona de manera irremediable, esa persona era yo. Esa misma tarde fui por ella a su trabajo y se me declaró. Le llevé flores y chocolates por la noche. Fui un galán convencional y esa noche hicimos el amor, aunque no fue tan espectacular como yo quería; fue, de nueva cuenta, una manera más en que se afirmaba mi desconexión sexual con las mujeres con las que mantenía una compatibilidad afectiva y de personalidad. El hecho de tener relaciones con otras prostitutas era una forma libre y sin compromiso que me permitía abrirme de forma sexual, pues no había posibilidad de sabotear la relación.

Por desgracia, al poco tiempo de tener una relación de noviazgo, los celos empezaron a emerger de una manera eruptiva y violenta. Siempre tuve la esperanza de mantener la relación y que los malos momentos pudieren ser compensados por la sublimidad de aquellos extraordinarios. He de decir que las relaciones, en su mayoría, son así, edificándose de forma codependiente. La relación se mantuvo con altibajos, pero teníamos días de descanso en común. Ella trabajaba como anfitriona en un restaurante de lujo. Nuestros días de descanso los disfrutábamos en verdad; en cierta ocasión la llevé a un concierto de música clásica a escuchar el réquiem de Mozart. Ella quedó estupefacta y maravillada.

Desafortunadamente, mi exesposa tendía a dormir mucho y empezó a consumir alcohol en sus días de descanso. De igual forma, iba a la bahía era para beber alcohol y tomar baños de Sol. En verdad detestaba su parsimonia y pasividad. En cierta ocasión, mientras ella estaba al baño y yo la esperaba afuera, dos mujeres adultas, alrededor de 5 años mayores que yo, recataron en mí y murmuraron algo entre sí. Luego una de ellas me abordó, preguntándome la hora, mirándome fijamente a los ojos y sonriéndome. Recuerdo todavía que le respondí que eran las dos de la tarde, sin embargo, cuando le estaba dando la hora, mi exesposa iba saliendo del baño. Qué extrañas circunstancias impelen a muchas mujeres a abordar a hombres ya con una pareja, casado, comprometido, o bien, en una relación de noviazgo.

Nuestra relación, que comenzó a volverse una rutina, evolucionó hasta un punto de crisis cuando ella ya no me invitaba a sus festejos de trabajo. Considero ahora que mi exesposa quizá estaba consumiendo marihuana, y no me quería a su lado mientras consumía estupefacientes. Esto es lo que más hace las relaciones inestables: la mujer tiende a experimentar con modas, estilos de vida y amistades tan rápido que ninguna durará más de un año. En tanto este tipo de situaciones se desarrollan, el hombre tiene que lidiar con la inestabilidad hiperactiva de la mujer.

Considero que es bien sabido que los hombres somos más apegados y nostálgicos con los objetos. La mujer se desprende de sus atuendos muy fácilmente porque adquiere otros con frecuencia. La mujer está más acostumbrada a los protocolos y a las formas, lo que implica un gran uso de enceres y bienes de consumo.

Mi exesposa compraba muchísima ropa, pero luego de uno o dos usos se olvidaba de ella. Nuestra convivencia en los días de descanso se remitía a nimiedades y el consumo de artículos. En un momento gustaba de un tipo de ropa y al siguiente mes de otro. Yo aún conservo ropa de hace 30 años que está en buen estado y es clásica, así como artículos materiales que me traen viejos recuerdos, como regalos de familia y de examantes.

El problema con mi exesposa no sólo era su consumo exagerado, sino también su inestabilidad emocional, sus exabruptos, su alcoholismo ocasional y su falta de principios constantes y fijos. Aunque era muy bella, yo ya la veía con un físico ordinario y no me atraía su maquillaje ni arreglo. Finalmente, en un momento de crisis en que ella fue a una fiesta y yo me molesté porque de seguro estaba consumiendo drogas, fui a un *table dance* para mantener viva la atracción e idealismo por las mujeres luego de esta decepción.

Mi ex decidió abandonar la casa, pero regresaba eventualmente. Comenzó a drogarse cada vez más, entonces, en uno de sus retornos, llegamos al acuerdo de que permanecería una semana enclaustrada para reprimir su consumo de estupefacientes. Pudo permanecer encerrada durante ese periodo, pero al término de éste se fugó y yo, cansado de ello, la corrí. Cuando salí en el auto observé su silueta, su corte de cabello, su nuca. El autobús en que ella se alejó y con ello la imagen de mi ex sentada con ansia para ir al centro de la ciudad y conseguir estupefacientes.

Nuestro año de convivencia había formado una rutina muy dolorosa de olvidar; se repetía nuevamente la situación con "BL". Nunca aprendí la lección o, quizá, la experiencia de las dos semanas de amistad y la esperanza de que se materializaran nuevamente en una posibilidad a corto plazo hizo que tuviere esa fe, como la tenue luz de una consumación de amistad bella que le transformara en una mujer sencilla. La nostalgia y la desesperanza se apoderaron de mí y le añoraba sobremanera, hasta el punto del llanto. Un amigo me informó dónde estaba mi exesposa y la encontré allí… prostituyéndose. Ella tenía una mirada fría e insensible, con un corazón gélido. Decidí dejarle mi número de teléfono para cuando tocase fondo. Ya sin fe y esperanza alguna partí de ese sitio.

Increíblemente, mi exesposa me llamó a la semana y me pidió regresar. Así ocurrió y desde allí la lucha contra su adicción dio un giro tal que nos olvidamos de su compatibilidad con mi carácter y superó su adicción. Un problema, casi siempre, nos desvía del verdadero objetivo: asumir la cotidianeidad con sentido, lejos de asumir que el problema generado del hecho de complicarnos la vida es sólo un escollo para proseguir con la problemática de la cotidianeidad y el sentido de la vida. Es por ello que quienes se recuperan de una adicción a las drogas creen que el superar el consumo es el sentido de la vida, pero ignoran que sólo volvieron al estado cero. Así fue en nuestro caso. El problema principal era su adicción, no nuestra relación de pareja. Sustituimos de manera errónea este enfoque y depositamos nuestro esfuerzo en irnos del país por un mes, casarnos, regresar ya estables y comenzar de cero de una manera épica. Así fue.

Hubo un momento en que ella se enfocaba sólo en las formas, en los protocolos y yo la complacía en su consumismo, a guisa de solapar su falsa ilusión de felicidad. La boda y el viaje resultaron fabulosos en un inicio, pero ya casados, y ante la visita de unos excompañeros de preparatoria, ella comenzó a tomar demasiado y a decir incongruencias. Esa velada se enfocó en comentarios de ciencia, cultura y política en los cuales ella intervenía y que evidentemente ignoraba. La tertulia bohemia comenzó a salirse de cause por los desplantes ridículos de mi exesposa. Pienso que comenzó a abrazar y besar en las mejillas a los contertulios a fin de vengarse de mí por su ignorancia y su exclusión de la temática. Era una manera inconsciente de incluirse con afecto hacia los demás al excluirme. Esa situación, lejos de darme celos, me regresó a la realidad. El resentimiento de mi ex hacia el final de la velada fue tal que me recriminó cosas sin sentido que ya no recuerdo. Eso lo solía hacer muy seguido. Esa noche, ella echó a correr en la madrugada, dirigiéndose hasta un barrio peligroso. Desde allí la traje y ella rasgó una camisa que yo consideraba muy especial, pues la compré por su color y textura, pero que de forma ridícula terminó hecha jirones. Al llegar a nuestro aposento continuó recriminándome muchas tonterías y se me lanzó a la cara con tal furia que me la arañó toda. No sentí nada de dolor por la candidez del momento, pero al verme al espejo percibí la situación ridícula en la que me había enfrascado y que, al parecer, no había marcha atrás. Luego de un instante ante el lloriqueo patético de ella, llegó mi madre. Yo estaba en la penumbra y no prendí la luz para que mi madre no viera mi rostro con cardenales de arañazos.

Al día siguiente, ya en el avión de regreso a casa, le comenté a mi ex que lo que hizo fue muy serio, pues físicamente habíamos roto el borde del respeto mutuo; la violencia es rasgo de faltarse el respeto y era totalmente inexcusable. Ella sólo se remitió a justificarse por el alcohol. En lo sucesivo, por instancias y necesidades de regularizar mi situación legal, tuvimos que pasar por otra odisea y regresar a mi país a vivir. Se vendió todo mi patrimonio, como autos y moblaje. Ella se encargó de pasar por la frontera los artículos que necesitaría y también todas las mascotas. Iniciaríamos una nueva vida, ciclo y etapas inolvidables por las cosas que experimenté, la gente que conocí, mi reencuentro con mi país y los eventos que allí se suscitaron y lo que daré a cuenta a continuación.

El reencuentro con mis padres fue fabuloso, ya que por más de una década no había vuelto a convivir con ellos, salvo una visita que hice a donde yo vivía. Con mucho optimismo comenzamos a buscar empleo por un tiempo; entre tanto, viajamos a un pueblecillo en donde acostumbraba a vacacionar y en el cual yo tenía familia. Allí mi exesposa tuvo tiempo de conocer a una tía abuela que me quería sobremanera, en especial porque yo me hacía cargo de conseguirle parafernalia religiosa cuando ella lo necesitaba. Mi tía ya estaba completamente ciega, creo que por la diabetes, pero estaba lúcida y bien pudo identificar mi voz. Luego de un breve lapso llegaron los festejos de fin de año, que disfrutamos y amortiguaron nuestra pena.

Al iniciar el siguiente año comenzamos de nueva cuenta a buscar empleo. Fueron muchos los empleos que tuvimos, sobre todo como profesores de inglés. Algunas escuelas nos admitieron, pero las ubicaciones eran muy lejanas y la paga, muy mala. Por más de un año estuvimos deambulando en diferentes escuelas y opté mejor por ir a trabajar como recepcionista de hotel, con recomendación de mi hermano. Por desgracia, la poca preparación que daban no era suficiente y la responsabilidad con el dinero era severa; después de un mes mucho personal cometía errores por esta causa. El contador a cargo de entrenarnos, que no tenía paga alguna, improvisó el horario del entrenamiento, el cual sería en un fin de semana. Yo aduje que no podía quedarme, pues tenía planes de una reunión familiar; él se negó, pero yo no accedí por dignidad y me corrieron. Al regresar me finiquitaron, aunque me descontaron cargos de teléfono de larga distancia que no fueron descontados a un cliente, de los cuales yo no tenía conocimiento. Después de una larga discusión y viendo que el gerente ya me había dado el dinero que me ofrecía, pero que había olvidado, pues me ofreció la misma suma de nueva cuenta sin percatarse de que ya me la había dado, y ante la presencia de su asistente, accedí de nueva cuenta a recibir el dinero, que era un 70% de mi liquidación. Al final recibí 40% más de lo que me debía. Yo le estreché la mano y le dije: "Ok. No hay resentimientos, ¿verdad?". Entonces, como dos viejos camaradas, nos dimos un abrazo. Mi exesposa me esperaba en el vestíbulo del hotel y al salir, previendo que el gerente se percatase de su error y llamase a seguridad, le dije tomándole de la mano: "Vamos a apurar el paso". Una vez que pisamos el umbral del hotel le incité a correr lo más pronto posible y le comenté que después le explicaría. Cuando le expliqué la situación estábamos en júbilo, como dos chiquillos, y fuimos a cenar románticamente a un restaurante gracias al excedente que el gerente nos obsequió de buena fe.

Seguimos enviando solicitudes de trabajo hasta que por fin, pasando tres tediosas entrevistas, llegamos a una compañía internacional de tiempo compartido, en la cual un proyecto en boga estaba por acontecer. Fue un largo y cansado proceso de preparación, pero en verdad me encontraba con una preparación casi nula en el manejo de la computadora, por lo cual se me dificultó su uso. Eso también tuvo repercusión en mi exesposa, pero a ella la corrieron con lágrimas en los ojos. Cuando me lo dijo, yo le consolé diciendo que legalmente haríamos algo, pues firmamos un contrato.

Al terminar nuestra preparación festejamos el haber finalizado tal proyecto en un restaurante-bar de muy buena reputación. Allí, unas mujeres guapas, compañeras de entrenamiento, iniciaron una conversación conmigo; una de ellas posó su mano en la mía, lo cual despertó celos muy fuertes en mi exesposa. Por fortuna, ella no tuvo ningún exabrupto durante el festejo, pero sí se guardó el resentimiento.

Ya en el trabajo se me dificultó increíblemente el contestar una llamada, me confundí por el entrenamiento de la computadora, pues se embotó mi habla. Esto generó que también me echaran de la compañía. La empresa no nos quiso liquidar por la compensación del contrato y amenacé con ir a conciliación y arbitraje laboral, entonces accedieron a pagarnos; esta vez nos compensaron con mucho dinero. Por cierto, el proyecto de la persona que nos entrenó fue un fracaso más que total. De nueva cuenta, como dos cómplices que con éxito cometen un asalto, salimos gustosos con los cheques y festejamos una vez más.

El siguiente empleo fue, por mi parte, en una escuela particular de inglés. Allí hice amistades con muchas alumnas en las que, por mi natural relación ética de maestro-alumno, provoqué admiración, en especial de una adolescente. Una de ellas se desvivía en elogios hacia mi persona y estaba anonadada por mí, por el hecho de que fuese profesor de idiomas, porque vestía un traje, corbata y usaba buenas lociones y perfumes.

Mi exesposa, entretanto, llenó solicitudes, a consejo mío, para empresas que podían usar sus servicios bilingües. De esta forma encontró un empleo en una firma de abogados como recepcionista bilingüe y allí su autoestima se elevó. Ella se hizo de amistades y enemistades. Había compañeras de trabajo que no la querían por ser muy guapa; recuerdo que en un festejo del cumpleaños de una de ellas, en su casa, departimos y todas bebieron licor al grado de embriagarse y alegrarse. Durante esa algarabía surgieron resentimientos, frustraciones y envidias. Como todas estaban embriagadas y se lanzaban indirectas entre comentarios sarcásticos, comenzaron a hostigar de una forma sardónica a mi exesposa. Yo pretendí hacerme el dormido, con la esperanza de que algo grave no ocurriera; sólo me remití a escuchar las indirectas y que éstas no llevaran a la agresión física, pues sabía que mi ex era muy irritable y agresiva. Todo terminó con un baile de tubo de una de ellas y, para incitar los celos de mi exesposa, comenzó a hacerme un baile de *table dance,* creyendo que yo estaba dormido. A continuación todas las demás mujeres me bailaron y se quitaron prendas, pero sólo hasta cierto punto, para no enconar en demasía a mi ex. Sólo recuerdo que una de esas prendas la introdujeron en una de sus partes íntimas y se la fueron pasando una a una, incluso se la ofrecieron a mi exesposa; ella se negó y la arrojaron en mi rostro. Seguí haciéndome el dormido ante las risotadas de ellas. Viendo mi ex que eran muchas mujeres, optó por guardar la cordura. Todas terminaron durmiéndose y yo hice como que desperté para finalmente llevarme a mi exesposa muy alcoholizada en brazos hasta el auto, y del auto hasta la casa, otra vez en brazos. Varias veces se suscitaron eventos de este tipo.

En otra ocasión, en un festejo de 15 años de una sobrina, vi a una prima por la que en alguna ocasión sentí atracción. Ella era muy graciosa y alegre, pero gustaba de llevarse cosas de los sitios que visitaba. En dicho festejo comenzó a tomarme de la mano y a invitarme a mí y a mi esposa a un bar, pero al final no asistimos y terminó por robarse una botella de licor de esa fiesta, sin embargo, otra prima, la anfitriona, la pescó en el acto y tuvo que devolverla. En esa ocasión, mi ex me reclamo los devaneos de ella hacia mí. Durante el funeral de mi padre, esa misma prima se llevó las galletas que pudo del salón fúnebre y varias flores y coronas de flores. También me robo de mi cartera y mi licencia de conducir. Desde ese entonces ya no le vi más.

Por mucho tiempo di clases particulares a alumnas, las cuales no mencioné a mi exesposa por sus celos. Cuando no teníamos trabajo, entre los dos poníamos anuncios en parques y plazas de confluencia pública y tuvimos varios estudiantes. Esa fue otra experiencia bella de complicidad que tuvo frutos. En una escuela de prestigio y con un sistema innovador, en la cual metimos solicitudes y pasamos por múltiples entrevistas, nos pagarían relativamente bien, pero tendríamos que invertir el 80% de nuestro tiempo para acumular bonos. Mi ex no fue admitida por su comportamiento aversivo durante la entrevista, pero yo sí. Fue un largo mes de entrenamiento, aunque al final no asistí a clases por lo complicado de la distancia y, en el fondo, mi ex no quería que yo trabajase allí e hizo muchas cosas para sabotearme.

Mientras teníamos tiempo libre entre trabajo y trabajo, entre que nos despedían e indemnizaban, pudimos hacer viajes a centros turísticos, viajes fabulosos que nos permitieron compartir momentos muy bellos. Irónicamente, nos llevábamos muy bien cuando ella no estaba muy embriagada. Creo que en ese entonces mi exesposa viajó mucho más que en toda su existencia. Lo extraño es que no teníamos casi relaciones sexuales y eso sí me inquietaba, hasta el grado de verme tentado a llamar a una prostituta por teléfono, pero nunca me decidí. Teníamos, en cierta forma, una rutina muy agradable.

Finalmente, fuimos contratados por una escuela que daba clases a negocios y allí tuvimos oportunidad de robar compañías para nosotros y tener contratos propios, amén de que yo daba clases de inglés particulares y también nos dedicábamos a la venta de zapatos con gran éxito. Por cierto, ampliamos la venta de zapatos en el barrio donde vivíamos y en otros negocios a los cuales acudíamos. Yo era el que iba a cobrar y establecer los términos de pagos. Como mi ex no le gustaba lidiar con esas tareas, yo las hacía, pues ya antes había emprendido negocios sencillos y sabía cómo administrarlos. Por desgracia, mucha gente que nunca ha tenido nada, y tienen repentinamente algo, se tornan egoístas y ambiciosos, pues quieren acumular las cosas que desearon. Así eran muchas de las amantes que tuve; así era mi ex, quien no quería dar clases de inglés si tenía que trasladarse en transporte público. A mí me fascina utilizar el transporte público porque ejercito mi cuerpo, exploro los sitios de interés, la cotidianidad, lo rutinario y lo ordinario de las calles, los rostros y expresiones de la gente y escucho lo que conversan; lo he hecho desde pequeño y lo sigo haciendo. Las cosas más sencillas tienen mucho que ofrecer.

Tenía que adaptarme a los caprichos de mi exesposa y en ocasiones tenía que dar clases en su lugar. Ella se levantaba muy tarde de la cama y gustaba de dormir mucho. Sin embargo, era muy astuta para administrar y hacer negocios y para entablar relaciones públicas. La enseñanza en las empresas fue el pináculo de los empleos que tuvimos y que llevamos a buen término. A la vez que teníamos alumnos de diversa índole, surgía cofradía entre los alumnos y ella y nosotros dos, de esa forma asistíamos a tertulias, festejos, veladas bohemias en las que había juegos de azar, de salón, comida y licor, curiosamente nunca hubo droga recreativa alguna de por medio. Sólo recuerdo que en una reunión ella comenzó a embriagarse y a departir y seguir consumiendo alcohol; mi autoestima iba por los suelos cuando ella reparaba más en el alcohol y los asistentes que en mí, en una reunión cuando ya muy tarde le conminé a retirarnos a lo cual se negó de forma agresiva, yo partí y ella llegó a la mañana siguiente, yo estaba ya en camino a dar clases cuando ella llego y yo fúrico le reclamé a mi llegada. Recuerdo que en otra reunión de fiesta de Halloween en un gimnasio al cual asistíamos ella comenzó a entablar conversación con los contertulios, que eran personas musculosas y que evidentemente querían relacionarse con ella a partir del calor del licor. Como vi que ella ya llevaba como cinco cocteles de ron y se estaba poniendo impertinente, le apremié a que disminuyera la intensidad con la que bebía. Ante su negativa, le espeté que, si no lo hacía, entonces me retiraría. Nunca olvidaré la manera despectiva que me profirió sin recatar en mí, ignorándome.

Me retiré y fui a dormir. Creo que logré conciliar el sueño, pero una llamada de mi padre me despertó. Él me dijo que recibió una llamada de la policía y le informaron que estaba en curso una situación incómoda en el gimnasio. Temí lo peor y salí de improviso y raudo en cuestión de minutos. Al estacionar el auto noté que mucha gente se había arremolinado en las afueras del gimnasio y que alguien reparó en mí y le hizo saber a los policías que mi exesposa estaba en lo alto de una mesa profiriendo todo tipo de incongruencias y llorando. A mi llegada, el policía comandante exclamó de forma relajada, expirando un suspiro: "¡Por fin llegó el esposo! Nos retiramos, es ahora su problema". Ella se quejaba diciendo que le querían faltar el respeto, mientras que yo le conminaba a subir al auto. Ella se negó y se echó a llorar al piso, entonces se revolvió allí, negándose a subir al auto. Estábamos al pie de una avenida de circulación rápida y sin semáforos, así que nunca me imaginé que ella se levantaría de repente y echaría a correr para cruzar la avenida. En verdad no sé de qué manera, como reflejo, estiré la mano y logré enganchar mi dedo medio en el cuello de su blusa y contenerle. Ese movimiento fugaz la detuvo de bajar a la calle y ser atropellada. Los policías vieron aterrorizados cómo la había frenado, eso hizo que mi exesposa detuviera su locura y rematό, por fin, que no tenía sentido seguir allí. Fue así como terminó otro capítulo del alcoholismo de mi exesposa.

A la mañana siguiente fui para que nos devolvieran la mensualidad adelantada en el gimnasio y olvidar lo sucedido. Por desgracia, tenía que mudarme, pues me otorgaron la visa de residencia condicional y una nueva etapa de mi vida daba inicio.

Visitamos a mi exsuegra en la ciudad a la cual me mudaría por efectos de condicionalidad migratoria y conseguí un trabajo en una pizzería; mi exesposa acudió conmigo a la entrevista de trabajo, de manera que estableció una territorialidad de pareja, mostrando que yo estaba casado. Ella tuvo que regresar luego de nuestra corta estadía vacacional con mi exsuegra en esa ciudad. El último día que pasamos juntos, la última noche, le incité a una copulación sensual por cuanto dejaríamos de vernos un buen tiempo. Ella era detrás de mímida con respecto a hacerlo en casa de su mamá, como también pasó en casa de mis padres, pues mi ex consideraba que era una falta de respeto el tener relaciones en la casa de los progenitores. Tuve que seducirla para poco a poco instigarla y hacer muchos preámbulos a guisa de que accediera... y así ocurrió.

La despedida, al día siguiente, fue terriblemente triste por la bruma del día y la nieve decembrina. Lloramos quizá porque otra etapa se cerraba definitivamente. Ese día fui a hacer trámites a la ciudad contigua y sentí un hondo vacío.

Pude tener tres trabajos simultáneos y en los tres me relacioné con mujeres para bien y para mal. Uno de los empleos era en un asilo de ancianos, yo era el encargado de arreglar desperfectos y fallas mecánicas de las instalaciones. La mayoría de los huéspedes eran mujeres, quienes más solicitaban y requerían mis servicios. En realidad, lo que querían era compañía y entablar una conversación conmigo, pues se sentían muy solas. Yo les hacía reparaciones muy someras y se me hacía injusto hacerles una nota de remisión de cobro, pues consideraba que la renta elevada debería cubrir gastos de mantenimiento. Además, las personas retiradas deben disfrutar de la tranquilidad que la vejez requiere. La administradora del asilo era una mujer que veía ese sitio como un medio para obtener ganancias, no como un lugar humano. Yo me rebelé ante ello y me negué dar remisiones. Asimismo, me percaté de que la administradora estaba coludiendo con su marido y algunos contratistas para cambiar alfombras innecesariamente, pues las lavé y desmanché para darle al lugar una imagen aceptable para los nuevos inquilinos. Por desgracia iban y venían los inquilinos, pues era impredecible saber cuánto tiempo durarían allí. Era triste sólo convivir con aquellos ancianos unos cuantos meses o días, a sabiendas de que partirían a mejor vida en cualquier instante.

Es increíble observar cómo una mujer victimiza a otras por prejuicios contra la vejez, por no comprender enfermedades geriátricas. Casi todo el personal administrativo de asilo no me quería en absoluto, y, como mujeres, se aliaban en contra mía. Resulta curioso que la mujer tiene una gran virtud administrativa y social para asociarse, a fin de llevar a cabo obras buenas, malas o dañar a alguien. Así sucedió en los sitios de trabajo donde mi ex trabajó.

Yo disfrutaba sobremanera del café y las galletas cuando departía con las mujeres de la tercera edad; hablábamos de las películas del Hollywood clásico de Evel Knievel y sus destrezas en motocicleta, de comida americana y de sitios de interés. Recuerdo que una inquilina tenía la puerta abierta de manera perpetua para no sentirse sola y siempre se enviaba a alguien para cerrarla. Ese era un capricho de la gerente en contra de la impotencia de una anciana; eso me pareció muy cruel y soez. Aquella anciana sentía una gran nostalgia por la compañía de su familia, en especial la de su hijo. Ella siempre me decía que su hijo no la visitaba y sufría por ello. Un buen día le dije: "Él vendrá hoy a visitarle... no se aflija". Tan sólo se lo mencioné como un consuelo, nunca como una promesa. Mi sorpresa fue mayúscula cuando esa mujer mayor fudetrás de míío ansiosamente, se prendió de mi ropa y exclamó: "¡Mi hijo está aquí, mi hijo ha llegado! Muchas gracias, ¡gracias infinitas!". Aquel consuelo para su esperanza, aquel acto de cortesía para no dar malas esperanzas, se hizo realidad; la casualidad surtió un efecto con un final muy sublime.

Ese empleo no sólo me sirvió para ayudar a muchas mujeres de la tercera edad, también pude comprenderlas y aprendí a respetar a la gente senil. Desde ese entonces respeto a toda persona senil. Nunca hago mofas de la edad avanzada y me indigna que otros lo hagan.

Cuando me salí de ese trabajo procedí a denunciar la corrupción de la administradora y supe, por amistades femeninas, cocineras de ese sitio, que llegó una comisionada para hacer una auditoría. Después de eso ya no supe en qué terminó toda la denuncia.

Mi otro empleo de importancia en ese entonces, con mujeres, fue en una pizzería. Allí había una mujer muy guapa, pero tenía inestabilidad emocional y estaba batallando con el alcoholismo. Era madre soltera de dos hijas y vivía con su padre. De manera continua hacía referencia de sus citas de amor, pero todas fracasaban. Hicimos una muy buena amistad y conversábamos en el trabajo, a modo de hacer un buen cierre de turno. Yo ignoraba que ella pensaba invitarme a cenar, pero, por desgracia, supo que estaba casado y se contuvo. De no haber estado casado, por supuesto que habría salido con ella, pues era muy agradable. Lo último que supe de ella es que se había recuperado de su adicción. En esa misma tienda había una gerente no muy atractiva y seria en extremo; en una ocasión perdió o le robaron su quincena y me estuvo preguntando constantemente por el dinero extraviado. Después de un tiempo, ella me tomó confianza y supo que era fiable y buen trabajador. Fue entonces que comenzó una amistad y una buena relación de colaboración, tanto así que le asistía en el horno, en la preparación de comida y dejaba la repartición de comida para lidiar con la sobrecarga de trabajo. Ella me retribuyó con muchas entregas, lo cual provocó el encono de otros repartidores, pero no atisbaban que yo dejaba de entregar y era compensado así. Finalmente, la gerente terminó enamorándose de mí estando casada. Su esposo era un policía y envió la ropa interior de su esposa para ser analizada y saber si no contenía mi semen. La relación no prosperó porque en realidad sólo tenía lazos de amistad con ella y no quería poner en peligro alguno mi relación. Así se terminó mi tiempo con otras mujeres en esa ciudad.

Viví con mi exsuegra, quien llevaba una vida monótona y llana. Siempre veía películas, programas de televisión y comía palomitas y Cheetos. Yo le ayudé a adquirir un buen auto por cuanto yo no pagaba renta. Mientras tanto, la relación con mi exesposa comenzó a distanciarse. Yo esperaba que ella diera más muestras de afecto y cariño, pero la sentía alejada e incluso llegó un momento en que dijimos que la relación estaba muy distante y que llevaba a nada.

Luego de ir a la bahía a pasar unas vacaciones que habrían resarcido la relación, y sí la restableció un poco, regresé para trabajar otra vez por seis meses. A mi retorno le llevé a mi exesposa dos maletas llenas de abrigos, chamarras y ropa íntima para incitarle a hacer el amor de una manera romántica. No obstante, noté algo de indiferencia, por lo tanto, desistí de reedificar la relación. Esperé que ella tomase la iniciativa; esto fue, evidentemente, un asunto de orgullo. La realidad es que nuestra relación ya no estaba en condiciones de desarrollarse, aunque éramos compatibles en varias cosas y fuimos cómplices en otras tantas. Para muchas parejas es suficiente esa forma pragmática de complicidad al relacionarse... para mí no; lo mío va hasta lo espiritual e intelectual. De otra forma, la relación tendrá límites y será llana y embotada.

Nuestra lucha como pareja por ese entonces era contra los papeles para relocalizarnos; la dificultad de hacerlo se convirtió en el problema central de nuestra relación. Algo que nos distrajo del avistamiento de esta problemática fue la apertura de un negocio. No deseábamos ser empleados, deseábamos independencia y libertad. Decidimos ir a comprar artesanías para venderlas y, a la vez, pasearnos. Fuimos a una ciudad grande en la cual viví y donde existen mujeres bellísimas. Durante mi estancia allí, en una hostería, unos parroquianos me comentaron que las mujeres y hombres solteros se reunían los domingos en una especie de fila india por el entorno del quiosco principal, y que cada uno exploraba con la vista a su posible pareja. Se comunicaban con coqueteos y luego entablaban una conversación. Eso me causó mucha emoción, sobre todo porque había mujeres divinas en ese sitio.

En un suburbio aledaño, bello y aún enquistado en la provincia hermosa, decidí ir a comprar las artesanías y después comer al aire libre en una de las múltiples terrazas allí dispuestas, cerca de la plaza principal, en la cual se hallaba ubicado un quiosco. Posterior al almuerzo, mi ex procedió a usar el sanitario. Mientras ella estaba en el baño, con el rabillo del ojo atisbé a una mujer alta, hermosa, de cabello sedoso y de unos 25 años. Yo tenía 37, pero siempre he aparentado al menos diez años menos. Su rostro era esplendoroso, lozano, con ojos grandes y tez morena. Me guiñó el ojo. No reparé en saber lo que ocurría, pues me encontraba en una población conservadora y que una mujer coquetease era raro —curiosamente, pasó varias veces—. Sucedió lo mismo que con la mujer rubia americana en la bahía, pues esta mujer joven me guiñó el ojo cuando mi exesposa venía de regreso.

Después de comprar la mercancía hicimos dos viajes largos de tres días, en los cuales convivimos plenamente, sin embargo, no tuvimos relaciones sexuales; algo extraño y que se daba con las parejas con las que compartía mucho. Sólo el alcohol rompía esa lejanía íntima. Me sentía excluido de la relación, pues mi exesposa sólo cerraba su círculo hedónico y me ignoraba, quizá de forma involuntaria. Soy muy propenso a observar el lenguaje corporal, las acciones, la forma de comer, las palabras, etc., lo cual me forma una idea de las personas. Inconscientemente, con esos desplantes yo me iba alejando más de ella y me refugiaba en la lectura y la escritura.

Al finalizar el largo viaje, mi exesposa permaneció en la ciudad de mi país y yo regresé a la nación vecina para trabajar, ahorrar dinero y podernos, por fin, mudar. Fue una odisea el traer a todas las mascotas, pero, por fortuna, no hubo restricción ni inconveniente alguno. Con el paso del tiempo pude trabajar en dos empleos; era muy difícil encontrar empleos, aun estando regularizado. Con el dinero que ahorré, mi exesposa regresó conmigo, pero ya estábamos todavía más distanciados. Yo estaba resentido por lo esporádico de nuestras relaciones íntimas y, cuando al fin le vi, observé que había subido de peso considerablemente. El resentimiento de esa situación me impelió a decirle que estaba muy gorda; fue un descanso, un alivio ante el resentimiento que tenía por no contar con su atención.

En realidad, pese a ser un empecinado mujeriego, he sido muy relegado y no he tenido la atención ni la reciprocidad que deseaba con la gente que he querido. Con "L" tenía una relación de concubino y, paradójicamente, me daba mucha atención, se inmiscuía en mis gustos y me apoyaba en mis planes, es decir, no había esa escisión clásica de la mujer que ignora los gustos, preferencias y planes del cónyuge. Cuando esto no ocurre, busco un espacio fuera de las parejas para ver mis películas, escuchar mi música y leer mis libros; incluso había momentos en los que deseaba que mi pareja no estuviera en casa para tener ese rango de libertad.

Después de asentarnos en la nueva ciudad, mi exsuegra fue a vivir con nosotros. Desde ese momento surgió una complicidad e identidad entre las dos. Una vez me sentí extraño cuando me invitaron a comer a un lugar de comida rápida. «Ah, soy ahora un invitado, no la pareja de mi esposa», pensé. Por supuesto, me rehusé. Desde ese momento comencé a hacer mis propias actividades. Recuerdo que encontré a una antigua compañera de trabajo y decidí salir con ella; pasamos todo un domingo juntos. Ella dejó en mi auto una silla infantil en el asiento trasero y yo no me percaté de ello; fue justo a una manzana antes de llegar a mi casa que ella me habló y me preguntó si podía revirar para darle la silla. De inmediato lo hice. Al llegar a casa, mi ex y mi exsuegra estaban esperándome. Mi exesposa empezó a examinar el auto, pero nada encontró. «Qué justa fue la llamada», pensé.

Sólo en una ocasión vi manifestado el deseo y la creatividad de mi ex: cuando me aseveró que ese martes, día compartido de descanso, haríamos el amor en la sala de forma fenomenal y que mi suegra permanecería en su recámara. En la penumbra de la sala vi a su cuerpo despojarse de ropa paulatinamente y la silueta hermosa de sus senos pequeños, pero perfectos. Su cuello torneado y excitante se erigía por entre su cabello rojizo. Yo hice lo propio y comencé a explorarle todo el cuerpo. Por alguna razón no le excité más dándole sexo oral, pero su candor le impelió a irme besando y subirse con lentitud, a manera de autopenetrarse con mi pene en la posición vaquera. En la sala acogedora sentí su vaho delicado, su piel tersa, sus senos deliciosos, que caían como dos peras de mantequilla sobre mi boca. Creo que esa fue la mejor noche que pudimos pasar. Tuvimos un orgasmo los dos juntos.

Creo que sólo durante su periodo era cuando mi exesposa deseaba fervientemente el sexo, algo con lo que de ninguna manera estaba de acuerdo. Quizá cometí el error de incitarle más, de sorprenderle, de romper la rutina, de provocarle con nuevas fantasías. Fui muy orgulloso en este sentido. Hubo resquicios, acaso, en que nos comunicamos abiertamente de manera sexual; bien pudimos experimentar diferentes situaciones sexuales, posiciones, técnicas, etc.; bien se pudo rescatar la relación en ese sentido. Sin embargo, las condiciones que nos unieron, la pobreza, la inseguridad, la incertidumbre y los modestos pero hermosos viajes que hicimos, nos tenían en buena lid, en un ámbito de codependiente complicidad. Esa complicidad nos mantenía unidos. Considero que mucha gente pobre tiene que unirse para sobrevivir y crean una complicidad, es decir, la adversidad los une. Eso es incluso común entre los enemigos. Teníamos una sosa rutina, estabilidad, esa estabilidad tan añorada, un trabajo pasadero, un moblaje bello, adornos, ropa y mascotas, pero no había más; siempre deseamos algo mejor. Ya no había una incertidumbre, sino un hastío, lo cual creó un vacío.

La llegada de la madre de mi exesposa detonó aún más el distanciamiento entre nosotros. Los recuerdos de esa bella época en la pobreza quedaron en un baúl de hermosas reminiscencias que adquirieron más sentido cuando pasaron a ser sólo eso: meros recuerdos de un tiempo muy sublime. Por eso es que el sexo también se hizo todavía más esporádico. La llegada de su madre complicó todo. Mi exesposa iba de compras con su madre, así como a otras actividades, y nuestra identidad era nula. Estábamos al tanto de que debíamos trabajar en nuestra relación, pero mi orgullo y su temor a confrontar sus avatares nos volvió negligentes. Sabíamos que la manera épica en que nos embarcamos a mi país para casarnos, consumar la relación y que ella se alejase de las drogas fue una aventura que sólo tenía calidad de singular y anecdótica, empero, también fue un hecho heroico sin sentido. Una vez que obtuve la tan anhelada visa terminó la epopeya que vivíamos.

Un día, durante el ciclo menstrual de mi exesposa, ella comenzó a besarme el cuello para iniciar una relación sexual. Me molesté por el hecho de sentirme usado para tener sexo sólo en su ciclo menstrual, así que me desprendí de sus caricias. Le recriminé que no tendríamos sexo únicamente una vez al mes ni en el día que ella quisiera. Esa acción la hirió tan profundo que me guardó un terrible resentimiento. La indiferencia es el arma mortal de la mujer y detesta ser ignorada, aunque no se le ame. Ese desaire la marcó y comenzó a planear su venganza. Ya antes mi exesposa me había desconcertado, pues creo que quería darme un beso. La rechacé también. Ella se quejó con su madre y se puso a llorar en silencio. Debí consolarla, pero no lo hice porque en verdad me sentía muy hipócrita; ya en verdad no la amaba… ni la había amado. Incluso su madre dijo que yo quería más a las mascotas… desafortunadamente, tenía toda la razón. La situación que selló nuestro destino como pareja fue que su madre se quedó con ella conversando en la recámara hasta muy entrada la noche. Ella vio que me estaba metiendo en la recámara y no se retiró. Me enojé y le dije que iría a dormir a la sala, pensando que mi ex iría a buscarme. Transcurrieron unos minutos y estaba seguro de que mi exesposa iría por mí, pero pasó una hora y nada. Dormí aquella noche en la sala. Así pasaron los días.

Durante una noche en que mi exesposa descansó y yo llegué de mi trabajo, ella me habló por teléfono a altas horas de la noche para avisarme que llegaría tarde, pues estaba en un bar con una amiga que yo le presenté. Luego de unas horas llegó a mí el fantasma de la ausencia y los celos. Esto ya había pasado algunas veces en la Ciudad de México y también ocurrió en la ciudad en donde vivíamos; eso fue causa de nuestro primer rompimiento. Debido a que tal situación ya me había pasado, miles de pensamientos surcaron mi imaginación y me encendieron los celos, sin embargo, también me causó lujuria. Para incitarme sexualmente, me imaginé que no era yo quien estaba teniendo relaciones con ella, sino otro hombre; es una especie de voyerismo que coincide con la gente que hace tríos, pues un hombre requiere de otro en esa clase de tríos. Hay fantasías libidinosas que procuran ir más allá de lo sexualmente convencional, es por eso que muchos hombres fantasean ese tipo de obscenidades. Es, entonces, tormentoso experimentar esos sentimientos encontrados de celos, voyerismo, incertidumbre y soledad, así como un vacío de no identificación con la relación.

Como ella no llegó, puse a prueba de nueva cuenta el valor de la relación; al igual que esperé en la sala a que ella me llamase, aquí hice lo mismo y puse otra prueba. Le escribí una carta, manifestándole que la relación ya no daba para más y que era tiempo de la separación. Cuando éramos novios esto se tornó en un juego para al final reconciliarnos y encontrar de nueva cuenta la ecuanimidad aparente en la relación. Esta vez parecía que iba en serio… y así fue. Dejé la carta en la sala y al regresar después de unas horas, ella no se encontraba en casa. Mi exesposa me dejó otra carta accediendo a mi petición. Eso me destruyó por dentro.

Por dos semanas me deprimí; sólo salí de esa etapa por el ambiente agradable de trabajo, el cual fue un refugio ante mi desolación. Muchas cosas ya habían pasado en aquella relación, entre ellas lo que relaté acerca de la bailarina exótica. Era el fin de lo que comenzó hace casi 20 años, cuando la conocí por primera vez; éramos casi adolescentes. Era el fin de una serie de aventuras, de una odisea; era el fin de caminar juntos, de esforzarnos en compartir, de fiestas, de complicidades. Éramos dos amigos, pero no propiamente amantes. En realidad nunca la amé en sentido estricto. Ella fue una de las parejas con las que ni siquiera estuve cerca de enamorarme; fue más bien el error de haber creado una costumbre y rutina de convivencia a la que era difícil renunciar.

En ese entonces añoraba en verdad a "L", quien me hacía sentir libre, quien tenía una personalidad y fineza sublime, con quien los celos someros eran bellos porque me subían la autoestima al ser querido por ella. Añoraba los buenos tiempos que viví a su lado, los que conviví con mis padres, el reencuentro de mi ciudad y cultura, la experiencia de vivir de nuevo con la gente con la cual me identificaba, la experiencia de haber pasado en esa ciudad dos años que, por tanta vivencia, parecían diez. Irónicamente, "L" fue sólo un detonante, no la protagonista de mis recuerdos.

Dos semanas transcurrieron y mi exesposa llegó del trabajo a eso de la media noche. Yo estaba viendo la computadora y percibí que ella se estaba apeando en un cajón del estacionamiento, pero de inmediato dio marcha atrás y se fue cuando se percató de mi silueta en la penumbra, la cual era reflejada por el brillo la computadora. Se alejó en el auto sólo para regresar y decirme que necesitaba usar la computadora. Yo accedí y se la dejé. Luego de retirarme a mi recámara y recapitular eventos, me percaté de que su actitud fue sospechosa. Al pasar a la sala vi que la silla frente a la computadora estaba vacía y oí una voz masculina en su recámara… Había metido a alguien a mis espaldas. Me fui perturbado a mi recámara y me recosté en la cama para digerir la situación. En verdad estuve celoso. Como en una pesadilla, vi que ella se inclinaba hacia el piso y se bajaba los pantalones y la pantaleta, mientras tanto, su pareja la comenzaba a penetrar. Una vecina los sorprendió, les gritó algo y ellos echaron a correr. Supe después que era la hija de una vecina amiga de mi ex y que andaba en malos pasos. Y, pues bien, mi ex comenzó a tener relaciones. Más tarde oí que salió de la recámara y se dirigió al sanitario, seguramente para fines higiénicos. En ese momento, el voyerismo que tanto había imaginado se volvió realidad con una cruel ironía. Después de tener un orgasmo al presenciar y percibir aquellas situaciones sexuales, como si fuesen la trama de una película surrealista, oí un portazo, pues salían y entraban de la recámara. Eso me molestó, entonces, sin temor alguno, salí y les grité que dejaran de hacer ruido. Él salió despavorido y echó a correr; ella fue detrás de él.

La mañana siguiente, recuerdo bien, era un domingo. Siempre he detestado los domingos porque representan la convencionalidad de cómo se representa el tiempo que nos rige: el día para descansar, como si se tratase de una obligación forzosa. En domingos, mi familia ha padecido de accidentes e infortunios y mis mascotas han fallecido también. Los domingos son el día previo al inicio de la semana laboral, a lidiar con la escuela, etc. Durante esa mañana, lleno de furia, celos y encono, puse ropa en la lavadora contigua a las dos recámaras a guisa de que hiciere ruido y despertase a mi exesposa. Ella salió molesta de su habitación, reclamándome tal acto. Yo le dije que tenía derecho a hacer las actividades diurnas dentro de un horario racional y que ella era la que vivía en un horario nocturno, sin consideración de la gente que duerme en ese horario. Nos fuimos haciendo de palabras y su madre salió a presenciar el barullo. Mi ex quiso pegarme con una sartén, pero su madre la contuvo y, en cuanto se la quitó, me atizó golpes en la cabeza. Como era mucho el ruido y yo tenía una visa de residencia, no quería que los vecinos se anticipasen a llamar a la policía. Le dije a mi exesposa que lo mejor sería que yo mismo llamara a la policía para que verificasen que yo no fui el agresor. Procedí a llamar a la policía y en un lapso de silencio fui al baño a mojarme la cara, entonces noté dos chichones en mi frente, producto de los golpes que me dieron, que semejaban dos cuernos; era como si yo fuese el demonio.

Llegó la policía: una mujer malencarada, de corta estatura y con un mal genio. Ella me preguntó si los chichones me los había propinado mi ex. Le respondí que sí y que no quería levantar cargos, sólo quería aclarar que yo no fui el agresor. Me tomaron fotos. La policía hubiera querido que yo fuese el agresor, pues era mujer y vi que de mala gana me dijo que no había otro remedio. Sin embargo, se llevaría a mi exesposa la cárcel por violencia doméstica, aunque yo no levantase cargos. Evidentemente, mi ex comenzó a llorar y aquello se volvió toda una tragedia; lo que sólo tenía que ser una aclaración del evento se volvió un escándalo y yo terminé enconado con los policías.

Al día siguiente, luego de conseguir una afianzadora y que mi exesposa saliese de la cárcel, se convino que yo eventualmente me mudaría. En dos semanas conseguí un departamento. Le dejé todos los bienes materiales y el auto nuevo, que se había pagado por un año y medio. Me llevé un auto viejo y mis artículos personales. Nos repartimos a las mascotas: mi ex me dejó a las discapacitadas y a las más traviesas. Me quedé con una cochera ubicada en la parte posterior de la casa: yo la usaba de bodega, y desde allí atestigüé que mi exesposa ya estaba noviando con una persona más joven que ella. Leí en un libro que muchas divorciadas buscan a una pareja más joven para subir su autoestima, y así fue en este asunto. Ese fue el evento que cerró por completo aquella relación… no había marcha atrás.

Una semana más tarde, mi exesposa me quiso visitar, alcoholizada, en el trabajo, con una amiga, para buscarme e insinuar que regresara a casa. Unos compañeros de trabajo me dijeron que la despreciase por "puta". Ese tipo de eventos son como el voyerismo: alguien goza la venganza al experimentarla como si fuera una película. Es como en la película de *Atrapado sin salida,* en la cual el personaje principal ahorca a una enfermera y otro de los pacientes experimenta ese goce, como si él estuviera ejecutando esa acción. Esto ya me había ocurrido, como cuando un amigo me instó a incitar los celos de "BL" al permitir que su novia contestase una llamada pretendiendo ser mi novia. En realidad nunca gocé de este tipo de venganzas absurdas, ya que implica inmiscuirme más en una situación ridícula y pueril. Cuando corto una relación es para toda la vida y no me inserto en batallas en el desierto, pues las cosas son dificilísimas cuando se les complica.

Después de semanas, mi exesposa me pidió dinero prestado. Accedí, pero en realidad ya no quería saber de ella. Hay cosas de las que uno no se percata por este tipo de situaciones complicadas, además, no sabía leer mensajes ni lenguaje corporal de parejas con las que ya no quería volver porque ya no había interés alguno. En este caso, mi ex me pidió que le diera un abrazo; dicho abrazo representaba para ella un acercamiento corporal afectivo, la entrada para la afección y el cariño. No obstante, yo no lo veía ya así, pues tenía la imagen fría de ella aún en mi mente.

Luego de varios "préstamos" mi exesposa salió de mi vida. A través de compañeros de trabajo que le conocieron me enteré de que mi ex robaba dinero de la caja para cubrir sus deudas, de modo que fue echada de varios empleos. Ella no entendía que una cosa es hacer ciertas triquiñuelas para sobrevivir y otra es robar sin ningún recato. Jamás se me ha despedido por robo porque no necesito hacerlo. Lo cierto es que ella pudo viajar a otro país, conocer, en casi dos años, ciudades de encanto, ver pueblos maravillosos, conocer mucha gente, tener una mejor autoestima al ser llamada maestra y experimentar muchas situaciones agradables y de contento, algunas tristes, pero fue una vorágine de intermitentes experiencias que seguro nunca olvidará. Esos dos años posaron en nuestro espíritu un dejo de recuerdos y reminiscencias inefables.

Capítulo 10

El retorno a la inefable odisea de eros y Afrodita

Posterior a mi partida viví en un apartamento compartido con un amigo. Mi pequeño departamento tenía una especie de litera con espacio debajo para poner un mueble. Las mañanas eran espléndidas y disfrutaba de un tiempo solamente mío que no tenía que compartir con nadie. No tenía que dar cuenta a nadie de a dónde iba y de dónde venía, incluso podía estar toda la noche fuera de casa. ¿Acaso tenía que comenzar de cero una vez más y lidiar de nuevo con el asunto de las prostitutas?

Comencé a cuidar mi salud y a bajar de peso. Perdí 15 kilos, estaba casi esquelético, tenía un cuerpo atlético y llevaba un régimen alimenticio muy severo. También quise conseguir a alguien mediante un sitio de citas. Hubo una mujer, pero no me despertó mucho interés y mejor decidí cortar el asunto. Ya no quería tener nada que ver con prostitutas, pues no deseaba enfermedades venéreas o de otro tipo.

En cierta ocasión, compaginando muy bien con compañeros de trabajo, nos reunimos cuatro mujeres y tres hombres, dos de ellas lesbianas, una bisexual y otra heterosexual. Los siete magníficos fuimos a clubes nocturnos en la ciudad contigua; comenzamos por uno elegante y nos distribuimos en tres mesas. En ese club comenzamos a beber y platicamos con varias mujeres, pero no se veía mucha acción y decidimos ir a otros. Irónicamente, los de baja ralea eran los más divertidos, pues no había ningún protocolo ni restricciones, así que operamos mediante nuestro libre albedrío. Recuerdo que dos compañeros bailaron un tango tal como en la película de *La familia Addams*, lo cual me pareció muy gracioso, pues uno de ellos tomó un clavel que una vendedora de flores le obsequió e invitó galantemente a una compañera de trabajo a bailar tango... en medio de la pista de baile para las bailarinas exóticas de un *table dance*.

Yo y mis compañeros departimos libremente, yendo de un club a otro durante toda la noche y hasta el amanecer. Una de las mujeres me pretendía en cierta forma; ella estaba insegura por la diferencia de edad, pero quería estar segura. Ese día comencé a acariciarle las manos y la espalda, y conforme más tomaba, bien me la pude llevar a un privado, pero cometí el error de no hacerlo. Al final, ella terminó casada con otro de los compañeros de trabajo, una persona magnífica, sencilla y sin complicaciones. Me dio gusto que los dos formasen una pareja estable y con tres hijos.

Una de mis amigas del trabajo, lesbiana también, tenía una extraña atracción por mí. De forma cómica, las mujeres les tomaban los glúteos a otros hombres o mujeres, según fuera el caso. Aquella amiga me tomó de mi trasero y en forma coqueta me dijo que tenía unos glúteos sexis. Yo le contesté que ya se estaba volviendo gay, pues siempre la consideré como hombre; ella me respondió: "A lo mejor... Uno nunca sabe". Mi amiga sabía dar amor a las mujeres y en cierta ocasión, cuando salimos, una bailarina danzó para ella, quien respondió besándole el cuerpo. Curiosamente, la bailarina simpatizaba más con la mujer que conmigo. Le inquirí a mi amiga: "¿Cómo carajos le haces para que a mí no me haga caso?". "Cosas de mujeres", me respondió. Nos agradó tanto el lugar que volvimos a esa zona.

Una vez que regresamos a aquel lugar había mujeres mucho más guapas. Llegamos con la finalidad de que uno de los compañeros de trabajo tuviera acceso a los placeres carnales de una de las prostitutas, y quería que yo le ayudase a elegir debido a mi vasta experiencia con prostitutas. Le elegí una mujer que tenía una sonrisa sincera, agradable, y veía directamente a los ojos, eso me externó confianza, y él no se arrepintió.

Mientras yo esperaba a mi compañero en un salón del local, una pareja de mujeres, una de ellas joven y la otra de edad madura, pero las dos hermosas, estaban sentadas en un gabinete departiendo con un joven muy embriagado. La mujer madura me invitó a sentarme a su lado, lo cual hice. Lo primero que me preguntó fue si el ebrio le había faltado el respeto al tomarla del seno, a lo cual yo dije que sí, pues el respeto no conoce límites y es igual en todas las personas; nadie tiene el derecho de faltarle el respeto a otra persona, sin importar la profesión. Ella respondió de manera cordial que yo sí era galante y respetuoso antes que nada, entonces le dijo al parroquiano: "Mira, idiota, el hecho de que nos invites una bebida no te da derecho de tomarnos los senos. Observa, dijo dirigiéndose a mí. Tómame el seno, por favor, si eres tan amable". Le correspondí diciendo: "Es un privilegio para mí sentir uno de esos senos, que son frutos de leche que en la primavera el verso prepara, así como el rocío de la mañana anuncia la llegada del Sol...". Ella quedó maravillada por la improvisación de esos versos y el interlocutor que le faltó el respeto sólo mascculló palabras. Ahora me encontraba conversando con una mujer muy bella, de tez lozana, muy blanca, con ojos azules y alta. Creo que le gustó mi manera muy natural de enaltecer la poesía y la vida bohemia en un sitio en donde la gente sólo iba a alcoholizarse, embrutecer y acosar libremente a las bailarinas. Creo que la mujer joven tuvo gran simpatía por mí. A ella la vi en una visita posterior y estaba departiendo con otro parroquiano, pero no tuve la perspicacia ni la sutileza de esperarle y entablar una conversación con ella. En verdad me arrepentí de no poder relacionarme en ese momento de soledad con "MF"; ya nunca más le vi, pero siempre estuve pensando en su sonrisa maravillosa y en sus ojos de mar turquesa.

Verdaderamente, no quería volver a ese tipo de sitios, pero la soledad y la oportunidad confluyeron y luego de un tiempo asistí a esos clubes, a la vez que tenía citas con mujeres que conocía en sitios de internet. De hecho, remodelaron, quedó totalmente diferente, el sitio en el que visité a la bailarina que referí cuando aún estaba casado. De tener una apariencia antigua de *moulin rouge* con colores ámbar, penumbras y moblaje antiguo, pasó a ser un sitio de dos niveles, con pasarelas y varias pistas, cubículos, cuartos privados y un hotel contiguo para visitas con las bailarinas. En lo particular, yo adoro los sitios que no son homogéneos y que tienen sitios ambiguos y disímbolos. Una de las experiencias que más me agradaron allí fue cuando vi en una pista pequeña, en un tubo, sola, sin espectadores, a una bellísima mujer de frente amplia, nariz fina, piel tersa y cuerpo menudo. Ella estaba de cabeza en el tubo y mientras me hablaba decidí también ponerme de cabeza para estar a su nivel, lo cual se le hizo muy gracioso. Mientras eso hacía, tomé un billete con mis labios y se lo puse en los suyos, lo cual también le pareció muy gracioso. De hecho, siempre les doy el dinero de una forma discreta para que ellas no se sientan humilladas, y procuro hacerlo de forma creativa; en este caso me puse de cabeza y así entablamos una conversación mundana. Le caí muy bien y me invitó no al hotel, sino al privado. Le ayudé a incorporarse y con una toalla pequeña adjunta al tubo le enjugué el sudor con delicadeza mientras le ayudaba a bajar de la plataforma. Cuando se acercó a mí me dio cumplidos acerca de mi perfume.

El privado se encontraba en el segundo nivel. Para acudir allí se necesitaba subir las escaleras y caminar por un pasillo que bordeaba los gabinetes; en el medio, de forma diagonal, se bifurcaba otro pasillo y a medio camino, antes de llegar al otro extremo del salón, se interrumpía por el privado: un cuarto revestido de espejos y una puerta grande de espejo también. Entramos y ella se subió a una plataforma y bailó a mi alrededor; subía y se ponía en cuclillas, con las piernas expandidas, y luego se tomaba de la base del pelo para mecérselo y alborotarlo sobre su cara. Posteriormente comenzó a frotar sus glúteos en mi zona púbica y, evidentemente, me excité; ella también. Fue tanto el éxtasis que le tomé de los glúteos y luego, con sutileza, deslicé mis dedos en su vagina, acariciándole la vulva y los labios; ella accedió. Luego se bajó la pequeña tanga a modo de que me abriese la bragueta y la penetrara. De allí tuve que ir rápido por un condón para continuar la relación. Ver el espectáculo a nuestros pies desde el piso de cristal ahumado y copular viendo el espectáculo a nuestros pies fue fabuloso. Ella estaba temerosa porque no estaba permitido tener relaciones en el lugar destinado para bailes privados. Creo que la prohibición le excitaba, como a mí. Estaba a punto de eyacular cuando ella se asustó al creer que alguien venía al cuarto, pero fue un ruido de otro cuarto enfrente del privado. Ella entonces se incorporó y ya no pudimos consumar el acto sexual. Sin embargo, fue maravilloso hacerlo allí, en ese sitio surrealista, en lo elevado, en un cubo de espejos, en un pequeño paraíso en las alturas.

En otro sitio de menor categoría vi a una mujer que era atractiva, pero un poco vulgar en su forma de ser. En esa ocasión tuvimos relaciones justo en el cuarto donde no llevé a mi compañera de trabajo; era un pequeño cuarto improvisado que más bien parecía extraído de un cuento de los hermanos Grimm. Ella tenía deseos extremos, como que le lamiera su ano, pero eso no me atraía en absoluto. Después de la relación mantuvimos contacto telefónico y me pidió que la llevase a cenar. Ella salió del sitio con su atuendo de exótica y en la calle se fue despojando de la extensión del cabello, las plataformas y algunos más atuendos. Eso me causó gracia. Lo que en verdad no me divirtió demasiado fue que, cuando la llevé a un bar de buena categoría, ella se sentó y pidió comida y bebidas; mientras que llegaban los aperitivos, tomó una pequeña taza que contenía verduras curtidas. La taza tenía una boquilla acanalada por donde se deslizaban los vegetales a manera de facilitar el verterlos en los platillos. Ante mi sorpresa, ella inclinó la taza en su boca para succionar tanto el curtido como los vegetales. Mi vergüenza fue mayúscula, aunque, por fortuna, nadie atisbó en ello, pues el salón del bar estaba casi en penumbra. Ella terminó con los vegetales en un santiamén. De allí fuimos a un hotel y terminó dormida. La dejé allí, pues creo que tenía no sólo una inestabilidad emocional, sino también de modales.

La otra persona con la que me relacioné fue una hermosa mujer que, en contraste, tenía una dicción y una educación autodidacta muy formal; era dulce y sensata, pero muy pragmática y ambiciosa con el dinero. La conocí justo en el sitio donde vi a la mujer que bailaba en el tubo y con la que acudí al privado. La cara de esta nueva mujer, un poco morena, contrastaba con sus ojos azules y unas pequillas le recubrían de manera coqueta la nariz y la frente. Ella mantenía una relación patológica con un tipo de la ciudad de donde era. Recuerdo que en cierta ocasión me pidió que la llevase a un pueblecillo cercano, en el cual vivía mi hermana, y ella llevaría a otras amigas de oficio. El domingo por la mañana fuimos al pueblo en un auto con un reproductor de películas integrado; allí vimos videos y la película de Drácula clásica. Le pregunté a mi hermana si podía visitarle y llevarle unos libros que requería, también le anticipé que llevaría a unas amistades, a lo cual asintió con gusto. Al llegar con mis amigas, quienes no llevaban atuendos vulgares ni sugerentes, mi hermana sospechó qué tipo de mujeres eran, lo pude adivinar en su mirada condenatoria. La relación con aquella mujer fue pragmática; era un poco de amistad. En una noche que pasamos juntos me comentó que de niña tuvo que dejar la educación primaria y conseguirse sus propios insumos; la inundaba de tristeza el no ser capaz de cumplir su deseo de casarse de blanco y tener una bella boda. Llegó a tener un negocio de ropa que, por azares del destino, perdió. Ella era una extraordinaria administradora, así como fría y calculadora con el dinero. Al final tuvimos ciertas desavenencias y opté por no visitar más esos clubes... por lo menos por un buen tiempo. Tiempo después esta mujer se contactó conmigo mediante Facebook y lucía totalmente diferente. Se había casado, aunque nunca cumplió su deseo del vestido blanco. Abrió un negocio de seguros con sus ahorros, no obstante, la crisis que pegó en ese rubro terminó por llevar el negocio a la quiebra y, al parecer, terminó como empleada de una compañía de paneles solares.

Después de aquellas visitas a clubes nocturnos decidí que sólo tendría relaciones con mujeres que conociere en sitios de internet. Recuerdo a una mujer muy bonita, de elegancia muy amena (la elegancia me atrapa sobremanera) y, aunque no tenía muchos recursos, era muy agradable y simpática. Con ella vi ópera en el cine, películas de cine independiente, íbamos a sitios de música de protesta (peñas) y a bares con música en vivo. Ella gustaba del buen jazz y de melodías de todo tipo de cultura popular; también le encantaba el cine francés. Aunque congeniábamos en todo eso, e incluso nos encantaba la poesía, los gatos y era vegetariana, la relación no se pudo consumar. Ella era sobria en su proceder y pecaba un poco de circunspección. Corté la relación, pero después de un tiempo me mandó un correo, diciéndome que tenía sentimientos muy bellos hacia mí y que me extrañaba mucho. Durante el tiempo que nos vimos, ella tenía a una hermana muy grave de cáncer; creo que eso la hizo volver a su ciudad, donde conoció a una persona bonachona y de mucho sobrepeso con quien, creo, tiene una relación marital. Se cambió de nombre en redes sociales y de allí ya no supe nada de ella. Ella tenía prejuicios sexuales y, sobre todo, un gran pavor hacia el sexo oral, pues temía que le mordiese la vulva.

Recuerdo a otra mujer con la que tuve una fugaz cita de unas horas. Nos escribimos y fui por ella a su casa. Tenía una discapacidad al padecer de poliomielitis y, por lo tanto, bajo autoestima. Comencé a comentarle cosas sensuales y poéticas y quedó prendida. Me dijo que quería que se las repitiese en un sitio privado; sé lo que quería decir. Besaba de manera exquisita y antes de entrar al hotel nos excitamos. Toda la relación estuvo magnífica, a excepción de que no tenía higiene en la vagina; al darle sexo oral percibí un olor a orina, lo cual desmotivó mi impulso sexual. Apenas pude terminar. A ella ya no la vi más.

Hubo mujeres temerosas que llevaban a su hermana, o bien, a una amiga para saber si me aprobaban. Sí me incomodaba esa situación, pero terminaba siendo lo más amable, ocurrente e ingenioso posible. Una de ellas era una cristiana a la que no fue difícil comenzar a besar; le encantaba besar. Tomó mucho tiempo para que pudiera entrar a su casa, y ya allí la besé y excité, pero esto no dio pauta para una relación sexual. Al final sólo la seduje desnudando su torso y acariciando y besando sus senos. No obstante, su inclinación religiosa la disponía como aburrida y pasiva. Dejé todo tipo de contacto con ella. La amiga que asistió en la primera cita comenzó a buscarme cuando supo que se terminó la relación, pero, por desgracia, ella era muy pragmática y teníamos muchas diferencias políticas. Pese a tales divergencias, siguió insistiendo en salir conmigo, pero yo mejor corté tal relación, pues las incompatibilidades eran demasiadas. Decidí ya no hablarle más.

En cierta ocasión visité a una mujer en sus cuarentas que me invitó a cenar a su casa. Cuando llegué, la casa estaba inundada y yo, con buena disposición, limpié el agua con un jalador y una escoba. Ella quedó complacida y fuimos a cenar a un sitio de la calle. Al término de la velada se acercó para despedirse y darme un abrazo cálido; además, para mi sorpresa, me plantó un delicioso beso en la boca. El beso es un acto de preámbulo sexual y la puerta no sólo para una honda amistad, sino también una invitación a la intimidad. Al día siguiente la visité: fuimos ella, sus hijos y yo a ver una película. Después regresamos a su casa luego de una agradable convivencia. Al regresar vimos la televisión; más tarde, la niña pequeña fue a dormir y luego de dos horas hizo lo propio su hijo adolescente. Entonces sabía que comenzaría el preámbulo sexual de besos, y así lo hicimos, pero luego de un momento se levantó y me mandó llamar, diciendo que aflojara el foco para que su hijo, de llegar, no nos sorprendiese prendiendo la luz. Entonces, en la penumbra sentí su boca, labios y lengua. Conocía la seducción con los labios y la lengua, así que pasé mis labios sobre su cuello, orejas y labio superior de manera gradual y lenta. Después de un momento tomó mi mano y la puso sobre sus senos, así que procedí a lamerlos y besarlos, entonces se incorporó y me llevó a su recámara, donde la desnudé y comencé a besar y acariciar todo su cuerpo. A ella no le habría importado que no usase condón, pero ya no quería otra experiencia agria. Ella estaba ligeramente excedida de peso, pero era muy bonita y simpática. Tuvimos dos relaciones, pero algo más no me excitó y dejé de visitarle. Ella pudo ser la mujer dulce, ideal y tierna que yo siempre deseé en muchas añoranzas. Yo fui el responsable de no continuar lo que pudo ser una bella y modesta relación sin tanto conflicto.

En dos citas que tuve con dos mujeres distinta no tuve el valor de rechazarlas. Eran estadounidenses. Una de ellas me llevó a ver un juego de beisbol y en verdad lo disfruté; pese a que practiqué ese deporte en mi niñez nunca había presenciado juego alguno. Quizá su carácter demasiado pasivo y sin mucha actividad fue lo que no permitió que continuara la relación. La otra mujer era una conductora de autobús que quería radicar en la ciudad en la cual yo residía; al parecer le simpaticé bastante, pero fui yo el que no la apreció bien. Curiosamente, en una ocasión en que asistió al sanitario, ella me encargó a su dócil perro golden retriever, a quien le di un paseo y durante el cual hubo más de una mujer que comenzó a hacer plática conmigo usando de excusa al canino. Leí que una persona que posee un perro es alguien tierno que potencialmente aboga por el cuidado de los hijos, además, los perros reflejan la posible potencialidad paternal en uno. A ella también la terminé rechazando.

Dos relaciones que me llamaron mucho la atención se suscitaron a lo largo de un año. "A" era descendiente de dos culturas distintas, rara, al parecer inteligente para las matemáticas y supuse que daba clases de esta materia como un recurso extra. Tenía una mente conservadora y disfrutaba mucho de fumar marihuana e ir a bares. El día que nos conocimos ella llevaba un vestido largo tipo hindú y unas sandalias muy coloridas. Siempre me han atraído las mujeres con este tipo de faldas largas, pues, quizá, reflejan sencillez. Al despedirnos nos dimos un abrazo muy cálido y estrujador. Después de una hora me dijo que le caí muy bien, pero que deseó que aquel abrazo fuera más que eso. En efecto, anhelaba un beso. Posteriormente tuvimos una cita y decidimos ir a jugar billar a un bar que se ubicaba en la playa. Ella era indudablemente una cliente asidua en los bares, ya que jugaba muy bien billar. Al parecer conocía a todos los parroquianos, y algunos de ellos me miraban con furtivismo. Comenzó jugando y excitándose con ello. En verdad tenía mucho tiempo que no jugaba, pero después de un momento afilé mi puntería y sagacidad y le terminé ganando los tres últimos juegos. Después de allí asistimos al malecón para ver la puesta de Sol. Fue muy romántico, espectacular y nos besamos con calidez. La tarde finalizó cuando la llevé a su casa y me pidió que me apeara para conversar. Más que conversar, cachondeamos de forma muy sensual, con besos muy intensos, por más de una hora. Ella se encontraba indecisa acerca de ir a un hotel. Finalmente, no lo hicimos y decidimos mejor que fuese a su casa y le dejase allí porque necesitaba su dote de yerba para fumar, amén de que no quería ir a un hotel para tener relaciones, pues aún no era el momento apropiado. Después de dos horas de dejarle me mandó un mensaje, aduciendo que nada podía surgir entre nosotros por la diferencia de 20 años. Dijo que nuestra relación no podría fructificar. Ese hecho me deprimió mucho luego de ver la compatibilidad entre los dos.

Al día siguiente, como si nada hubiere ocurrido, "A" me volvió a llamar para que saliéramos a algún sitio interesante. Así se mantuvo la relación e incluso llegó a visitar mi apartamento y entró a mi recámara, donde se maravilló por los ornatos y los libros. El sitio en que vivía le parecía muy grato. Los dos yacíamos sobre la cama y ella estaba bebiendo cervezas oscuras, sus favoritas. En cierto momento comencé a besarla y acariciar su mentón y cuello. Seguí besándola y la desvestí de la blusa y el vestido, pero me volvió a decir que esperáramos hasta el momento preciso, como en el malecón. También quería que viviéramos juntos. Tal evento de incitación sexual no consumada me recordó la película *Ese oscuro objeto del deseo* de Luis Buñuel, ya que yacía como víctima de mi bergante lujuria.

Con un exabrupto, "A" saboteó un viaje que haríamos a la ciudad del otro lado de la frontera en un lunes: de nueva cuenta dijo que la relación no tenía un buen futuro. El mismo día me preguntó de nueva cuenta si el viaje aún estaba en pie. Finalmente decidimos ir y fue una bella excursión que inició en la mañana con un buen desayuno; luego llegamos a un restaurante que tenía alberca en la playa y dentro de sus instalaciones. "A" tomó varias latas de cerveza y me instigó a que compitiéramos en diversas actividades deportivas. Ella era muy hiperactiva, pero intuí que también era muy temperamental; en cierta ocasión, "A" me dijo que golpeó a uno de sus novios. Era muy alta, casi de mi estatura. Me dijo que estaba muy contenta compartiendo conmigo todo tipo de actividades. Aquel fue un día intenso lleno de actividades recreativas y experiencias.

La noche se cernía y, al regresar de nueva cuenta a nuestra ciudad, recatamos en una feria con juegos mecánicos y otros de azar. Fuimos a un juego en el cual dos personas se sientan en gabinetes consecutivos, cada uno con dos asientos y asegurados con una barra que embonaba y se cerraba a guisa de candado cuando se le hacía caer sobre el otro extremo del asiento; todo conformaba una rueda que giraba y se inclinaba concéntricamente mientras daba vueltas. Como yo estaba en el extremo, "A" se empecinó en empujarme hacia afuera y yo la tuve que contener. Fue un eterno sufrimiento... de dos o tres minutos. Quizá quería someterme de manera soterrada. Después fuimos al juego de los dardos; teníamos que reventar globos dispuestos a cuatro metros de distancia. Se tiraban tres dardos consecutivos y, si se reventaban tres globos, se obtenía un premio. Recuerdo que siendo beisbolista, de niño, aprendí a lanzar dardos con efectos de movimiento giratorio, como el del desatornillador o desarmador. Además, aprendí cómo lanzarlos no en línea recta, sino en curva o con otros efectos. Gané el premio, pero ya no me dejaron jugar más.

Hacia el final del día, "A" me preguntó si podíamos ir a una habitación a consumar la relación. La llevé a un motel de lujo; ella quedó maravillada por la enorme cama y las luces múltiples, que podían disminuir su intensidad. Conforme se aproximaba al baño, "A" se fue despojando de la ropa; comenzó bañarse y me invitó a ir a la regadera. Sólo dos mujeres han hecho esto conmigo. El acto de invitar al baño a la pareja es uno de bella intimidad que no todas las mujeres hacen, ya sea por convicción de intimidad o por una íntima acción de sellar la relación. Esa fue la primera vez que veía desnuda a "A". Su cuerpo era muy bello y me abrazó debajo del agua tibia; entonces me dijo que la fornicase en la regadera, pero como era muy alta y mi anatomía no daba para hacer bien el amor así, además de que no teníamos protección, desistimos de hacerlo. Tuve en la cama muchas relaciones con ella. En realidad, "A" no tenía mucha creatividad sexual y terminaba siendo muy pasiva, quizá porque quería tener un hijo conmigo. Después de esa noche jamás la volví a ver. Ella era muy temperamental y volátil de carácter; al parecer, sufría de una severa bipolaridad. Posteriormente, me inundó con mensajes llenos de improperios e insultos, e incluso me llamó gay con regularidad. El rechazo, tal como pasó con mi ex y otras parejas, la hirió sobremanera.

También estuve con una mujer problemática que viajó desde el otro extremo del continente a mi ciudad. Mis conversaciones, ocurrencias y romanticismo le atrajeron. En más de una ocasión le motivé a hacer sexo por teléfono y tuvo más de un orgasmo. Era una relación basada en una cita a ciegas. Cuando ella llegó a mi ciudad me decepcionó porque no sabía besar, era caprichosa y quería que tuviéramos, sin recato, exhibiciones en público bastante eróticas. Asimismo, deseaba febrilmente tener un hijo conmigo. Convivimos por diez días. Fuimos a museos y otros sitios de interés. Como algunas otras parejas, esta mujer dejó, como la marca territorial de un animal en celo, una prenda íntima escondida en mi recámara, a fin de que otra mujer la encontrase. Tuve esporádicas conversaciones con ella por un buen tiempo hasta que nos distanciamos.

Otra relación que sobresalió se dio con una persona de la misma latitud que la anterior, pero de diferente país. Era una persona muy alegre, pero su vida, poco estable. En el primer encuentro que tuvimos pasé por ella y la llevé a desayunar, un domingo, a un restaurante local muy concurrido. Después de ese encuentro fuimos a la misma ciudad a donde llevé a la mujer bipolar y quedó fascinada por el lugar y la comida. Ya en la playa comencé a besarla; era muy tierna en sus besos, así como intensa. En un estacionamiento se volvió más intenso el besuqueo y comencé a excitarle introduciendo mi mano en su ropa interior, en su vagina. La excité al punto en que acordamos ir a un hotel. Ya en el hotel le besé todo el cuerpo y sus senos no muy grandes, aunque firmes y bellos. Quedó excitada con el sexo oral. Durante la penetración tuve problemas por su vagina tremendamente estrecha.

Es de destacar que, cuando recogía a esta mujer en su trabajo, me excitaba verle en su uniforme y en el auto despojarle lentamente de él; ella era una seductiva cómplice que me ayudaba en dicha tarea. También me encantaba que no tenía recato en un lugar resguardado en la arbolada de un vecindario, donde, sin transeúntes y en el seno de la noche, le besaba el cuerpo y le daba sexo oral. Ella quedaba extasiada. Muchas veces nos besamos, desnudamos e hicimos el amor en el auto. Ella vivía en la casa de su hija, mas ésta tuvo una crisis marital tan grave que llegó al filo de la separación y el divorcio. Ella no tuvo otra opción más que mudarse, lo que término una relación más para mí.

Para ese entonces había perdido la fe en el amor y en relación perene alguna. Entonces llegó una mujer delgada que conocí por internet. En conversaciones vía celular compartimos, sobre todo, nuestros gustos románticos. Debido a nuestra conversación sutil e interminable decidí ir a conocerla a la misma ciudad en donde mi hermana radica. Cuando la vi, le di muchos obsequios y un abrazo muy cálido. Fuimos a desayunar y pasamos un momento muy agradable, luego decidimos dar un paseo y platicar, pero en realidad no había sitios para tener un espacio solos. Decidimos ir a un estacionamiento y comenzamos a besarnos. Ella besaba muy intensamente y comencé a tocarle los senos pequeños, pero excitantes, y su cuello. Entonces me pidió ir a un sitio privado. Llegamos a un hotel, donde comencé a desnudarle y besarle las manos y las piernas. Había aprendido muchas cosas excitantes, las cuales puse en boga, pero, para mi sorpresa, la excité con sexo oral y creí que eso era suficiente. Sin embargo, esta mujer divorciada, traicionada por su marido, aparentemente sumisa y pasiva, tenía una gran imaginación sexual y gustaba de emplear diferentes posiciones sexuales. Cuando inquirí si le gustaba la manera en que le daba sexo oral me dijo que sí, pero que había más maneras de explorar que nos estaban esperando. En verdad fue un encuentro muy sublime y, aunque no tenía un cuerpo espectacular, la manera en que procedió sexualmente fue sorpresiva y fantástica. Ella fue una de las parejas con las que he tenido relaciones sexuales en extremo placenteras. Posterior a nuestra segunda relación, me molestó que en lugar de hablar cosas que nos involucrasen se puso a enviar mensajes en el celular. Yo siempre me fijo en las acciones y esta no era la excepción. Eso habló de la poca seriedad que tenía en la relación, pese a que en verdad ya no creo en el amor. Esa fue mi relación más intensa y la última que tuve.

Mantuve una relación semejante a la anterior con otra mujer, sólo que ella era muy fría, egoísta y casi nunca posaba la vista en mis ojos. Sólo tuvimos una relación sexual; ella la propuso, pero fue una relación desangelada, sin conexión alguna, en la cual le di todo el placer que pude. Ella roció de líquido vaginal la cama y tuvo múltiples orgasmos, pero yo quedé en segundo plano y me pescó cuando me estaba retirando. Fue algo parecido a lo que tuve con "A", así que salí de esa relación. Esa mujer me llamó en alguna ocasión e intentó tener contacto digital, pero terminé definitivamente esa relación. No todo es sexo, y hacerlo sin una conexión es ver al sexo crudo y sin pasión, lo cual exhibe, incluso, una suerte de asco.

Una relación que nunca se consumó, pero quizá sirvió como ilusión y escape, ocurrió con una mujer libanesa, esposa del dueño de un restaurante para el cual trabajaba. Ella vio algo en mí que le atrajo; quizá fue mi forma de ser en conjunto con mi manera de conducirme, vestir y hablar. Su esposo era un poco nervioso e impasible, pero muy noble. Él era también de ascendencia libanesa. Yo fui uno de sus primeros empleados cuando abrieron su local. Con el paso del tiempo, ella comenzó a llevarme los nuevos guisos que hacía e incluso me preparaba emparedados especiales. Su atracción por mí se reforzó más cuando supo que no escuchaba las mismas melodías populares y vulgares que los cocineros; a mí me gustaba el rock suave y las melodías americanas de tiempos pasados. Noté que aquella señora me hacía mucha plática, pero nunca quise consumar nada, pese a que ella era hermosa. Discutía mucho en su lengua con su marido por desavenencias en la forma de llevar el registro de las cuentas y la caja. En cierta ocasión el dueño me abordó, inquiriéndome si era yo casado o tenía novia. Le respondí que no era casado, sólo eso, sin embargo, vi su impasividad y mejor le mentí después; le dije que tenía novia. Él quedó más tranquilo y su esposa dejó de hacerme más platillos. Decidí no enmarañarme en ese tipo de situaciones, aunque los coqueteos de la señora alimentaron mi autoestima.

Tuve una relación a distancia, la más larga, durante 14 años. Con esta mujer rompí dos veces, pero he vuelto con ella. Creo que fue igual a lo que tuve "L", mi pareja más intensa y sublime en cuanto a experiencias. Es la única relación que he omitido.

Mi conclusión es que los impulsos sexuales y culturales, así como los estereotipos y las referencias de género, sexo, educación sexual y familiar, nos erigen un cúmulo de mentiras, mitos y falsedades que sólo he descubierto al experimentar, pues soy un eterno buscador de amor, afecto y espiritualidad; es casi imposible encontrar lo primero, y aún más compaginarlo con lo segundo y lo tercero. La libertad de romper con preconcepciones y convencionalismos culturales me han llevado a descubrir las partes recónditas, ocultas por construcciones culturales, del verdadero ser humano en su bonhomía. No me arrepiento de mucho y estoy contento y agradecido con los momentos más sublimes y bellos de las múltiples relaciones, a veces simultáneas, que he tenido. Reflexionar sobre las construcciones culturales en nuestro inconsciente sexual y asumir esa realidad nos da la pauta para superarlas y afrontarlas sin tapujos ni hipocresía.

Que este libro sea una obra abierta de mi alma y mente y que la mujer se interne en la mente de un hombre mujeriego, de un mujeriego en potencia. Este libro es resultado de una labor de más de dos años y se irá perfeccionando y reeditando, agregando más anécdotas, remembranzas y reflexiones. Mis agradecimientos para las mujeres que me criaron, que confiaron en mí y que me ayudaron a escribir este libro.

SEGUNDA SECCIÓN
LAS MÚLTIPLES CARAS DE EVA

Capítulo I

Mujer y educación

Ciertamente, la mujer ha sido la responsable de más del 80% de mi educación, comenzando por mi abuela materna y mi madre; de eso ya hablé. Las profesoras que más recuerdo que influyeron en mi educación se relacionan, más que nada, con la educación secundaria. Una maestra de izquierda me instruyó acerca del origen de las clases sociales, de la no existencia de Dios y de la lucha de clases. Es curioso que otra maestra, la de educación cívica, me mantuvo siempre al margen de la educación por rebelarme ante ella. Esa maestra bajó mi autoestima y abusó de mi intelecto, pues lo transgredió al bajarme mi autoestima, pero a la vez sembró un dejo de venganza, un resentimiento que contribuyó de manera inconsciente a proyectarlo contra aquella mujer u autoridad con quien yo no coincidiere. No obstante, paradójicamente, tal maestra decía de manera seria que los talleres de la secundaria eran la educación del pobre que no podía alcanzar la educación profesional. Algo totalmente cierto, pero que venía de una persona con rencores sociales, de izquierda, misógina —como muchos de izquierda— y que detestaba los cambios sociales no económicos. La maestra de deportes me enseñó, de manera indirecta, a competir; aunque su intención no fue lo metódico, a través de lo que hizo pude competir y perfeccionar mi forma de trabajar al ganar varias competencias en toda la escuela.

En la preparatoria hubo algunas maestras que me ayudaron en mi aprendizaje, o bien, en mi perseverancia. La maestra de geografía tenía muy buenas intenciones y me dio la confianza suficiente para sentirme igual que el maestro y ser un alumno humilde. La mejor maestra que he tenido fue una de inglés: por ella sé el idioma, gracias a su noble manera de enseñar. Esa maestra tenía un sistema singular de enseñanza: se instruía para enseñar, era crítica con los que no hablaban bien un lenguaje y me enseñó a escribir y analizar el inglés. Fueron casi cinco años de intenso aprendizaje. Aquella maestra tenía un sentido del humor harto singular; la persistencia y la repetición hacía que, sin notarlo, sus enseñanzas se engranaran en mi subconsciente y quedaran allí como un ramillete de conocimientos latentes, que explotaban en momentos precisos y sólo necesitaban ser detonados por alguna situación u acepción en relación con cada pieza de esos conocimientos. Más tarde, cuando di clases de inglés, esos conocimientos de mi maestra comenzaron a detonarse; fue entonces que la consciencia de la valía de la maestra, de su incidencia en mi conocimiento, quedó como "introyecto" en la inconsciencia de mi ser. ¿Cuántos conocimientos, cuánta educación repetitiva, en especial de las mujeres, no recibí? Uno mismo queda fustigado con la repetición, quizá, porque en respuesta se dispone de una barrera de resistencia ante la persistencia de una enseñanza. Esa barrera será en vano, pues el inconsciente la absorbe y la mantiene allí; bien pudiere ser un mecanismo de defensa. Todas las enseñanzas de mi exesposa y mis exnovias, a quienes, con base en críticas, malas decisiones y malas amistades, deseché y no hice caso... Ellas persistían en abrirme los ojos, pero yo estaba ensimismado, enfocado en un negocio o empresa, por lo tanto, hice caso omiso de sus consejos y críticas.

La visión periférica de la mujer contrasta con la mentalidad cazadora de uno mismo, la cual sólo se enfoca en cazar, es decir, en una sola cosa. He aprendido a escuchar a la mujer cuando es auténtica (que es la mayoría de las veces) y deja de imitar a los hombres. La mujer con olfato empresarial que imita al hombre es un desastre, pero la mujer que se enfoca en sus instintos resulta una gran empresaria. He atestiguado muchas mujeres dueñas de negocios que, sin ser presuntuosas, se enfocaban en lo importante. La mujer encuentra una ubicuidad tal que puede visualizar la totalidad de una situación determinada; tienen una visión periférica del todo. Por otra parte, los hombres nos fijamos sólo en una parte que nos llama la atención. Esa es la mejor enseñanza que he recibido de las mujeres.

Capítulo 2

Perspicacia y sagacidad

La mujer tiene una forma analítica y piensa con una lógica totalmente diferente a la del hombre. El hombre inventó la ley, pero la mujer la derruye con la conciliación. Mi madre era muy astuta y su perspectiva correspondía no a la de un animal depredador, sino a la de un recolector que no se enfoca en una sola cosa, a diferencia del hombre. La visión de la mujer va más allá de las leyes de enfoque, pues ve todo el panorama de la situación y puede tener una mejor perspectiva. Mi exesposa siempre me aconsejaba cambiar de objetivo cuando éste no era conveniente, sin embargo, yo no hacía más que enfocarme en una sola meta y no tomaba en cuenta lo que había afuera. Cometí muchos errores por esta disposición. Por ejemplo, en una ocasión me puse un reloj que una prostituta, la que llevé a conocer a mi hermana, me obsequió. Mi novia de ese entonces se percató del reloj y me lo hizo notar, pues supo que alguien me lo regaló… y no había sido un hombre. Hay regalos que la mujer hace al hombre; los relojes son unos de ellos, ya que posiblemente no lidian con tallas ni tamaños, sólo el estilo. Cuando ya se intima más, a nivel de esposa, se conocen mejor las tallas, gustos y preferencias de la pareja. Sólo cuando hay más intimidad, como en el matrimonio, es cuando la mujer compra ropa al hombre, pues es una especie de abarcar aún más la intimidad, envolviendo al hombre y dejando en él una huella mediante la vestimenta. En verdad que al hombre también le gusta vestir alguna prenda que la pareja le obsequió, pues es portar una parte de ella. No obstante, ocasionalmente, no hay compatibilidad entre hombre y mujer. Recuerdo que mi exesposa me regaló unos pantalones cargo de tipo pandillero, a los cuales les hallé un gusto. Por otro lado, también me obsequió una chaqueta de material sintético, color gris (me disgusta ese color), sin estética, lisa y obtusa. Nunca la vestí.

Como ya he dicho, mi madre trabajó por un tiempo como detective: averiguó una infidelidad de mi padre y lo confrontó cuando supo que andaba con su secretaria. De igual manera, mi madre pudo averiguar con documentos en mano el engaño del prometido de mi hermana y, una vez reunidas todas las pruebas, se las mostró. Quizá mi hermana se vio avasallada por la perspicacia de mi madre. A partir de saberse engañada le nació un resentimiento que no cesó ni siquiera con la muerte de nuestra mamá; a lo mejor tuvo que ver que mi madre era muy suspicaz y astuta, ya que ensombreció la timidez de mi hermana, ahora reducida a reproducir el burdo papel de progenitora perfecta. Eso era lo único que le quedaba ante la avasalladora personalidad de mi madre.

Mi madre podía darse el lujo de ser liberal, sardónica, sarcástica, muy buena cocinera y ama de casa. También crio a hijos que no le resultaron viciosos e hizo de la pobreza una virtud. Quizá el destino que le deparó a mi hermana fue una derrota moral inconmensurable. Sólo le quedó el refugio de su empleo y sus compañeros de trabajo, que nunca conocieron su lado oscuro. Como en la novela de *Doña Perfecta*, mi hermana era una mujer con una dicotomía, castrando su ser femenino y frustrada al no verse incapaz de proyectar su ser en una relación armónica. Ella me causó mucho daño y castró mis posibilidades de armonizar en el hogar; ahora bien visto es sólo la indiferencia ante su ser ya fenecido.

Lo que mi hermana hizo y no hizo quedó reducido a la nada ante la libertad y enseñanza que mi madre me proveyó. Se sintió sola, absorta, relegada de la familia en lo especial de mí y de mi exesposa. Sólo un momento sentí mucha compasión con ella, cuando mi ex y yo pasábamos por su ventana y la veíamos allí repantingada en el sofá durmiendo, enclenque, sola, ávida de compañía y, sin embargo, les hacía la vida difícil a las personas. Guardaba resentimiento a mucha gente: a mí, a mi madre en lo especial, pero deseaba su amor. Mi madre era incapaz de mostrar afecto físico, pero lo mostraba a su manera y me enseñó a hacerlo de la misma forma: mediante hechos. El amor afectivo forzado pierde espontaneidad y sentido.

Mi madre ya no siempre era ella: tenía una demencia senil que construía una barrera de comunicación. Era muy reservada con respecto a su vida privada y lo irónico es que construía una vida llena de recuerdos con base en mentiras; era mitómana y sustituía su intimidad real por una recreada. Considero es natural que todas las personas con una vida monótona y vacua intentan recrear un pasado basado en mentiras, o bien, verdades a medias. Mi hermana no era una excepción. Quizá ella siempre quiso luchar contra ese rechazo social en el cual no embonaba, pues era una solterona sin hijos que vio fracasado su proyecto de amor, un proyecto que ella erigió en una persona de la cual estaba enamorada; empero, mi madre, con su intuición y astucia, dilucidó la realidad: esa persona era un jefe de familia de cinco hijos y tenía una esposa, Mi hermana redirigió su frustración y decepción no en contra del personaje que la engañó, sino hacia la persona que le reveló la verdad. A partir de ese entonces, mi hermana renunció a la vida romántica; le parecía cursi, se burlaba, se enajenaba ella misma y de la realidad a la que le apostó alguna vez. Ella comenzó a amargarse, a guardar resentimiento contra mi madre, contra su misma familia, sobre todo contra mí. Irónicamente, mi hermana abogaba por la unión familiar, pero, a su manera, quiso ser la madre de nuestra familia y competir contra la verdadera.Debido al tiempo en que convivieron en la misma casa, mi hermana y mi madre chocaron a tal grado que la primera optó por salirse de la casa. Ella fue el segundo miembro de la familia en desmoronarse, y ya antes se le había enviado a otro país para olvidar. Eso la cambió de por vida.

Mi hermana vivía recluida sola en su departamento, pero invertía su tiempo libre en forzosamente convivir con la familia, pues no podía asumir su propia soledad. Arrastraba, en su desgracia, su obsesión de ver a la familia como personas que deberían estar juntos. No obstante, cada miembro de la familia se inmergía en su propia independencia. Por natural evolución, mis hermanos mayores se independizaron y yo cargué con el peso abrumador de mi hermana.

Durante la adolescencia, en medio de la confusión por la muerte de mi abuela, una pérdida de brújula existencial, estaba inmerso en los idealismos culturales que iba descubriendo, abrumado por una realidad monótona. Anhelaba salir de esa realidad e incluso no me identificaba con mi familia; la semilla de esa falta de identidad había germinado… y perduró. Mis padres eran los únicos miembros familiares por los que sentía afecto.

Mi hermana fue una de las pocas mujeres que he conocido con poca perspicacia, quizá porque siempre fue superada por la inteligencia de mi madre. Sólo contaba con el reconocimiento de sus compañeros de trabajo, ya que siempre fue una excelente trabajadora, pertinaz y disciplinada, pero eso era un escudo para tener una existencia artificiosa que le respaldase. De hecho, su realidad era una dicotomía que se debatía entre dos realidades artificiosas que se complementaban y que, por lo menos, le proveían consuelo.

En verdad tenía que haber desgracias para mi familia se uniera, como alguna enfermedad o accidente. Era irónico que tan sólo ese tipo de desgracias crearan cercanía y que en lo cotidiano nos tolerábamos de una manera diplomática y tensa.

Al final, mi hermana falleció sin tener consciencia de ella misma, pues alucinó a causa de los estragos del cáncer de la matriz. Resulta irónico que la desgracia de no ser capaz de concebir hijos le causó la muerte.

Capítulo 3

De rencillas y desavenencias

Las rencillas entre mujeres se hacen eternas; son pleitos en los que el perdón es muy difícil de conciliar. Por ejemplo, mi madre descubrió la gran farsa del prometido de mi hermana, pero esta última quiso vivir en la mentira y nunca perdonó a mi madre. Además, mi mamá tuvo un problema que nunca se solucionó con su cuñada, ni siquiera cuando ella murió. Mi abuela paterna odió a mi madre hasta su última exhalación por el hecho de ser madre soltera, y también terminó traicionando a su propia hija al acostarse con el esposo de ésta. Por último, en el aspecto laboral, muchos supervisoras no cejan en representar al fantasma negativo de la mujer, pues en los empleos se forman grupos y entre mujeres se aceptan o se excluyen.

La mujer es la primera que concilia y evita guerras, pero cuando se trata de guerras personales es muy perseverante y no cede hasta destruir al adversario. Tampoco perdona.

Capítulo 4

Dadme un punto de poder y traslocare al mundo

La mujer y el poder se combinan y se suscitan eventos irracionales. Esto ocurre especialmente cuando una mujer asume papeles machistas y los lleva al pie de la letra; se trata de una mujer que, con riqueza, humilla, denigra y se erige en un pedestal. A saber, mi cuñada, teniendo una vida cómoda, se aprovechó de la humilde situación de su hermana: la contrató de mucama y apenas le pagaba lo suficiente.

Por otro lado, he sido testigo de la capacidad de organización de la mujer cuando ella se despoja de la piel de lobo paternalista. Su visión periférica les provee una magnífica disposición para llevar al cabo buenos propósitos y dirigir negocios. Las dueñas de negocios que he conocido son muy disciplinadas, ahorrativas y excelentes administradoras. El capitalismo podría ser menos abyecto, cruel y perverso si las mujeres lo dirigieren con su naturaleza intrínseca de percepción femenina, la cual es más racional que la de los hombres. La mujer es más perspicaz y pragmática cuando no sigue las reglas paternalistas.

A saber de lo anterior, durante una campaña presidencial fui voluntario y la persona a cargo de toda la campaña en un sector, el más grande, fue una mujer. Ella delegaba todas las actividades e incluso cocinaba para todo el voluntariado. Al final, fui asignado en varias actividades acorde a las necesidades que iban surgiendo y ella estaba al tanto; yo sugería algunas más y así llevamos a buen término la campaña, lo cual resultó en favor del candidato que propugnamos. Fue una experiencia formidable y hubo una reunión breve en la casa humilde de la mujer a cargo para festejar. Tan humilde como fue ella, nunca le vi presunción alguna y siempre estuvo de todo corazón inmiscuida en el evento de votación, saludando a cada uno a su llegada para congratularse mutuamente. Todos la respetaban.

Capítulo 5

Los atuendos, el maquillaje y demás parafernalia

La mujer hace recurso de una infinidad de parafernalia para modificar, recrear y esconder su apariencia física. Las bailarinas exóticas hacen gala de las plataformas, pues, como Helen Fisher lo afirma en *La anatomía del amor*, los tacones elevan las pantorrillas y las hacen lucir más sensuales por cuanto, como lo afirmo en la sección de atracciones físicas y fisiológicas de la mujer, refuerzan la belleza de las piernas, que, a su vez, son el preámbulo del acercamiento hacia el pubis.

Me desalienta la atracción hacia las cejas artificiosas, es decir, depiladas. Las cejas delineadas artificialmente me parecen repugnantes.

Los sombreros son una manera de resaltar el rostro de forma, paradójicamente, discreta y refuerzan los peinados, el cual, a su vez, remarca el entorno del rostro. Un sombrero elegante o una gorra casual con una cola de caballo entremetida en la cintilla que cierne la cachucha es algo elegante y sensual. Los sombreros femeninos de alas son una manera noble de resaltar el rostro. Sin embargo, los bombines nunca me han gustado; no entiendo cómo pudieren ser atractivos en las "cholitas," mujeres indígenas del Perú, Bolivia y Ecuador.

Siento una fascinación por los uniformes, desde los de trabajo, enfermera, doctora, policía, militar, azafata y hasta mucama, que es el más excitante, convencionalmente.

Los sostenes son algo formidable, pues resaltan, proponen y sugieren un tamaño y una forma irreal de los senos, es decir, disponen los senos a la imaginación. Cualquier cosa que a la imaginación se le disponga para una recreación sensual será siempre una propuesta elocuente y excitante en el proceso sexual.

Capítulo 6

La agresión, la violencia de género y los deseos de venganza

La violencia no es sólo normal en el hombre y del hombre hacia la mujer, sino que es un acto hiriente que la mujer misma asume en la crianza de los seres más débiles a su cargo, los cuales van desde los hijos y los nietos hasta los pupilos y las mascotas.

Yo he sido continuo testigo de las amenazas violentas de las madres hacia los hijos y las he denunciado con vehemencia. Fui criado a punta de golpes, en ocasiones, y por ello comprendí a mi madre, pues así la criaron las monjas, mis tíos y mi abuela. He visto cómo algunas amas de casa golpean a mascotas e hijos, o sencillamente los amenazan de manera constante.

Pienso que, socialmente, el machismo es incitado, tolerado y solapado por la ama de casa. Yo me enconó cuando veo a una mujer golpeando a sus hijos o amenazándolos, pero también me irrita que solapen a los machos. Es indudable que la mujer tiene también, en buena parte, la responsabilidad de la crianza de machos. El macho se cría desde el hogar y no es forzoso que lo crie otro macho.

La violencia entre las mujeres es muy común. Recuerdo que en una sala de espera en la oficina de desempleo, una mujer alta y latina, que al parecer fue abofeteada por otra también muy alta, al salir de sus trámites, tomó venganza, regresando la bofetada a la agresora. Yo mismo he sido víctima de agresión femenina.

Una compañera de clase en la escuela secundaria golpeaba a mi mejor amigo y yo siempre la condené por ello. La violencia, pienso, oculta una serie de frustraciones de la mujer y proyecta inconscientemente, en muchas ocasiones, su impotencia social para afirmarse con una identidad propia.

Capítulo 7

Familia, hijos, codependencia y soledad

Carol Gilligan acertó a decir en su libro *Desde una voz diferente* que la mujer es como el Universo: se expande. La mujer se expande a través de establecer relaciones; establecer relaciones y lazos es la tendencia de la mujer, no limitar los mundos. Por otro lado, el hombre procura establecer límites; entonces limita los mundos y lo que le pertenece. El hombre es territorial y rompe así lazos. Sin embargo, la mujer se contradice al crear un punto de referencia de creación de lazos: la familia nuclear. La familia nuclear es la base existencial de toda mujer. El lazo de una mujer con sus hijos es incluso más importante que el de la familia nuclear, pues es la parte más existencial para la mujer.

Somos la única especia que cría hijos hasta más allá de la propia autosobrevivencia; somos la única especie que crea una naturaleza errada de ella misma y, además, la adoramos; somos la única especie en la cual la idea de familia nuclear ha alcanzado un pináculo existencial, cuya piedra angular es la mujer.

Les hemos creado una trampa a las mujeres: les hemos castrado su derecho a ser libres y asumir su soledad. Se adapta la libertad de la mujer con base en la familia nuclear y la codependencia con los hijos.

Capítulo 8

El poder de ser patrona (jefas, patronas y supervisoras en mi historia laboral)

Mi hermana fue la primera mujer con la que entablé una cruenta batalla y mi eterna rival con la que siempre tuve desavenencias. A veces procuraba ser diplomático con ella en aras de tener una tregua, pero sólo era una manera artificiosa de "llevar la fiesta en paz".

En la educación secundaria me topé con una maestra que me pidió hacer una pintura sin pagar el material, pues quería quedar bien con la otra escuela en la cual enseñaba. La educación era usada, irónicamente, como la vanguardia en contra de la educación. Se me educó para pintar y que mis aptitudes fueran usadas en contra del verdadero sentido de la educación. Mi madre le reclamó a la maestra el no remunerarme por el costo de los materiales, lo que provocó una batalla sangrienta entre las dos; yo quedé en el medio y a merced de la profesora, quien me reprobó en su materia. El destruirme era meterse con mi madre, vaya forma perversa de una mujer que estaba a cargo de educarme.

La mujer siempre buscará aliados, buscará esos lazos de los que hablé para mal, no para bien.

Mi madre me enseñó mucho de la mujer involuntariamente. La peor característica de la mujer es su denuedo y perseverancia en la lucha en contra del enemigo; no desisten tan fácilmente.

Capítulo 8

De las partes excitantes de la anatomía humana y la fisiología de la mujer en el buen sexo, así como los detonantes sensuales y sexuales

A muchos hombres nos excitan los glúteos de una mujer; quizá la razón sea antropológica: como primates copulábamos a las hembras por detrás, y un trasero voluptuoso es una manera fisiológica de incitar la copulación. Sin embargo, ya con la posición misionera, los senos y las piernas son partes que se han transformado en formas de atracción sexual.

Los muslos son el preámbulo natural para penetrar al pubis, por ende, al hablar de unas piernas bellas se emula más a los muslos que a las pantorrillas. La pantorrilla, pienso, funge como la demarcación de la forma elevada de las piernas. Unas piernas largas son más excitantes que las cortas, puesto que figuran tenazas atrayentes hacia el pubis. Evidentemente, un pubis rasurado es más sensual porque evidencia la vulva y los labios de la vagina. Una cintura delgada y el ombligo son el preámbulo de la vagina, en conjunto con las caderas. Ese conjunto de preámbulos, piernas, cintura, cadera y glúteos abultados en movimiento, procura aún más excitación.

Los senos grandes son relativos en ciertas personas; son tan sensuales y excitantes, para mí, que coadyuvaron en la excitación sexual que experimenté con una novia durante los cinco años que conviví con ella.

Un cuello largo es sensual también, quizá porque es la parte más evidente de una mujer, la cual es mordida antropológicamente por el hombre cuando copulaba por detrás a la mujer. Cuello y nuca son excitantes y los aretes destacan el cuello, al igual que las gargantillas. En los felinos y otros mamíferos se observa el mismo comportamiento.

Los labios son la parte del cuerpo más importante a lucir, pues representan el preámbulo del beso. El beso es la forma sexual más inmediata. El acto de besar en la boca detona a las hormonas y es la manera de incitar a una relación sexual. El que no sabe besar ignora cómo iniciar el preámbulo sexual. El beso francés es la variante más excitante y un pilar del acto sexual. Es muy difícil para mí tener relaciones sin besos de por medio. El beso es también una parte esencial en el voyerismo, pues incita a la imaginación y tiene una función pavloviana similar al reflejo condicional. Un beso no sólo consiste en uncir los labios en la boca, los labios en conjunto y la alternancia con la lengua son detonantes sexuales importantes. El labio superior de la mujer es una parte hipersensiblemente sexual. El beso es la forma sexual convencional y socialmente aceptada. Sin embargo, durante un tiempo estuvo prohibido mostrar en películas los besos; Buñuel casi nunca incluía los besos en sus películas, pues para él era pornografía y, en cierta forma, sí lo era. El beso es un símbolo del traspaso del umbral de la amistad al amasiato. Se dice que la diferencia entre el noviazgo y la amistad es la relación carnal, algo no del todo cierto, pero en gran parte sí lo es. El beso no lo permiten las prostitutas, pero cuando lo aceptas se establece una relación abierta no propiamente de noviazgo, sino una relación en la que ellas le abren las puertas a uno para un amasiato, aunque sea temporal. Ya relaté que salí con una mujer que evitaba el contacto corporal y se mantenía distante, aunque permitía que yo cumpliera fantasías sexuales con ella al darle placer. Ella necesitaba dinero y de manera subrepticia ofrecía relaciones sexuales, pero no permitía que la besaran. El beso es un preámbulo sexual, quizá el primero, por lo tanto, desde allí la lengua hurga y procura más placer, yendo por los labios y por el cuello.

Empero, la parte más detonante en el área de la cabeza son las orejas. Esa parte es muy incitante en las mujeres, y quienes dan cabida a jugar con las orejas detonan el placer en los senos, otra puerta que se abre para un placer sexual más intenso.

La incitación sexual puede venir desde la sensualidad, el cigarrillo, la goma de mascar, el sorber una bebida o incluso el comer de forma sensual. Fumar dispensa una manera de exhibir la sensualidad del cuerpo, pues las poses de los brazos, en alternancia con el cuerpo, al sostener un cigarrillo de manera caprichosa y atrayente procuran una manera de proyectar inconscientemente el placer de fumar. El sonido que emerge, como un chasquido apagado, al sorber el humo a partir de la fruición labial, en conjunción con la saliva, es semejante al mascar de la goma. El hecho de que una mujer exhale el humo hacia la cara de uno mismo es una manera juguetona y sensual de atraer, por lo que se usa el cigarrillo como una forma de herramienta para el propósito de un devaneo. La inclinación de la cabeza hacia arriba y con la mirada puesta hacia el interlocutor es una manera inconsciente de exhibir los pómulos y los labios. Quizá, de manera inconsciente, también el pitillo de un cigarro sea una excusa de simular una situación de felación. Cualquier movimiento de los labios, desde lanzar un beso hasta sorber o succionar, incitará sexualmente. Es curioso que la cortina de humo sea como la ropa, pues nos hace adivinar y sugiere los contornos de una cara detrás del humo. Sin embargo, no toda aquella mujer que fuma transmite su sensualidad. Resulta paradójico que no lo viera así con mi exesposa, de hecho, me molestaba la forma tosca en la que fumaba. Fumar con ansia, sin displicencia ni goce fino, cohíbe el deseo sexual en vez de incitarlo. Esto es sólo una ilusión inicial que se torna en algo no seductor, pues la realidad frontal del cigarrillo es que transforma la piel lozana y fresca en olivácea y desfallece su encanto inicial.

Capítulo 9

El pan nuestro de cada día

La comida es un aspecto fundamental en la vida de la mujer, es su desahogo, su panacea para diversos problemas cotidianos; le da sentido a parte a su vida mediante la creatividad de la cocina. Cabe mencionar que los programas matutinos en la televisión, aun en los canales culturales, estaban dedicados a la cocina. ¿Cuánta literatura no ha sido creada para la enseñanza cotidiana de la cocina? La cocina es, socialmente, la labor relegada a la mujer y con la cual ella se comunica, en cierta forma, con la familia. Resulta curioso que la cocina es una manera en la se corteja a la mujer; invitarla a un "café" o a un restaurante es quitarle la responsabilidad de cocinar y, por un instante, que sea ella la que goce de manjares elaborados por alguien más.

La comida también es una forma de compulsión con la cual una mujer manifiesta su frustración ante la impotencia de ser reconocida o amada por su pareja o los hijos; la comida es un método para transmitir cariño a los seres amados; la comida es el pretexto de reunión con la gente que se aprecia.

En los sitios de trabajo en los que he estado me gusta observar cómo las mujeres consumen la comida. El consumo impulsivo, pronto y sin recato por los protocolos sociales es muy común en la mujer. La gula es más común en la mujer que en el hombre.

Yo padezco de una compulsión al comer: no soporto ver migajas o sobras de pan regadas en la mesa. Tampoco gusto de ver los alimentos en desorden sobre la mesa, servilletas usadas o restos de comida esparcidos. Para comer preciso que esté todo en orden y que las cosas no estén disgregadas mientras consumo mis alimentos. De igual forma cocino: lavo los trastes que uso y regresó a su sitio las especias que empleo. Quizá por eso me llama la atención la manera en la que comen las mujeres.

La mujer disfruta de la comida tanto como un buen sexo y tanto como jugar juegos de azar. Quizá la comida sea un consuelo, un escape existencial.

Yo soy indiferente, más prudente y recatado, cuando se trata de comida. Casi en todas las citas que he tenido, las mujeres terminan mucho más pronto que yo, pues tiendo a conversar muy extensamente, lo cual les molesta. Lo cierto es que el hombre tiende a devorar todo lo que tenga enfrente, aunque sea con recato. La mujer, por el contrario, gusta de dejar un poco de comida, pero lo hace con una ansiedad extrema.

Haciendo memoria, mi exesposa comía aceleradamente y no guardaba las formas; "L" jugaba de forma divertida con la comida, diseccionaba cada platillo con su peculiar forma de comer con palillos chinos; "O", siendo alcohólica, deglutía con desenfado y glotonería lo que tuviere enfrente; "BL" comía con una ingenua y pueril manera, y mi hermana era de esas pocas personas que comían con reserva, muy discretamente y sin ser vista, pues su soledad, su resentimiento y su amargura las proyectaba en su forma de comer.

Capítulo 10

La vida es una ruleta...

Cuando llegué a Estados Unidos viví por un par de meses con unas amistades y su familia; allí aprendí que el juego de azar es una parte fundamental en la vida de las mujeres en este país. La excitación que produce el ganar un juego de azar es algo que suscita una emoción tan fuerte que puede resultar en una adicción.

Los casinos son centros de atracción inevitables, al igual que una discoteca. En los casinos las mujeres añoran la parafernalia, los ruidos, las alarmas y todo el conjunto de timbres, luces y ambiente de las máquinas tragamonedas, así como la esperanza de ganar.Los juegos de azar son una de las adicciones más funestas para la mujer y de las más misteriosas; es una adicción socialmente aceptada. Aun a sabiendas de que van a perder, aun a sabiendas de las pocas oportunidades de ganar, vuelven otra vez a ilusionarse, engañándose con una infinidad de excusas, tal como la ilusión de enamorarse de la persona errada.

La irrealidad de la esperanza es el idealismo que, como irrealidad, da pie a nuestra propia realidad transfigurada.

Capítulo 11

La pantalla de la ilusión...

Incluso teniendo en cuenta que no existe propiamente un príncipe azul, el romanticismo feudal se manifiesta galante de diferentes formas en la modernidad, sobre todo en el cine, y todavía más en la televisión. Las telenovelas y los shows de televisión cómicos, de misterio y de la vida cotidiana, al igual que los policiacos, generan una ilusión y son un escape de la audiencia.

He visto en mis actividades laborales cómo las mujeres de toda edad, incluso las jóvenes, se prenden de shows variados de televisión. La televisión es parte importante en la cotidianeidad de la mujer. La televisión abierta está cambiando a lo digital y las aplicaciones, pero los shows no varían. La esencia de esa pantalla refleja nuestro inconsciente, esa añoranza de la estabilidad, de lo inamovible, de lo cómodamente pasivo, de la familia nuclear hermética, aislada de la ayuda de otras familias, involucrada sólo en sí misma. Esa pantalla es la proyección de una realidad que no existe, de una realidad alternativa romántica a la que, pese a saberla imposible, la mujer se aferra. Quizá no nos quede otra alternativa que recrear esa ilusión imposible.

La imaginación de la mujer, en mi experiencia, no se enfoca tanto en lo material, la riqueza, el poder y el dinero, como la del hombre. El deseo de posesión de riqueza no lo ven de la misma manera que el hombre.

La ilusión de la mujer es la capacidad de afirmar su género tan negado en la historia. La riqueza y lo material lo emplea para afianzar y mantener en armonía a sus seres queridos, en especial a la familia nuclear, a los hijos. La ilusión se configura con base en protocolos, ceremonias, parafernalias y demás ornatos vitales en la mujer.

Son tantas las ceremonias y protocolos que en verdad se olvida uno de la esencia de las cosas y situaciones. El hecho de maquillarse, adherir extensiones de pelo, pelucas, aretes, tatuajes, cirugías, fajas y lucir un atuendo variado también distorsionan la apariencia de la mujer, ocultando sus imperfecciones y resaltando sus virtudes. La apariencia es, ante todo, una mera ilusión que puede ser distorsionada. La mujer intenta crearse una constante ilusión de sí misma.

La inseguridad de la mujer es constante y eterna, y la apariencia es la referencia necesaria para afirmar su portento visual. La mujer es la más consciente de su imperfección y siempre tratará de ocultar sus defectos, por más bella que sea. Tal inseguridad interfiere con su actividad cotidiana, la sexual y espiritual. Curiosamente, muchas intelectuales asumen el constructo cultural de la veneración y el culto a la belleza, amén de que les cuesta trabajo deconstruirse y crear su propia identidad visual y apariencia física.

Me entristece que nuestra cultura dispongo sexo deviene todo de la imaginación, nada más. Me entristece que nuestra cultura coloque a la apariencia física como un elemento esencial en una relación íntima. Esa cultura ha hecho a la mujer codependiente de los deseos masculinos, y lo peor es que los asume como algo sano y normal. El culto a la apariencia física es la peor herencia que los hombres hemos heredado, impuesto e insertado en la mente de la mujer.

Capítulo 12

El placer de Morfeo en las reminiscencias de amores idos y otras mujeres incidentales y determinantes

Mis experiencias oníricas en relación con mujeres han sido variadas. Por supuesto, no todas las recuerdo. Mis sueños refieren no sólo a amantes, sino a mujeres determinantes en mi vida.

Es curioso que hace un día, cuando estaba dormitando después de no dormir las horas necesarias la noche anterior, me hundí en el placer somnoliento y tuve algunas alucinaciones hasta que me perdí en el sueño profundo. Por lo general llego a soñar muy seguido e incluso he tenido alucinaciones previas a algún evento de sonambulismo, de lo cual padezco y he sabido controlar. No obstante, a veces, dichas alucinaciones intentan emerger cuando estoy exhausto. Sucedió que en esa ocasión soñé a "BL", quien merodeaba por las calles imprecisas de algún lugar mezclado de barrios bajos de ciudades de mi país. Era, por cierto, de noche y ella vagaba con el pelo corto un tanto desaliñado, rubio y el rostro desencajado; se encontraba sentada en el vórtice de una acera. Cuando me acerqué me reconoció y comenzamos a conversar. Yo llevaba un gato pequeño en una toalla y, luego de conversar con ella, quise abrazarla y hacerle el amor. No obstante, con la vista baja aducía que no podía por su ciclo menstrual, muy severo en ese mes, al tiempo que, de forma simbólica, se abrazaba las rodillas, enquistándolas con los brazos a guisa de cerrar todo acceso a su vagina. Mientras eso acontecía, mi gato se extravió, por lo cual me angustié y procedí a buscarle. Entretanto, al virar, me percaté de que "BL" desaparecía de súbito, como engullida por una alcantarilla. Ella exclamó algo inaudible.

Ese es el segundo sueño que he tenido de "BL", y en las dos veces la he visto con una mente lúcida, sobria y solemne. Por alguna razón, no atisbaba su mirada en la mía: su mirar estaba perdido en su andar cabizbajo y patético.

Al morir mi abuela, una semana después, soñé que estábamos todos los familiares confluidos en derredor al ataúd, el cual estaba en una plataforma de tierra revestida de un fino césped. De pronto, mi abuela enderezó su torso desde adentro del ataúd, el cual contenía agua limpia, y, con un semblante de contento, viró hacia la multitud, la cual aplaudía el hecho de que reviviese. Yo en verdad no estaba feliz, pues sabía que iba a morir pronto de nuevo y que era fútil el hecho de revivir, pues sabía que su agonía sobrevendría de nueva cuenta, por lo cual miraba con atención a mi madre con un semblante alicaído profundo.

Similar experiencia tuve en otro evento onírico, pero esa vez no fue al aire libre, sino en un clóset empotrado en la recámara en la cual ella murió. Mi sueño consistió en que yo me adentraba en sus aposentos y oía su voz musitada… me llamaba. Al internarme en el closet vi en la penumbra un esqueleto en una silla de ruedas, quien me solicitaba. Era mi madre. Me pidió que le ayudara a saber por qué le dolía la parte inferior izquierda de la espalda, en la zona del riñón. De manera dubitativa, no quise hacerle consciente que ya había muerto y que ya no tenía las mismas experiencias y sensaciones que los vivos. Era una especie de ingenuidad combinada con una avenencia a un placer hedónico por seguir viviendo. Al tiempo me percaté de que mi padre estaba a su lado, escuchando lo que estábamos hablando. El esqueleto de mi padre yacía inerte en la esquina del clóset.

Evidentemente, aquella escena que estaba suscitándose me dio una impresión tanto estrambótica como grotesca. Era, quizá, esa vida remanente en la muerte que se negaba a desvanecerse por completo, o bien, era quizá el ímpetu de mi madre por comunicarse conmigo en esa relación de amistad que sólo existió entre nosotros dos; era ese grito de ayuda de ella al nunca poderse identificar existencialmente.

En ese sueño no me atreví a decirle a mi madre que ya estaba muerta, que la vida disímbola que había llevado, esa esperanza de poderse identificar con su vida confusa, esa lucha de poderse liberar de las cadenas culturales, ya no estaba allí. Sin embargo, ahora yo cargaba con esos eslabones, de los cuales me he estado liberando; continúo esa lucha que ella libraba de manera inconsciente. Esa experiencia onírica me marcó, pero no puedo recordar cómo terminó.

Estando en la ciudad en donde vivía, ya casado, aunque en verdad me sentía soltero todavía, llegué a soñar con "O"; quizá porque representaba el buen sexo, el sexo voluptuoso del que carecía mi matrimonio. No obstante, nunca imaginé a "O" haciendo el amor. Recuerdo algo así como un contenedor de basura, un mercado público y un autobús de redilas. Yo encontré a "O" al lado de ese autobús y conversé con ella.

En otra ocasión, yendo de paseo con mi exesposa y exsuegra, atisbé en "O"; ella era una vendedora de artesanías en un centro comercial. En verdad no le reconocí porque tenía el cabello corto y teñido de rubio. Esos dos detalles nimios le hicieron irreconocible. Pude, en realidad, recatar un parecido con alguien. Por supuesto, ella sí me reconoció por cuanto que me miró fijamente y porque mi fisionomía casi no ha cambiado en décadas; al mismo tiempo me percaté de que era ella. Mi matrimonio estaba ya en decadencia y decidí pagarle una visita; conversamos lo que había acontecido. Nada comenté ni nada me preguntó de mi matrimonio. "O" me dijo que me vio en una entrevista en la televisión local, también me relató que había cambiado de dirección y que vivía en un barrio más agradable. Su mirada casi no se fijaba en mí. Después de esa conversación ya nada supe de ella. Tan sólo algunos recuerdos, el sexo y la lujuria nos relacionaron. Ella me narró que tenía recuerdos muy gratos de mí. Yo estaba casi seguro de que en uno de sus influjos etílicos se acostó con un supuesto amigo por despecho. De eso nada dije tampoco.

Creo que las experiencias oníricas llegaron hasta un éxtasis de sonambulismo. Durante mi educación preparatoria dejaba de dormir hasta dos noches seguidas; ello ocasionó que chocase. Durante esas noches intensas tenía material dispuesto en las mesas e inventaba o reinventaba artilugios ya inventados. Asimismo, escribía obras de teatro, poesías y dibujaba hasta terminar algunos retratos. A veces, vencido por la somnolencia, caía exhausto en un sofá para volver a despertar y seguir. Eso me provocó eventos de sonambulismo que eran precedidos por alucinaciones. Me sentía como Dostoievski antes de sus eventos de epilepsia, pero él los experimentaba con éxtasis.

Yo supe de mi sonambulismo cuando mi hermana atestiguó cómo me incorporé con la vista fija y viré a ambos extremos para después volver a dormir. Ella y yo compartíamos el mismo aposento. Mi último evento de sonambulismo aconteció hace diez años y los he sabido evadir controlando mis hábitos de descanso.

Hace poco tuve dos sueños extraños que sólo el poder de la imaginación que manifiesta el subconsciente es capaz de erguir: sentí un acercamiento íntimo hacia una compañera de trabajo con una voz muy sensual y dulce, quien coqueteaba conmigo. Y bien, esa dulce voz, con su manera un poco burda de relacionarse, dándome un palmetazo en el hombro y arrojándome un objeto al rostro cuando le jugué una broma pesada, mostraba signos de un coqueteo, pues, pese a su obesidad, era una mujer atractiva.

Mi subconsciente recreó la misma esencia de aquella mujer y la implantó en otra durante un sueño, en el cual abstraía la simpatía de ella y la trasponía en una mujer más delgada, de indumentaria casual, enfundada en una sudadera gris y pantalones holgados con tenis y que, después de interactuar, al parecer, en un trabajo entremezclado con los varios empleos que he tenido, se me repegaba, entrelazando su brazo en el mío y recargando su cabeza en mi hombro mientras me iba cantando una canción. Esto último deviene de que mi compañera de trabajo me refiere varios tipos de canciones que va sintonizando, además, pretende que yo me inmiscuya en sus gustos al compartirlas conmigo. El sueño concluyó mientras cantaba una canción, y desperté con la tonada de esa canción mientras se diluía el sueño.

Concluí que el acercamiento corporal y el coqueteo, que iba más allá de la simple conversación y se vertía en el jugueteo pueril, era ya una forma de transgredir esa separación y respecto formal de un protocolo sobrio. Eso reafirmó aún más mi sed de afecto corporal, que es básico en todos los animales. Ese afecto se resume en este verso de Edgar Allan Poe: "Su corazón es como un laúd; apenas lo tocan, resuena". Así es mi corazón.

Por lo general, cuando interrumpo mi dormir, hago alguna actividad en un periodo corto y vuelvo a dormir. Durante ese lapso corto tengo un, o más, nítido, puro y real sueño; tanto así que quedan adheridos a mi mente como hechos reales manifiestos. Lo que es más, el sonido, las voces y las melodías allí escuchadas sobrepasan a las imágenes.

El concebirla así a mujeres en mi vida es, quizá, mi deseo interno de concebirlas con un tenue toque de imaginación paradisiaca para evocar la nostalgia del pasado.

Mi placer onírico más excitante, el cual resultó en un orgasmo con la satisfacción del amor, ocurrió cuando soñaba de manera recurrente con una mujer de tez trigueña, delgada y alta. También contaba con una trenza, ropa modesta y una falda larga color beige de carácter muy tierno, pasivo y cariñoso. La figura no excelsa y carente de voluptuosidad, sin peinados complicados y rebuscados, sin atuendos ostentosos, e incluso su esbeltez reflejaban mi inclinación inconsciente por algo bellamente sencillo, espiritual, sin complicaciones; eso era lo que representaban la persistencia de esos sueños con esa mujer. Esa mujer en algún momento se hizo realidad a destiempo, pues emergió en un poblado donde yo estaba con mi exesposa de visita y de compras. Ella me guiñó el ojo, pero a destiempo: yo ya estaba casado y tenía un matrimonio infeliz. Si tan sólo hubiere llegado a mi vida en otro tiempo...

Soñar ha sido una experiencia maravillosa mediante la cual he recreado la realidad de una manera fantástica y sin límites. Soñar es una forma de alterar la realidad con mi subconsciente y una manera orgásmica de vivir la realidad, tal como Dostoievski la experimentaba con sus ataques de epilepsia. Yo experimenté lo mismo en el dormir y en el inicio de mis eventos de sonambulismo.

Capítulo 13

De los placeres y los sinsabores en las relaciones íntimas

El sexo es todo mera ilusión, nada más. Lo real es la piel, la carne y los fluidos que emanan olores. Nada más. Lo visual sólo excita la imaginación. La atracción se da a partir de lo visual. Ver a una mujer desnuda es observar lo evidente, sin preámbulos ni protocolos. Los bailes eróticos declaran un preámbulo del preámbulo sexual. La ropa emula y sugiere, excitando la imaginación. A veces es más excitante ver un escote que los senos desnudos. Evidentemente, los colores coadyuvan a tal excitación. La vulgaridad que resalta las formas sexuales me desencanta. La poca ropa es una salida fácil que sólo evidencia las formas voluptuosas de manera burda; la clase baja es propensa a esta vulgaridad. No me gusta ello ni los motivos tanto atigrados como leopardados.

La elegancia es la forma inteligente de llevar al cabo el preámbulo sexual y evidencia la forma astuta de realzar u ocultar las bondades, o la falta de ellas, del físico femenino. Curiosamente, la mujer delgada es más propensa a usar la elegancia, puesto que la voluptuosidad interfiere con tal cualidad. Por eso, quizá, la gente delgada es más dúctil en este aspecto. No cualquier persona puede ser elegante, pues se trata de una construcción cultural que se va aprendiendo. La personalidad en combinación con el atuendo es un arte y un oficio. La clase y la elegancia son los medios que procuran proyectar y gozar de la personalidad. Los zapatos de tacón alto reafirman las pantorrillas y las piernas, como lo dice Helen Fisher; resaltan las piernas y elevan los glúteos. Eso se inserta de manera inconsciente en nuestra mente.

Los años cuarenta y cincuenta son una referencia de clase y elegancia. Los vestidos uncidos y largos resaltan los glúteos, sugiriéndolos, y sus remates en las pantorrillas las evidencian. Los trajes sastres y los anteojos procuran una comunión intelectual y de clase.

La vida sin protocolos, sin convenciones, sin formas ni ceremonias es austera y sin sentido. Trabajar es una actividad pragmática de sobrevivencia. El trabajo mecánico sin sentido castra nuestra imaginación y sentido existencial. Lo mismo ocurre en todo tipo de actividades rutinarias: viajar en transporte público, comer, dar paseos, entre otras. Asumir cada una de las actividades que pensamos que son sólo prácticas, sin nada más, es castrar nuestra esencia existencial. Aun los animales les dan sentido a su "tiempo libre": el gato juega con cualquier objeto sin complicación y los animales que exploran sus alrededores, los huelen, los tocan, los succionan, los lamen. Hemos perdido la capacidad de darle sentido a la existencia. Mi maestro de artes plásticas daba un ejemplo de lo que es el arte, una analogía con un acto de magia: "Disfruta el acto de magia; no averigües las tretas que el mago usa para engañarte". Quitarle la solemnidad a cualquier aspecto vital es darle sentido a la vida, pues lo pragmático la derruye.

Hay diferentes aspectos físicos que incitan al sexo. Las pecas en la piel me son atractivas, en especial si están cerca de los senos o los hombros. Incluso hay hombres que gustan de las mujeres velludas. El carmín de los labios invita, por supuesto, a succionarlos, como si de unas moras jugosas de fulgor sensual se tratase. Por eso adquiere sentido no sólo el lápiz labial, sino también el rubor y las sombras, así como los delineadores y el rímel, que procuran la armonía y el contraste de colores, exponiendo de manera sensual los aspectos de la cara que intervienen en la atracción física.

El color juega un papel muy importante en la atracción. El color toma sentido cuando es contrastante e incluso hay una intermediación cuando un color intenso se difumina; por ejemplo, la piel toma diferentes claroscuros. La piel oscurecida por el bronceado, al irse paulatinamente aclarando por las partes no expuestas al Sol, como el pubis, los senos y los glúteos, es exaltada por el contraste difuminado de manera sutil. Ese efecto hace las veces de sugerencia, pues los senos claros son sugeridos por el contraste; la parte que se difumina con candidez invita con sensualidad a la exuberancia de los senos. El color es determinante incluso en el cabello. En un programa de televisión, una periodista hizo un experimento: fue a un puesto de hot dogs y pretendió no tener efectivo, a lo cual el expendedor se negó a darle el alimento. Al siguiente día, ella asistió al mismo puesto con la misma persona, pero se había teñido el cabello de rubio y lucía un peinado sensual. Procedió a hacer lo mismo y esta vez sí obtuvo el alimento.

Una de mis mejores experiencias sexuales ocurrió con una prostituta de quien di ya referencia, la misma con quien me topé en una tienda y estaba formada detrás de mí para pagar. Ella tenía la piel bronceada y hacía contraste con su cabello rubio. La combinación de la tibieza y la ternura de su piel crearon una experiencia sensual inimaginable. Fue espontáneo, una improvisación del momento, pero pasamos parte de la noche viendo programas de misterio en la televisión mientras compartíamos bebidas y canapés. Es verdad que su físico influyó en mí, pero no fue determinante, pues ella tenía senos pequeños y no era tan voluptuosa. Mi interés por ella surgió debido a la combinación repentina de todas las circunstancias mencionadas.

Un perfume puede hacer que la atracción dé un giro; es un complemento, un remate especial. El aroma es un incitante potente, un motivador, un detonador sexual y, en combinación con las formas voluptuosas, el tacto, el gusto y los sonidos, un elemento excitante durante, antes y después de una relación sexual. El aroma se extiende hasta lo espiritual, hasta lo cotidiano; es un elemento que armoniza una relación en todo momento e incluso trasciende la memoria; es un referente, un incitador, un motivador, un relajante que activa todo un conjunto de situaciones en una relación. Las hormonas femeninas, que son más raras, pues sólo son percibidas en ciertas ocasiones, son excitantes naturales. En mi primera relación con una prostituta noté ese olor pesado y grave, como de tabaco, que se hunde en la garganta y que yace en toda la piel; con ese humor cualquier mujer es la más hermosa del mundo. Paradójicamente, la mujer cristiana que conocí en el hotel donde yo vivía, que era pretendida por un hombre adulto que le doblaba la edad, también tenía ese olor. Pese a sus formas voluptuosas, su personalidad sosa no me atrajo, pero fuimos amigos. Cuando me despedí de ella me dijo: "Gracias por haberme respetado esa noche que dormí en tu cuarto, eso nunca lo olvidaré...". Asimismo, la mucama que me cuidó durante mi temprana edad tenía ese olor, por eso me gustaba hurgar en sus pechos. "O" usaba la esencia de jardín *White diamonds* de Elizabeth Taylor, que me encantaba y siempre la relacioné con su piel, pecho, senos y cuello sensual. Los perfumes de noche siempre me han excitado. Cabe mencionar que no cualquier mujer referirá qué perfume está portando. Con trabajo pude hacer que "C", mi eterna amante, me confesará el nombre de la esencia que usaba, la cual coincidía con la de otra prostituta que conocía desde hace muchos años. Resulta curioso, pues olía igual que un suavizante de marca popular. Ese olor es el que más ha rondado en mi olfato y el que más presencia ha tenido.

Es evidente que el aroma está asociado con la piel y que en cierta forma será asociado con la superficie de determinada parte corporal. La conjunción del olor con el tacto, lo visual y el gusto erigen una sublime alegoría sensual y sexual. El olor de piel asociado con el humor suave, un efluvio que emana de los senos fértiles como dos bondades en flor, es una experiencia excelsa, es una epifanía sexual, el éxtasis de un preámbulo que se desgaja sutilmente, como el mar que paciente se desvanece a nuestros pies hendidos en la arena de terciopelo en rocío de bruma.

Los atuendos también son esenciales para el estímulo sexual, tanto la ropa interior como la exterior. Las medias oscuras, ya sean azul marino, ya sean negro azabache, me excitan, quizá, porque delinean las piernas con un color firme y lo contrastan con las caderas y pubis. Las medias oscuras son la única prenda que es excitante tanto exterior como interiormente.Desprender a la mujer de su sostén es una experiencia aparte; el hecho de que una persona te invite a despojarle de su sostén es un acto que involucra lo simultáneo, la reciprocidad. Lo importante es que una mujer te invite a ser cómplice y copartícipe en las situaciones cotidianas e íntimas: tomar una ducha juntos, que te ayude a vestir, desvestirte o viceversa, etc. Esto es una actividad en verdad sublime. Por incidencia continua he tenido siempre un problema desprendiendo los ganchos del sostén, ya sea por mi ansiedad, ya sea por mi nerviosismo, o quizá se trate de la incertidumbre acerca de mi rendimiento sexual. Aprendí que quitar los ganchos con seguridad y confianza es un buen reflejo y augurio de mi propia autoestima en el sexo. Descubrir los senos de una mujer es un acto muy bello y majestuoso, tal como quitarles el velo a dos églogas, a dos poesías en flor que efluyen ante nuestro aplomo desvanecido. Los senos son ese misterio sexual que quizá nos conecta con lo materno y con lo femenino en su más elocuente fruición.

Los senos son el preámbulo de la identidad femenina y la parte física más excitante. Los senos representan un orgullo para la mujer y son una parte de su órgano cutáneo que funciona como móvil de placer y excitación.

Las pantaletas y el sostén son las dos prendas íntimas más sensuales, sin embargo, el sostén, curiosamente, no tiene motivos, sólo encajes, cojinetes, colores sólido y, a veces, combinaciones de dos colores. Tal sobriedad contrasta con la algarabía que redunda en motivos de los pantis.

Hay, claro está, atracciones que recaen en parafilias, como el retifismo. En lo personal nunca he padecido de ninguna parafilia ni fetiche extremo; es cierto que me gusta el olor de los sostenes, pero el que haya sido adicto sexual no implicó nunca un fetichismo extremo de mi parte. No todos los senos despiden ese olor agradable sexual para un hombre, pero sí hay una tendencia de los senos grandes a emanar tal humor, en mi experiencia.

Por último, he de confesar que en cierta forma me excita la autoridad potencial de las mujeres. Esto parecería estar en contradicción con la realidad, con aquellas mujeres con las cuales he tenido serias diferencias y que en cierta forma han tenido poder sobre mí. Paradójicamente, me gusta ese poder, pero de forma maternal, de forma sutil, de una forma en que se proyecte una manera de preservarme, de protegerme.

Capítulo 14

El beso

En realidad, el beso se deriva del capítulo anterior y es la forma más sublime por la cual se accede al sexo. Es también el preámbulo más significativo hacia el acto sexual. Si bien es cierto que el sexo comienza en el cerebro, el beso es la manera en que se despierta a la imaginación y une el placer carnal con la detonación de la imaginación. Un beso sin el contacto de la lengua, quizá, nulifica la generación de la excitación para la mujer.

El beso es el primer paso, la puerta que la mujer dispone como una invitación a la intimidad. El inicio tierno y lento de acercar los labios y la humedad y la sensación primera de los labios incitan a un acercamiento intemporal.

El beso ajeno es una sensación, de inicio, de voyerismo. El beso implica imaginar, por tanto, es voyerista y excitante. Cuando comencé a besar, mis expectativas eran muy superiores por ese hecho, es decir, el de excitarme al ver un beso. Ver en una película a una pareja besarse era excitante, pero cuando lo comencé a experimentar no fue igual a como lo concebía. Incluso le pedí a una mujer, una prostituta muy exuberante, que unciera lápiz labial bermejo en sus labios, pero ni siquiera eso ayudó. Fue por accidente que con la mujer oriental comencé, ya con experiencia, a gozar de besar y de extasiarle con besos interminables.

"C" me enseñó indirectamente a besar, y fue con ella con quien comencé esta situación. Ella era una persona muy tierna y accedía a que yo le besase interminablemente, pues le gustaba mucho. Me atreví a palpar con la lengua su lengua y oír el chasquido de los labios, así como a sentir su respiración, su piel tersa y sus ojos de ensoñación. Creo que allí comencé a experimentar la situación del beso. Cuando una mujer besa, sea así con un pequeño beso, es signo de intimidad y acercamiento.

El sexo sin un beso previo no tiene razón ni intimidad, aunque persista la penetración. Es decir, se trata de placer en el que cada persona busca el propio. Insisto: el beso es la puerta del sexo, el sutil preámbulo de compenetrarse y compaginarse con la pareja, la manera inconsciente de compartir y entregarse de manera mutua, rompiendo ese frágil esquema de protección y defensa de la persona, sobre todo cuando deviene de la mujer.

Comenzar a besar es un acto que va más allá del umbral de la intimidad, es traspasar la distancia. Sin embargo, el hecho de perder el temor a ser rechazado por la intención de besar da lugar a la percepción de la aceptación.

La barrera entre dar y no dar un beso es abismal, incluso cuando es en la mejilla. Se puede, incluso, decir que los acercamientos corporales son vastos, desde un franco apretón de manos hasta el ansiado abrazo, que a la mujer le encanta, pues siente protección. Recuerdo que mi exesposa me pidió que la abrazase cuando le presté dinero después de nuestra separación; yo no intuí que aquella era una muestra de cariño, pues también era una demanda de acercamiento y reconciliación. La rechacé porque ya sentía indiferencia hacia ella.

El frotar la espalda de uno con un tierno palmetazo por parte de la mujer es otra manera desde la mujer de acercarse, o bien incluso el no precisamente tocar el cuerpo, pero el que se le arregle a uno mismo la camisa, la playera, el cinto, la corbata, etc.,etc. Hasta cuando una mujer le compra una prenda a un hombre es una forma metafórica de acercamiento onírica en cierta forma. El beso es una forma de explorar, y de incitar los sentidos ligados a la excitación sexual y que van desde el frotar los labios de la mujer con la lengua, los dientes, la otra lengua y rematarlo con otros besos unciendo la humedad de los nuestris en los de ellas, de allí con la lengua lamer ,os lóbulos de las orejas y besar y chupar el cuello y frotar la lengua allí;el beso y la lengua es como el baile, se intercalan acciones armónicas a ,os sentidos en este caso para excitar a la mujer. Con la mujer sudamericana eso hacia e incluso ella como algunas otras mujeres se descubrían los senos a guisa que pasase la humedad de mis labios y lengua allí y alternase ello con el cuello con el beso francés y así en sus piernas en sus entre piernas hasta besarle el clítoris y proceder al sexo oral. A veces se alternaban todas esas acciones a fin de dar placer y manifestar mi ser en ellas; aprendí luego de muchos años a hacerlo sin buscar mi placer exclusivo. A veces algunas mujeres no aprecian esto como tampoco uno aprecia muchas virtudes de las mujeres. Solo hasta que, por ejemplo, mi ex esposa quizá pudo experimentar el egoísmo de un amante inexperto, pudo percatarse. Evidentemente yo cometí errores con ella, amen que también el hecho de no amarle contribuyo a tal son. Mi timidez que es manifiesta en el inicio se desvanece en cuanto la mujer da el primer paso pues siempre he sido temeroso de ser percibido como acosador sexual. Una vez que me abre la puerta la mujer procedo a excitarles de la mejor forma posible. Obviamente he aprendido de muchas mujeres, algunas de ellas prostitutas, de libros de neurociencias, fisiología y psicología, irónicamente ni de películas ni de las xxx pues estas ultimas son grotescas y fuera de la realidad. Pero también platicas de sobre mesa con otros hombres. Las conversaciones abiertas con amigas también me han ayudado. Y con las amantes y exparejas ,as que obvio pues cuando se abren me expresan sus deseos, asimismo intento descubrir. Sin embargo, muchas de ellas se mantienen recelosas, y reculan un poco pues su hermetismo se debe a complejos, prejuicios y, por sobre todo, malas experiencias de a buso sexual de que han sido presas de ello. Es increíble la cantidad de abuso sexual de los cuales tanto hombres como mujeres son victimas, en lo especial de incesto por parte de padres, tios, primos, medios hermanos. Gran parte de mis exparejas, prostitutas y amigas que he tenido han sido abusadas por familiares. El acoso se encuentra entre los mas cercanos, tanto familiares como mentores, instructores, patrones e incluso he sabido de intelectuales que muestran su lado oscuro, alguno de ellos supe que triplicaba la edad de una amiga y a quien acosaba, siendo el un director de una famosa revista en mi país.

Capítulo 15

La semilla de Antheia

Desde el momento en que se pueda formar un lazo de amistad con una mujer se habrá roto la codependencia de ver a la mujer como un objeto sexual. El saber cómo hacer de una mujer una amiga y librarse de todo deseo lúdico y lujurioso hacia ella es abrir la puerta a una nueva relación humana; es salirse de esa concepción de ver a la mujer como un ente "por conquistar"; es reconocer a la mujer como un ser independiente con el cual un hombre puede sincerarse.

Sólo a una amiga le he relatado acerca de este libro; sólo a una amiga le puedo ser franco y abierto, sin romper la tensión de la convención de resguardarme mis deseos de conquista; sólo con una amiga puedo compartir ideas de visiones de sexo e intimidad; sólo con una amiga soy libre, yo mismo y le invito a ser ella misma.

Es un privilegio que en verdad no se nos educa a establecer, pues nuestra cultura acartonada nos impele a ver a las mujeres únicamente como entes sexuales, serviles o delicados.

La visión, sabiduría y lógica de una mujer son diferentes a la de los hombres y debemos aprender a comprenderlas, pues ellas fueron criadas en un ámbito machista. Claro, mi apertura me ha causado a veces lejanía con mis amigas, pero siempre tengo mi corazón dispuesto a escucharlas y ayudarlas. Paradójicamente, a algunas de ellas comencé a desear como amantes, pero terminé siendo su mejor amigo y de ello no me arrepiento.

Ser amigo de una mujer preclara varias situaciones. La cultura machista no nos procura como entes abiertos al género masculino y tenemos apenas destellos de desinhibición entre nosotros, aunque sólo a un nivel de relación con otras mujeres. Por lo general, los tópicos se tornan en idealismos pseudofilosóficos, opiniones burdas políticas o de aspecto social durante charlas de sobremesa y asados con cerveza. Por otro lado, al charlar con una amiga se procura ser abierto, sin la tensión de ser juzgado bajo los paradigmas machistas de otro hombre. A través de la amistad de una amiga se puede dilucidar la mente de otra mujer y hablar de una manera desenfadada y sin protocolos, por lo tanto, se puede ser uno mismo, incluso dejando entrever los avatares de la mente.

Todo lo que se puede dialogar con una amiga no es posible hacerlo con una amante, pues yace esa tensión y esa forma discreta de disponerse a uno mismo como un ser más discreto, esto con el fin de mantener la intimidad aparte y no generar una crisis en la relación.

La mujer amiga se vuelve una confidente, un paño de lágrimas, un recurso de información acerca del género femenino, una cómplice y una camarada que procurará ayuda moral en cualquier momento. A cambio de esta relación se renuncia al deseo carnal, a la conquista de ella, y se estará a la mera busca de una hermandad pura.

Capítulo 16

El talante febril de las amazonas...

Recientemente han emergido diversos movimientos y reclamos femeninos que son identificados por las mujeres como movimientos feministas. No obstante, en realidad son reclamos contra la violencia extrema y cotidiana del hombre. Por desgracia, son eventos disímbolos y envueltos por lugares comunes que no tienen un proyecto de vida ni plantean un proyecto congruente. Para empezar, y como sucede en los reclamos y protestas de todo nivel, no hay una visión de la naturaleza de lo que se reclama ni de lo que se quiere.

Ciertamente, hay una identidad con lo que no se quiere, pero en ese no querer se pierde la identidad de lo que se quiere. Ante ello es pertinente saber qué se es, qué es lo ajeno a ese ser y qué opciones son viables. Yo he preguntado a varias mujeres qué es lo que entienden por femenino, que en parte es lo que el machismo les ha imbuido de manera indirecta, haciéndoles creer que esa es la forma natural humana.

El libro más preclaro sobre la naturaleza femenina y masculina que he leído, sin ambages, confusiones, ambigüedades, conceptos e ideas preconcebidas y convencionales, ha sido *Desde una voz diferente*, de Carol Gilligan. No hay versión en español de dicha obra, lo cual es un error craso. Carol establece que la lógica femenina es más intuitiva y expansiva; que procura establecer relaciones; que está a la busca de conectar afinidades; que es ciega ante los límites, a las individualidades, a las territorialidades, a la demarcación territorial e individualista; es el pensamiento antiderecho.

El derecho no existe, pues atenta contra la buena armonía de los seres vivos: el derecho protege la individualidad. La lógica femenina no posee reglas y es activa, no pasiva, como la galantería la concibe. La mujer vela por la armonía de los seres vivos y su lógica es puramente cristiana, donde se vive en la justa medida, en la compartición del pan durante el constante devenir de nuevas relaciones.

La mujer es la que colabora en gran parte de la crianza de los machos; los cría de forma bondadosa, a sabiendas de que la debilidad de ello es contraproducente en nuestra cultura. Criar a los hijos con violencia e imbuirles esos valores deviene, al parecer, de una cultura romana guerrera. Es eso de lo que la mujer debe percatarse. Se cría a un macho no con ese objetivo, sino con el ímpetu de que pueda proteger y protegerse.

La mujer tiene el poder absoluto, lo tiene por el mango: el poder de la vagina y el útero:ella decide si procrea, si da sexo si el mundo humano puede proseguir y nadie puede obligarle a concebir. Su decisión es defibitiva pero ella no esta consciente de ello. El útero es su mayor herramienta.Recordemos tan solo la obra de teatro"Lisistrata" y esa obra de teatro hecha por un hombre es la primera obra feminista allí empolvada que ninguna mujer quiere encumbrar y leerla y ser consciente del poder que tiene. Sin en cambio, sobreviene en todas las culturas esa codependencia a tener hijos, a creerse realizadas concibiendo a ese hecho gratuito como diría Sartre que no cuesta nada, es la codependencia gratuita;el premio a su autoaceptación de ser un ente pasivo.

La verdadera consciencia de la mujer es el poder que tiene: tiene el poder de dar continuidad al ciclo de regeneración de la vida, pero también puede determinar el no generar vida sin un sentido racional. Procrear por un hecho de asumir un constructo cultural y afectivo es un acto de inconsciencia e irresponsabilidad que está afectando directa e indirectamente al entorno real. Cualquier justificante de la prosecución de la felicidad depositada en el lazo afectivo de los hijos y la familia nuclear es un acto enajenado, un eufemismo de esa forma pasiva de vivir la vida. La procreación de un hijo, ese acto de procreación gratuito de la naturaleza, no es la realización de la mujer: la realización es su propio acto de consciencia, su decisión de ser libre y de reconocerse en actos determinantes y conscientes, en acciones que determinen el rumbo del planeta.

Lo cierto es que gran parte de las mujeres que he observado, con las que he convivido, abandonan, después de un tiempo, la libertad y la consciencia de la realidad y de sí mismas. Esto se debe a que no soportaron el vacío de asumir sus propias convicciones; entonces, encuentran un cómodo refugio en los lazos familiares, por muy tóxicos que sean. Muchas mujeres se aferran por recomponer esos lazos y reconstruir el vínculo familiar.

Capítulo 17

Retazos de inocuidades de la idiosincrasia femenina

Es interesante hacer una meditación para discernir qué es la estabilidad, lo que ello implica y cómo en verdad la concebimos, pues es posible que pase desapercibido, o bien, inconscientemente, se toma como algo preconcebido y convencional. La estabilidad es asociada, sobre todo, con el bienestar material, pero en la lógica de la mujer esto se torna más espiritual. Quizá en nuestro pasado antropológico la sensación de estabilidad no existía, pues teníamos una incertidumbre existencial en extremo grave porque la supervivencia de los primates se basaba en lo social. De esta manera, muchas mujeres cuidaban de sus críos y no había precisamente una madre a cargo, sino una sustituta. Eso, en realidad, daba más seguridad a la supervivencia.

La propiedad privada originó que nuestra naturaleza cambiase a la familia nuclear y a otros constructos culturales, como el amor romántico. Quizá el amor romántico es la garantía de la familia nuclear. En la Roma Antigua el término familia deviene del latín *famulus,* que quiere decir sirviente o esclavo y, quizá más aún, está relacionado con el término hambreado. Entonces, al parecer, Roma necesitaba una cabeza de familia para tener, en ese círculo identificado con el machismo y la propiedad privada, la dureza del padre y la crianza acorde a la lógica macho-masculina, la cual educaba para la guerra. Esa noción de familia ha sido retomada por la mujer como un referente de seguridad emocional y conciliada con lo material, de tal manera que sea el único punto referente para realizar y afirmar los lazos espirituales por los que la mujer propende. Esa seguridad quizá sea alienada y derive en la seguridad material como sustento de las relaciones íntimas, lo cual, a su vez, deriva en lo que se llama estabilidad.

La historia humana es la constante prosecución de afirmar un mundo basado en la adaptación de la realidad ilusoria del hombre, la cual remite al bienestar material sin más, es decir, se podría decir que la historia de la humanidad es la constante renuncia y la autonegación de lo espiritual, a tal grado que hemos perdido la noción de lo que es lo espiritual. Nuestro sentido único es lo visual y hemos involucionado... *Ecce homo.*

Estabilidad es un adjetivo fundamental en la naturaleza armónica de la mujer. El hombre, entretanto, es más el cazador, el ser en continuo movimiento; es inestable, incierto, mutante y está en una constante lucha por objetivos, muchos de ellos vanos. La busca de la aventura perpetua es propia del hombre y va desde aquel que inventa, crea, reinventa, viaja y conquista hasta el mujeriego que no encuentra "estabilidad" ni siquiera en la mujer que considera perfectas. La busca de algo que el mismo hombre no sabe lo hace, más que buscar, huir de algo, de sí mismo, de su incertidumbre; es su propia evasión e inconsciencia al no saber qué quiere.

El hombre parece más seguro que la mujer, pues un objetivo cualquiera lo mantiene más activo y seguro, ya que lo mantiene fuera de su propia autocrítica. Los hombres, como entes cazadores, mantienen fijo un objetivo y su visión no es periférica, como la de la mujer. La mujer tiene la capacidad de ver lo que los hombres no, puesto que nos enfocamos en ver un solo objetivo. La sociedad nos educa para que nos concentremos en un único objetivo y nos despoja de pensar si vale la pena o no. La educación nos erige en un solo campo y, a la vez, nos hace menos conscientes de nuestra realidad, ya que nos hace doctos en una materia, pero ignorantes del panorama total. Durante la época renacentista, las culturas no occidentales educaban a sus nuevos miembros para que conocieran la totalidad de la naturaleza. Por otro lado, la llamada "civilización" nos ha hecho más incultos e ignorantes de nuestra realidad.

Nuestra actividad inestable es destructiva, es decir, no preserva la vida. La naturaleza de la mujer es cristiana y propende a hallar la armonía, por ende, su idea de estabilidad conlleva implícita la idea de paz, que de manera inconsciente es lo que se busca. Sin embargo, ese adjetivo puede ser polisémico, es decir, puede tener múltiples significados. Lo estable, como conformismo acrítico de la realidad, como una pasividad burda y timorata por no romper estructuras culturales y superarlas, afirmando la verdadera naturaleza de algo. La estabilidad material, lo soso y lo aburrido son elementos negativo, esto es, la reproducción inconsciente de las estructuras culturales.

Considero que la estabilidad, como percepción femenina, apunta al bienestar material y a la consolidación de la unidad en la familia nuclear. Esto remata y remite de forma inconsciente a la consolidación, a la realización del fundamento de la propiedad privada, irónicamente, dada con la creación de la familia nuclear y su necesidad de cerrar un círculo de "armonía".

El hogar, asociado con la casa, y ésta, a su vez, con la propiedad privada, da seguridad y estabilidad. La idea de familia nuclear se identifica con esto, pues dicho concepto no se puede concebir sin la propiedad privada, ya que precisa de ella para ser consumada. Un rey y una reina sin castillo ni hijos no serán un modelo de familia nuclear.

Es cierto que, desde un punto de vista espiritual, la familia nuclear podría carecer de la propiedad privada, pero en realidad pocos la pueden asumir así. La idea y noción de familia de clase media estadounidense implica una casa como fundamento y accesorios materiales, como autos, moblaje y otros bienes que dan placer y seguridad. Esa es la realidad.

La carencia de una estabilidad económica provee, paradójicamente, un deseo de llevar las cosas al cabo, de alcanzar la seguridad material. La ausencia material es como una zanahoria atada delante de un asno que mueve una tahona y que no se cuestiona nada, pero que alcanza, algún día, la hortaliza.

Es posible que el espacio sea inherente a la estabilidad. La estabilidad está vinculada con lo sedentario, con lo inmutable. La concepción de la felicidad es un momento de bonhomía fugaz inmanente a la romántica asociación del círculo familiar nuclear y al amor romántico. El espacio es una noción que una pareja asume acorde a su percepción genérica de la realidad, la cual le genera seguridad a la mujer. El espacio, cualquier que sea, es el sitio en el cual la estabilidad se realiza; no hay estabilidad si no hay espacio, indudablemente.

Capítulo 18

Je t'aime moi non plus

Es un misterio incluso para ellas y no es sólo porque yo lo haya experimentado, sino que ha ocurrido con mis amigos, familiares e incluso con algunas amigas, quienes me relataban sus incidencias en torno a sus relaciones. Es una obsesión que muchas mujeres tienen, ya sea por inseguridad, autoestima o curiosidad por hurgar en los recovecos de las posibilidades amorosas.

Las mujeres evaden abrirse en sus relaciones y se limitan sólo a dar señales, a recurrir a ese lenguaje misterioso de: "te quiero, pero no ahora"; "te amo, pero a veces no"; "me muero por ti, pero puedo dejarte"; "te necesito, pero no te llamo"; "me interesas, pero aún estoy enamorada de mi anterior pareja"; "vamos a darnos un tiempo"; entre otras. Lo simple se torna complicado. En un aparente afán de cerciorarse de su aprecio por la otra persona, muchas mujeres se vuelven obsesivas y llegan a hacer o decir cosas crueles sólo para convencerse del amor de su pareja potencial. Estas son pruebas que ponen las mujeres, quienes manipulan y observan el comportamiento de muchos hombres; incluso diría que hay cierta crueldad en ello, quizá por un resentimiento histórico y vengativo en contra del machismo. Muchas de las bailarinas exóticas que conocí gustaban de exprimir a sus clientes, de manipularlos para obtener beneficios. Además, hay mujeres que buscan a hombres para que les provean no sólo un sustento económico, sino también para que las consientan con caprichos y regalos.

Considero que esta obsesión llega hasta un punto en el que ni las mismas mujeres se reconocen en esas actividades.

Evidentemente el no tener vicios, ni hijos, trabajar a brazo partido y tener cierta formalidad y caballerosidad me hacían un buen candidato a guisa que yo era un buen prospecto y garantía de dar seguridad económica. Muchas veces me timaron, otras veces les seguía la corriente y las consentia pero cortaba de tajo toda relación cuando ellas estaban acostumbradas a esa rutina y de manera misteriosa desaparecia de sus vidas, era una bofetada con guante blanco y sentar asi un dejo de mi en sus vidas para luego desaparecer por completo. Mejor así: un final sin peleas en mis términos pues ellas ya no tendrían a mal o a bien respuesta de mi parte. Muchas me enviaban mensajes de correo, de texto electrónico, mensajes de voz, etc. pero solo observaba un resentimiento y frustración en eso y esperaba eso sirviese de espejo a sus acciones inicuas. Recuerdo una mujer mas joven no muy atractiva pero segura ella misma que por la diferencia de edad podía manipularme, le consentí sus caprichos y le invite a un restaurante tambien, ansiosa luego de ello quiso ir a una función de cine, ya en la función sugirió comprásemos rosetas de maíz para los dos, un tamaño extragrande. Durante toda esa cita observe si compartía su platillo en la cena(yo le comparti del mio), también si compartía de las rosetas de maíz y si ella podía tener interacción cariñosa conmigo; pero resulto que se comio con gran gula todo lo que tenia enfrente y en ningún momento intento compartir, asimismo le pague un taxi y le ayude con la renta, desde ese momento corte todo lazo con ella y deje de contactarme y bloquee todo tipo de comunicación, el único medio posible fue el correo electronico;como respuesta le hice saber de su egoísmo y que una relación en lo mínimo sana comprende la mínima comunión entre una pareja, ella se disculpo y promertio no hacer esos errores en su próxima relación...le desee suerte, quizá su carencia de medios económicos le empujo como a muchos que no tenemos privilegios a ser egoístas, sucede de igual manera con muchos animales que se vuelven egoístas cuando carecen de alimentos y luego los poseen.

Resulta totalmente cierto que el que carece de algo y, en cierto momento, acumula o tiene acceso a cierta riqueza, se torna egoísta y cambia, en muchos casos. He observado esto en la clase media naciente que deviene de la pobreza, la cual desea de inmediato poseer y sentir la libertad de tener, más que de ser, aludiendo a Fromm. Basta leer a Benito Pérez Galdós y cómo retrata al pobre de manera cruda. Esto es cierto aun con personas intelectuales que, en cierta forma, carecieron de algo en algún momento y después se volvieron cómplices del sistema a cambio de seguridad económica. Yo nací como miembro de una clase media y tuve lo necesario, sin embargo, nacer en una primera generación de una clase media emergente recién formada manifestó en mí una forma confusa e hibrida de educación sentimental.

Mi madre, pobre en sus orígenes, me educó con violencia, como sucede en la mayor parte de la gente pobre, amén de que tenía conflictos psicológicos, pues era una víctima de su pasado. Mi padre me educó sin esa violencia, ya que percibía que era la mejor manera, empero, sí tenía prejuicios machistas y controlaba muchas de las actividades de mi madre.

Viví en dos barrios de clase media baja; en esos barrios convivía gente de baja ralea, algunos con mejor educación que los demás. Mi estatus era acorde al barrio en el que vivía. Haciendo un recuento de eso, me viene a la mente que siempre les atraje a las niñas y adolescentes de clase media, así como a muy pocas de una clase más modesta. Por desgracia, mi familia me heredó el prejuicio de la apariencia física e incluso racista, a pesar de que yo no era de tez muy blanca.

La clase media establecida tiene una manera de hablar diferente, costumbres icónicas, lugares de reunión y sitios de renombre. Mi familia aspiró a ir a esos sitios y evadir los del vulgo, y en algunos aspectos lo logró, pero mantuvo rasgos de la clase de la cual provenía. Mi madre siempre mantuvo el ímpetu deseoso que observé en muchas mujeres. Era muy trabajadora y hedónica al mismo tiempo. Asimismo, gustaba de los placeres concupiscentes en plenitud y el tener cierta riqueza, identificada y representada por la casa que ella mantenía pulcra e impecable, pero que se le revirtió como un monumento a la estabilidad absurda. La limpieza de una morada, el tenerla impoluta, me recuerda a *El viejo y el mar,* cuyo protagonista insiste en llevar en la lancha a su presa, bogando a buen puerto, pero debido a su obstinación llega sin nada y evidencia el esfuerzo que se pone en construir elefantes blancos; es la obstinación de no encontrar el balance de una situación y mantener una constante estabilidad.

El progreso que es instigado por una pretenciosa y rapaz manera machista de extender una idea errada, bajo el eufemismo de progreso, resulta destructivo para el entorno natural. Como hombres, muchos tendemos a extraer el niño que yace en nuestro ser; asimismo, procuramos conservar los objetos y la ropa, lo cual es una extensión de otra forma de ver nuestra estabilidad. Esto refiere a otra estabilidad, una seguridad inclinada quizá en el ahorro y la austeridad. Entiendo que la personalidad es genética y el carácter es formado y aprendido social y familiarmente. En efecto, el separarme desde joven de mi familia me ayudó a cambiar mi carácter y afianzar y afirmar mi personalidad; para eso he tenido que derruir constructos culturales, así como convenciones y protocolos banales. Este es un proceso que no termina aún y no terminará debido a una natural situación dialéctica de continuo autoconocimiento y reinvención.

En efecto, tuve los privilegios de una persona de clase media, pero renuncié a ellos en busca de la aventura, la independencia y la afirmación de mi ser. Tuve buenas experiencias y algún privilegio material, aunque también llegué a dormir en las calles o en el suelo de un parque. Me era indiferente el aspirar a algo que ya sabía cómo era.

En el fondo, es un temor de la mujer el perder la certeza de que no será usada, abusada emocionalmente ni puesta a prueba su seguridad. Nada es seguro, nada fuera de las construcciones culturales. La naturaleza es incierta; los animales así viven en la naturaleza, bajo una inmediata incertidumbre con sólo breves momentos de regocijo y placer. Nosotros, los humanos, nos hemos obstinado en extender tal placer de manera absurda.

He aprendido a vivir en contra de fechas, convenciones, espacio y tiempo. Me es indiferente la edad, los días, las noches, el matrimonio, los títulos nobiliarios, los lazos de familia, los estatus sociales. Me he reinventado y reinvento o pulo mis principios. Vivo la vida sin medidas convencionales de atributos e invenciones culturales; eso lo retomé de la forma de vivir de Raskolnikov, pues asumí sus principios. Empero, es claro que el final de *Crimen y Castigo* proyecta hacia el personaje que los principios es no propiamente vivirlos, pero vivir principios éticos no destructivos. He aprendido a ser espiritual y a vivir espiritualmente, por lo tanto, sé que el expulsar de mí el hedonismo, esa lujuria, es una lucha constante por afirmar mi espiritualidad; esto es la proclividad por no ser un sujeto pasivo que sólo propende a recibir placer carnal y concupiscente.

Capítulo 19

Kramer vs Kramer, una historia de Electra

Mi exesposa siempre tuvo un resentimiento contra su madre, siempre le recriminó el no tener su atención y que fue acosada por sus múltiples parejas; dijo, incluso, que uno de ellos la quiso cortejar. No supe si fue abusada sexualmente. El abuso y las violaciones son mucho más comunes entre las familias que entre extraños, ya sea por familiares políticos o consanguíneos.

La poca autoestima de mi exsuegra por su apariencia física, no atractiva de manera convencional, quizá le llevó a mantener a sus novios y a tolerar sus acosos hacia mi exesposa. Eso, por supuesto, le generó un resentimiento a mi exesposa no sólo en contra de su madre, sino también contra los hombres que eran generosos con ella. Eso es muy común entre las mujeres abusadas, pues buscan reproducir al abusador en sus relaciones al relacionarse con personas crueles y de edad más avanzada.

La relación de mi exesposa con su madre era patológica; la detestaba, pero la buscaba, quizá, en un intento de constante reconciliación. Ella procuraba departir gran parte de su tiempo con su madre, tanto así que se olvidaba de convivir conmigo. A saber si mi exsuegra fue abusada y eso influyó en la relación con su hija... Es un cuento *ad infinitum* que deviene de un ciclo de mujeres y hombres abusados... *Ecce homo*.

Rencor-amor, recriminación-resentimiento, necesidad de afecto y de convivencia afectiva... estaba en medio de ese ciclo a causa de la relación entre mi ex y su madre y sólo hasta hoy lo reconozco.

Mi proceso con mi madre fue complicado, pero no me afectó tanto como lo que pasó con mi "exhermana". Mi hermana siempre quiso ser mi madre y tener control sobre mí, lo cual, evidentemente, yo no necesitaba. Ella me vio como un ser endeble a quien debía proteger. Su obsesión de lazo familiar, asumiendo ella el rol de madre alternativa, y por ser la más grande de la familia, le brindaba poder. Ese poder chocaba con mío, es decir, la independencia que mi madre me dio y era apoyado por mi idealismo, mis convicciones y mi probidad.

Las madres tienden, evidentemente, a cuidar y procrear a los críos, pero con el transcurso del tiempo procuran que sigan un molde acorde a su concepción de patrón conservador y acorde a los referentes de una construcción cultural, sobre todo con respecto a lo material, que es el éxito y el estatus social; esto si es en relación con los hombres, pues a la mujer se le educa en los menesteres del hogar y, si lo académico se da más tardes, eso es accesorio.

He llegado a la conclusión, después de años que muriese, de que mi hermana en realidad usaba de escudo la imagen exterior y el comportamiento contiguo que esa imagen conllevaba para evadirse. Ella creaba una idea de sí misma que era aceptada por los compañeros de trabajo y vecinos que no la conocían en esa pseudointimidad, como un ser a veces vil y resentido que ella reprimía y proyectaba con una severidad, como ese tipo de personas solteronas que buscan la pseudopurificación a partir de la perfección en una idea que conlleva la autorepresión y la frustración contenida. La novela de *Doña perfecta* retrata esa situación.

Muchas veces mi madre, mi ex y yo ignoramos a mi hermana y ella se sentía relegada, pues era conflictiva en su convivencia, criticaba todo, hacía hincapié de defectos de los demás y no recataba en ella misma. No obstante, su estilo de vida era un desastre. Por un lado, mi hermana mantuvo por décadas los mismos ornatos, como si quisiera preservar su idea de sí misma, su visión perene, algo así como preservar una estabilidad y conservar la misma visión de una realidad; por otro lado, ella tenía hábitos alimenticios terribles: consumía alimentos chatarra, no cocinaba saludablemente y era tradicional. Entre tanto, yo cambiaba y asumía mis convicciones, lo que me dispuso como un rebelde. Mi progresismo era rebelde ante sus ojos, al igual que con muchos miembros de mi familia.

Por lo general, los cambios que hacemos son vistos como estrambóticos y fuera de una lógica existencial. La educación sentimental y material nos prepara a seguir los referentes determinados como culturales. Ese fue un choque, una disparidad que nunca se reconcilió.

La libertad y rebeldía de mi madre, como producto de un sometimiento y represión que devenía de las monjas y de mi abuela, la instaron a buscar libertad y dejar que los seres que procreó fuesen libres. Cada hermano fue a su manera y mi madre nunca hurgó en nuestra intimidad. Mi hermana sí lo hizo, pues se inmiscuía en mis escritos, en las fotos de mis novias, en las cosas que yo preservaba con cariño, e incluso optó por deshacerse de mis pertenencias, con un discreto coraje ante su impotencia para controlarme. A saber qué retenía en su mente y espíritu de forma reprimida y que sus actos lo reflejaban como un ser contradictorio.

La relación con ella sólo pudo ser convencional y diplomática, pero ella acostumbraba a transgredir esa convención de forma constante. En una discusión alterada frente a mi padre la confronté y ella, ante la impotencia, me dijo: "Tú eres feo". Con eso dejó de ser mi hermana, pues perdió todo rescoldo de respecto mío... había fenecido en mi corazón y ya nada lo resarciría.

Cuando lloré ante su féretro no fue por su ausencia, sino por el hecho de no haberle expresado todo el resentimiento que acumulé hacia ella por las cosas, en cierta forma, perversas y sutiles que me hizo. Ese mismo rechazo lo proyecté contra mi otra hermana, en su caso, por su falta de afecto y frialdad. Curiosamente, yo me volví más frío que ella, al grado, en mi obstinación, de asumir mis convicciones a la manera de Raskolnikov; de tal modo que derruí toda idea de familia nuclear. En cierta forma, ser misántropo me ha liberado de todo lazo con ella también: no tiene caso alguno entablar y resarcir un lazo sanguíneo que no tiene solución. Mi sinceridad me libera.

Seguir constructos culturales me hacen sentir hipócrita. Ser honesto y directo, lejos de idealismos irreales no racionales me hacen sencillamente sentir libre. Esa era mi hermana, eternemente resentida contra mi madre. Y mi madre por igual, resentia la falta de atención, el abandono durante su infancia la falta de agradecimiento hacia ella, pues mi madre le abrigo en sus ultimas décadas de su vida. Mi abuela vivió con nosotros desde antes de que yo naciese. En una ocasión mi abuela quizo hacerse pasar por victima en una de las visitas de mis primos y mi madre a hurtadillas le escucho y le reclamo. Posteriormente se calmo la situación. Fue quizá la soledad de mi abuela, su falta de conversación cyando mis primos le visitaban, algo tenia que surgir. Somos mitómanos en gran parte y lo emolumas en muchas situaciones; charlas de sobremesa, citas con parejas prospectas, en el trabajo, en la escuela, en todo sito ya por atraer la atención, ya por baja autoestima, etc.,etc. Mi madre quedo muy resentida por este hecho. Mi ex esposa siempre admiro a mi ex suegra por su intuición, inteligencia y perspicacia pero al mismo tiempo estaba resentida con ella por el abandono y la negligencia hacia ella. Toda la sabiduría se la atribuía a ella, pero todo el desamor también, quizá eran las cosas en común entre ellas, entre mi madre y su amadre, mi hermana con mi madre y mi ex esposa con su madre. Mi abuela paterno cometió un acto de promiscuidad acostándose con su yerno y no importándole fuere el esposo de su propia hija. He sabido de artistas en mi país en donde la hija se mete con el novio de la madre o su pareja. En el gun momento también surgió algún resentimiento entre mi ex esposa y mi madre pues mi madre deseaba yo permaneciese en mi país pero a la vez ella se molestaba cuando usaba parte de la casa para impartir clases de idiomas.

Las rencillas entre las mujeres que me han rodeado, entre madre e hija, nunca tuvieron una solución en paz; fueron vigentes hasta la muerte de alguna de ellas.

Capítulo 20

Del lenguaje corporal y los atuendos

No sólo el hombre proyecta una imagen a través de su calzado, pues la mujer también dispone de un lenguaje indirecto mediante su vestuario y calzado.

La mujer más avara tiene dos ramificaciones. La primera es la que vive con lujos, que gusta del buen vestir y que se emperifolla de más, que siempre viste ropa de marca, joyas, zapatos y bolsos estrambóticos. Esa es la mujer más lejana a la mayoría de los hombres, sólo cercana a gente opulenta e inalcanzable. No obstante, es tan banal que su personalidad se regodea en lo frívolo y en lo superficial; su existencia se mueve alrededor de la belleza física, la apariencia y lo material. La segunda es más mundana, pero vive para sí misma. Su mirada, por lo general, no atisba en su interlocutor, su ropa es descuidada, raída incluso, y también sucia. Es ensimismada, tiene una mirada aprehensiva, no posee la mínima atención por maneras, la forma de caminar o conducirse. Los protocolos y la elegancia salen sobrando para ella. He visto este tipo de mujeres y tratado con algunas de ellas. Casi nunca tienen contacto visual con uno mismo, tan sólo cuando quieren obtener provecho de alguien o algo.

La mujer tiende, por lo general, a cerrar un círculo en torno a su familia y proveerle con lo mejor, pero fuera de ese círculo son ambiciosas, egoístas, avaras e incluso deshumanas, y algunas se escudan bajo el amparo de ser miembros de alguna iglesia u organización caritativa.

Resulta curioso que muchas mujeres avaras también gustan de gastar en su atuendo y en su cuidado corporal, pero descuidan a sus seres queridos e incluso se privan de su alimentación por satisfacer su apariencia. He visto a mujeres gastar locamente su dinero en atuendos, en casinos y en cosas superfluas sólo para satisfacer un deseo frívolo en el que creen realizarse. Mi madre nunca gastó en mucha ropa, salvo al término de sus días. Su goce fue, más bien, gastronómico, como el de gran parte de las mujeres que he conocido. Inconscientemente, la mujer tiende a proyectar sus frustraciones y compensarlas con la gula, por eso se pierden las formas, protocolos y formas de urbanidad.

Capítulo 21

De la desnudez y de sus derivaciones y de sus implicaciones

Aquello que sugiere puede incitar a la imaginación más allá de lo que la realidad procura: la imaginación supera a la realidad. Esa imaginación deviene del cerebro y el sexo es imaginación, es incitación, es la propensión a partir de lo que se cree que es posible, de lo que pudiere ser la realidad. Culturalmente, esa imaginación del sexo se alimenta de lo prohibido, de lo misterioso, de los tabúes, de toda la parafernalia que le rodea. La cultura del sexo es vasta, pero también lo son otras derivaciones, como la del vestir, la indumentaria y los ornamentos que aluden, describen y proponen las partes más incitantes, excitantes y sugerentes de la mujer, sobre todo de la mujer. Ahí confluyen los diseños, los colores, los contrastes, la combinación. Incluso la elegancia alude al sexo como forma ulterior. Todo dirige hacia un devaneo, hacia un cachondeo y hacia un cortejo y galanteo con muchas variantes.

La vestimenta es lo sugerente, el juego de resaltar y jugar con la indumentaria de forma subconsciente a guisa de atraer, así como alimentar la autoestima. La moda del vestir, en contubernio con el maquillaje y otros accesorios que conforman un atuendo y una indumentaria y, claro está, con el apoyo de otros elementos eróticos, como el vino y el alcohol, refuerza el cortejo.

La ropa, el maquillaje y la bisutería son elementos que despiertan, alimentan y detonan a la imaginación. La indumentaria no sólo exalta y sugiere las partes eróticas de un cuerpo, o bien, de un rostro, sino que ocultan aquello que no se quiere mostrar.

Capítulo 22

El juego de la solicitud carnal

Quizá no era tanto el que fuere un juego simple; que fuere tan sencillo como el ir al supermercado, comprar algo a mi satisfacción y consumirlo. Ciertamente, siempre he tenido esa culpa de usar el cuerpo de la mujer para mi satisfacción y no tomarle en cuenta y tratarle como una simple mercancía. Incluso, al comprar algo no se presenta tan simple la transacción. En este mundo capitalista se cosifica la vida y se niega su integridad. Ni una planta, ni un animal, ni cualquier ser vivo es digno de ser mercancía. La calidad de ser mercancía humilla, ofende, niega la integridad del ser vivo. Mi madre nos influndio el influjo pertinente de respeto a la mujer y sugirió no abusar de ella persuadiendola o embarazándola, pero no nos menciono que una prostituta no debe ser tratada como mera mercancía. En ese ententido yo me percataba, pero subconscientemente sabia unas monedas no compran la dignidad de nadie ni un segundo acaso. A la postre supe que el dinero era mero tramite y que debería de no mencionarlo o no transar en el medio de una interacción con la persona en cuestión. Ellas lo que menos desean es ser mencionadas prostitutas, se engolfan en una fantasía en la cual uno mismo tiene que inmiscuirse. Ciertamente hay otras que se envuelven en un halito de una actitud defensiva de frialdad y desean solo terminar con la situación lo mas pronto posible. No es lo mismo la prostitución en una calle, de forma directa y sin preámbulos pero acaso somero encanto de un cantaro de exultación al ensueño de un encanto de esa diaspora medular de una melancolia e ilusión de evadirse de la realidad.

Evidentemente no todas las mujeres gozan de esa actividad que les hende de una manera zahiriente cada día. Sin embargo, hay un halito de ilusión que les provee un una esperanza de dejar esa actividad y comenzar de nuevo. Nunca quise preguntar a alguna de ellas lo que sentía, como era que tenían que lidiar, o detalle alguno de eso. Sencillamente intimba con ellas cuando era posible y si ellas me confesaban sus pesares era yo un avido confidente. Lo fui con mi madre. Yo fui su mas fiel confidente pues algo le expresaba de mi que yo podía escucharle y así lo hice. Entonces nunca obligue ni a mi ex esposa ni a nadie de las mujeres de la vida galante a que me dijeran sus pecados. Nadie supo de mis labios a la actividad que se dedicaba y creo, recuerdo, en una carta ella me agradecia eso y siempre lo guarde en mi corazón. Si algo atañe a la mujer y le preocupa es el hecho de pecar y de ser señalada y alguna mujer que estaba cansada siempre vivía con ese sentimiento de culpa y, al igual que las prostitutas, ya en la vida cotifidiana, con las que llegue a intimar estaban, por momentos, con la incertidumbre de no ser libres y sentirse como cualquier otra persona que no fuere de su condición, ciertamente, la forma defensiva es la de sentirse consentida y ser halagada con regalos, ser engalnada con galanterías materiales y figurativas. La forma eufemística de ser llamada curiosamente princesa o bien reina y ser galanteada es una manera de no ser llamada prostituta, de ser vista con el titulo de nobleza convencionalmente aceptado. Por eso es que la mujer de esa condición aun las que no son plenamente prostitutas de forma directa se sienten amparadas por ese titulo eufemístico. Ahora bien, la manera de acudir a un antro, tugurio ahora curiosamente y de manera también eufemística llamados clubs o table dance clubs, allí se puede intimar mejor sin la negociación directa y, como en un diorama de fantasías, se inmerge uno mismo en un mundo diferente a la realidad en la que se vive; los mismos atuendos de las mujeres allí las hacen ver diferentes a lo que en realidad son físicamente: extensiones de cabello, zapatos de tacón alto para bailarinas exóticas, el maquillaje, pestañas postizas, etc.,etc.,etc. Los clubes,los bares, las discoteques, los casinos, son lugares de escape a la realidad, allí la gente se manifiesta diferente o sencillamente actúa como es al través del subconsciente al desinhibirse. El tiempo es intemporal en esos sitios, las cosas transcurren sin orden. En esos sitios se compra no solo sexo, pero autoestima, ensaye muchas veces mi seducción, mi devaneo y soltura con las mujeres y lleve esa doble vida, alternando mi seducccion en la vida real, en la manera de conocer a otras mujeres y hacerles platica. Pero hay, aun con todo, un recato en mi, una timidez pueril que aun continua. Sin embargo, el hecho que una mujer sea prostituta no se le puede abordar de manera directa, al igual que un devaneo, hay una manera de cortejar aunque haya dinero de por medio. Hay mujeres que buscan a hombres para que les solucionen sus problemas económicos; su búsqueda se dirige a la gente bonachona y los manipulan, me ha tocado de este tipo de mujeres, pero al final es una forma de prostituirse. Es en realidad una manera o comoda o en realidad pragmática de muchas mujeres que tienen que cargar con la manutención de los hijos. El dirigirse con respeto y ser sencillo sin pretensiones es algo muy bienvenido por las prostitutas. A partir de una amiga prostituta me relato que algunas o se dejaron embarazar o no se cuidaron y buscaban a los padres de sus hijos; otras buscan en realidad la seguridad económica. Por mas que porte un aire de seguridad, la prostituta tendrá ese dejo, no solo de rechazo, pero de soledad. Son reglas muy esenciales mostrándoles respeto:1.-Nunca llamarles prostitutas o cualquier ascepcion semejante.2.- Hacerlas sentir iguales a uno mismo.3.-Ser uno mismo ante ellas sin ninguna pretensión ni desdoro ni desdeño o cualquier denigración alguna: sencillamente el hacerles olvidar de su condición es el mejor respeto y aprecio de su condición femenina que nunca se pierde. Hay una relación y un perfil psicológico del que constantemente busca prostitutas, es evidente, hay unos que buscan la dominación de la mujer a través del rechazo de muchas mujeres o bien de su frustración de no poder establecer una relación que les afirme y eleve su autoestima. Hay otros que también las humillan por el hecho de reducirlas a mercancía y su denigración subsecuente, es también una relación de ejercer un poder supremo y de no sentirse iguales al no tener reciprocidad afectiva. Mi timidez en un principio me impelio a recurrir a prostitutas, desde allí podía tener relación con ellas sin ese fantasma de ser rechazado, de ser negado y de poder ser como yo era: curiosamente ese hecho me insto a poder abrirme y dejar de ser tímido....aunque solo fuere con ellas. Evidentemente así lo he sido con las mujeres con las que he tenido oportunidad de relacionarme. Algunos lo llaman cinismo, otros espontaneidad, otras divertido, pero detrás de ese sarcasmo a veces esta una forma de esconder mi ser quizá, esta un convencionalismo y esta el lenguaje oculto del subconsciente bajo la sorna de la realidad: se habla mas con las bromas, con la ironía y con la guasa y la socarronería; lo aprendí bien de mi madre pues ella era así; a bien no se si ella ocultaba bajo esa manera de conducirse con guasa y con el doble sentido de las cosas las tragedias que escondia en su pasado. Esa forma de ser, lo mismo lo herede o lo reproduzco, lo replico o bien las dos cosas. Soy mi madre pero también mi padre, si alguien en mi familia tiene las dos maneras de ser al mismo tiempo de mis padres, soy yo. Soy tímido, lacónico, galante como mi padre, pero abierto, sardónico con un cierto encanto seductor cuando se trata de improvisar y decir tonterías galantes. Solo se necesita esa creatividad instantánea de ser poeta y elaborado cuentos de manera improvisada. Solo es recatar en las miradas, acciones, actitudes, mímicas y palabras de una persona para irme formando impresiones de ellas. Así aprendí y también lo hice con las prostitutas y comenzaba a intimar con ellas cuando se prestaba la situación. Solicitar, comprar relaciones sexuales es ya negar la persona y la dignidad en cierta forma de esa misma persona, es decir, el disponer su cuerpo como mercancía es negar su dignidad.

Capítulo 23

"Mi corazón es un laúd colgado; apenas es tocado, resuena".

"Son ceur est un luth suspendu; sitot cu'on le touche il resonne". De Beranger.

Es verdad que el afecto no se compra, pero recibirlo es invaluable. Aun siendo un mujeriego, aun siendo infiel, aun teniendo múltiples relaciones y con muchos tipos de mujeres, si el fin de toda tendencia carnal, de lujuria, concupiscencia y hedonismo en el amor es, al final de cuentas, una búsqueda de reconocimiento afectivo, de ser reconocido en el amor y de retribuir con el mismo afecto al otro ser, cada relación que no asuma ni se realice en este aspecto será una relación no sana, no consumada, en la ideal manera de asumir el amor. Don Juan no buscaba ese reconocimiento, sino la vanidad de someter afectivamente al otro ser. Casanova tan sólo deseaba el mero goce hedónico de amor carnal, de tal modo que el otro ser también lo disfrutase, por lo tanto, únicamente se procuraba un mero epicureísmo mutuo de la relación carnal.

Buscar el reconocimiento, elevando la propia autoestima y hallando, en mi caso, ese amor carnal afectivo que mi madre me negó, es quizá la causa de todo mi enjambre engorroso de búsqueda de amor perfecto; de hallar el reconocimiento de otro ser; de elevar mi propia autoestima; de experimentar un abrazo bello y un beso maternal; de encontrar lo que no sabía y subconscientemente buscaba en el múltiple hallazgo de diferentes amores; de encontrar la autoestima herida; de encontrar ese afecto que me otorgase un valor… Era mi propensión ciega a descubrir el afecto en relaciones múltiples. No me daba cuenta de que era un mujeriego, pues mi vista se concentraba en ese punto e ignoraba las relaciones múltiples; amén de que atisbara a percatarme que no era honesto el ser infiel. Esa era una manera subrepticia de tomar venganza en contra de mi madre al zaherir a la mujer, no tomándola en cuenta como otro ser sensible y negándole su persona.

Sin embargo, esa soberbia se resquebrajaba con una sola acción, una sola palabra. Cuán bello es que alguna amiga, algún familiar o alguna mujer me llame corazón, *sweetie,* mi alma, lindo… palabras que mi madre nunca me dijo. Qué irónico, qué impactante y qué bello es que una sola palabra trastorne mi alter ego. Una sola palabra o un abrazo tierno me hace sentir por las nubes, aun a mi edad. Una sola palabra, una sola acción, hace que mi corazón resuene y vibre como un arpa, como un laúd que revive y musita las más bellas melodías…

Capítulo 24

Días de vino,rosas... y un buen menester gastronómico

Los alimentos, la gastronomía, lo culinario y lo enológico forman parte fundamental en una relación y en el comportamiento de la mujer. La comida, considero, sirve como un escape ante las frustraciones y la impotencia rutinaria de muchas mujeres con las que he convivido; la más cercana era mi madre. Ella siempre mantuvo una gula que modificó muy poco incluso con la diabetes. La buena comida le servía a mi madre como una manera de fugarse un poco de los problemas cotidianos, o bien, compensaba las penas que cargaba. En cierta ocasión, mi madre me confesó, siendo yo su confidente más cercano, que se sentía frustrada porque no pudo tener más relaciones sexuales un par de años después de mi nacimiento debido a la impotencia prematura de mi padre. Siempre supe del gusto culinario y gastronómico de mi madre, pero siento que esto aumentó a causa de la impotencia de mi padre, pues también su sobrepeso aumentó en esa época. Es evidente que la apetencia sexual va de la mano con la de la comida.

El vino es la bebida más cautivadora para la mujer, pues procura una convivencia con el hombre, consigo misma y brinda un equilibrio entre olvidarse del mundo y disfrutarlo. La comida puede ser, por su creatividad, un lugar de identidad y entendimiento. Recuerdo un momento sublime en que, a la par y en complicidad culinaria, mi exesposa y yo cocinábamos y experimentábamos con nuevas recetas; ella, claro, al calor de una cerveza. A la mente me viene la ingenuidad de "AL", quien añoraba el gusto fino del vestir y la comida y me indujo a prepararle un canapé a guisa de velada bohemia y fina. También asistimos a un mesón y a escuchar música de trovador. Llevamos viandas al hotel: quesos finos, una hogaza de pan francés, unas manzanas, aceite de olivo con ajo en trozos y hierbas finas. Partí el pan en rebanadas, les uncí aceite, las hierbas y el ajo y le puse un trozo de queso, alternado al lado con trozos de manzana envinada. Ella disfrutó a goce donoso de los alimentos gourmet improvisados. Bien es cierto que lo que puede ser hedónico también puede ser creativamente halagador.

Capítulo 25

Sublime ilusión que no se resiste a ser volátil de la realidad

Y aun estando consciente de la fantasía que el cerebro traiciona a la realidad; que el sexo funciona al través de la asociación de lo visual con las partes intimas que involucran al sexo, aun me dejo llevar por la fantasía y por el goce preclaro a la lujuria aunque en el fondo se es solo una fantasía que el cerebro esta procesando. Recién me llamo la atención en una tienda la estampa de una mujer joven en sus albores de los veintes: su atuendo sencillo configurado por un vestido de algodón que le dejaba entremirar su espalda hermosa y escultural y su peinado al estilo griego tal que levantado y anudado su cabello en una madeja fina dejaba escurrir unos caireles en su cuello y delante de sus oídos, De piel trigueña y cuello fino y erguido y rostro ligeramente pueril con una nariz pequeña y respingada, labios pequeños y bien definidos y ojos grandes, negros y expresivos:recate en su hermosura y trate de ser discreto pero ella adivino mi manera furtiva de mirarle y paso delante mi con gallardia y con una sonrisa picara evidentemente dirigida hacia mi pero con la vista disimulada como diciendo:"se que estas recalando tu mirar en mi altivez y de ello me percate, pero no me ofendo", paso entonces justo enfrente de mi y solo pude sonreírle con los ojos. Claro, mi objetivo no era seducirle, solo jugar en mi mente con su belleza, en verdad he sido tentado por jóvenes pero en realidad me incomoda pues es solo lujuria y nada mas. En muchos trabajos fui seducido por muchas jóvenes incluso aun siendo maestro, pero me incomoda el poder tener relación con alguien que bien pudiere ser mi hija. Cosa curiosa, al parecer a Casanova le ocurrió así:sedujo a una joven y en el transcuro de su seducccion y en su conversación con ella, el descubre que es en verdad su hija de la cual el no tenia conciencia de ello. Al final solo me conformo en el ensueno y la fantasía y eso me trae contento.

Capítulo 26

Vaya fantasía hecha realidad... ¿O acaso fue que la realidad se tejió en una fantasía?

Yo te recuerdo como un ensueño vertido en el ápice del placer altivo. Eres ámbar que se desvanece en la fantasía de mi aprehensión voluptuosa, horquilla de placer que se prende en mi arcadia veraniega, como la brisa en la noche de una bahía ensoñadora. Eres un bálsamo en el abril de mi desamor. Yo te contemplo en tu otoño recóndito, en mi pasión de efebo: portas un delicado tul de seda oriental, adivinándose tus pechos firmemente sobrios, como dos racimos de uvas silvestres que invitan a saciar la sed de la mar ansiosa y el placer contrito. Eres la luz que enarbola la lid que corona el ansia que mi piel abriga, el agua inerte que espera que mi piel se hienda en su fresco estupor. Te contemplo en el estío de mi soledad, en la desventura de mi desazón, la cual encuentra consuelo en tu vanidad manceba.

Te desnudo como se desviste a la dalia, en su fulgor de colores etéreos, y bebo el vino que vierto en tu pubis, que se filtra como la tierra que, en su sed fértil, sorbe con una pausa paciente y alimenta la magra flor de lis. Y mi lengua, suave brisa, rocía una larga caricia en tu clítoris erguido y henchido por el febril goce. Vierto vino en tus labios en un beso uncido de licor de lid; deposito el licor que ambos bebemos en la pasión golosa de nuestras lenguas, como dos mariposas que se uncen en la intensidad de nuestros labios, un beso de pasión de uvas añejas. Es vino mi aliento; es pan tu cuerpo, la manzana madura que brota de tu vagina y que se desgaja en trozos con aroma de fruta fresca. Eres la exegesis de mi pasión, el arca de mis deseos y la fruición que hiende mi ávida apetencia de afecto y carnalidad somnolienta.

En ti prevalece la fantasía y la libertad a solaz de retribuirme cada beso de vino dulce. Me dispones tu pubis como un racimo de uvas maduras de placer. Eres una etérea entelequia, una mujer ponderada en aras de la edad que, como polvo de estrellas, acumula el sincretismo de todos sus estadios, que florecen a la madurez como el cártamo soberbio que luce sus espesas hojas. Yo te invoco en el tórrido polvo de ensueños, en el destiempo de mi deleite, que en mi mente será por siempre el fistol que guarde todas mis fantasías.

Capítulo 27

Un discreto preámbulo al final de esta historia

El recorrer los sitios en los cuales estuve con diferentes mujeres a veces siendo incluso el mismo pero con diferentes parejas procura un mar de recuerdos y bellas reminiscencias.Recordar es vivir, bien dice un dicho; esos sitios que aun existen pero con negocios que ya dejaron de existir, esos sitios, esos cafes, esos restaurantes, tiendas, librerías, ir a un cine es una experiencia singular con cada mujer, ver películas en una televisión es un acto intimo en el cual "L" y yo diseccionábamos la estructura de la película, procurábamos adivinar el final, el posible asesino, acusar a ver si la protagonista amaba a los personajes en cuestión; el elegir una película en la cartelera, el aprender a usar los palillos chinos y ella muerta a carcajadas por mi ardua batalla por dominarlos; el pequeño estudio que pinte y decore con dos pequeños sillones reclinables gemelos, la televisión con las bocinas agregadas a guisa de cine. Los paseos por el barrio cultural, por los prados adyacentes, pero la adoración, mas que todo, de ella, de la intimidad, de construir el mundo no alrededor pero en nuestro derredor intimo. Y los paseos con mi ex tejiendo ilusiones, elaborando un futuro posible en complicidad, con nuestras mascotas como hijos a nuestra espera, elaborando un sitio etereo llamado hogar, sabíamos que la ilusión era necesaria para darle sentido a nuestro "amor" en pareja. Y los paseos en los bares con una salvaje relación a lo Tarantino con "BL" viviendo en la incertidumbre y en reyertas, ante la incertidumbre de lo inesperado, yendo a los bares de lesbianas, de homosexuales, de heterosexuales, queriéndome investir de "padrote" en los sitios en que le busque y no le encontré en los sitios que busque a mi ex cuando se inmergio en el mundo de los estupefacientes, en esos paseos amargos de ausencia de ellas; me topo con los sitios, los restaurantes en los cuales tuve citas a ciegas, el restaurante con la poetisa, el estudio que decore y en el cual me sentía libre y feliz, en mi mundo independiente, el suburbio desolado y elegante en el cual hice el amor en el auto con la sudamericana, las calles confluidas de mares de gente en mi país mientras retornaba de dar una clase en tanto mi ex me esperaba con el platillo especial que había elaborado para mi, el tren suburbano, el camino a casa, los transportes públicos, el hogar improvisado que habíamos construido ese hogar etereo que llevábamos por doquier. El concierto que atendimos caminando y que ella de manera ingenua llevaba puestas botas pues el teatro estaba a unas manzanas de nuestra casa pero que por ese halo misterioso de protocolos quiso llegar bien vestida pero que las botas que le compre exprofesamente le causaron yagas y regreso en mis brazos pues no podía caminar mas. Las caminatas alrededor de mi barrio recordando a esas niñas a quien yo les atraía con mi cabello uncido de jalea brillantina, con esa locion en el cuello, en la frente que mi madre me embadurnaba, el camino a la escuela después de las despreciables clases y las materias complicadas y atosigantes pero con alguna compañera de clase en mi mente, el deambular esos barrios bajos en busca de prostitutas, la calle en donde di mi primer beso a una de ellas. Las aventuras con mi prima en el pueblecillo con ese sabor a provincia y la exploración de la excursión hacia lo desconocido. El recorrer las tiendas y comprarles cosas simples y a veces caras. Los recorridos en las ferias y obteniendole premios reventando globos con mis tretas de beisbol tramposas, las veces en que mi ex me metió en pleitos y el huir de un sitio cuando hacíamos pequeños embustes. El comer suchi en el prado de algún parque, los paseos por el museo de artes plásticas, las visitas a los conciertos de música clásica, de música callejera, las batucadas, los bailes en las calles, todas esas aventuras que vivi con ellas, esos sitios permanecerán en mi mente y retornaran una y otra vez con efluvios de suspiros reminiscentes en el vaho del excelso recuerdo que hendira mi mente y corazón por siempre. Ya ahora pasadas varias décadas, se que el amor es una construcción cultural, así como lo conocemos, el amor romántico. Puede crearse un habito a fuerza de buena convivencia e incluso puede nacer un sentimiento curioso de amor en la rutina odiosa de una pareja. Recuerdo mi madre gozaba de divertirse del desamor de una pareja de vecinos en su tercera edad que a la lontananza parecían un matrimonio armónico pero que en verdad se detestaban mutuamente pero que por azares de su mutua dependencia economica tenían que convivir en el mismo techo. El siempre evadia estar en casa leyendo el diario bajo la sombra de un árbol justo afuera de su morada mientras la esposa lidiaba con los nietos dentro de esta. Mi madre sabia que respuesta obtendría por cuanto sabia que no se llevababan bien y al saludarle le inquiria por su esposa a lo cual el respondia:" esa tipa debe de estar como un ratón andrajoso; allí metida en algún lado de la casa, tipa asquerosa." Mi madre se contenía las carcajadas pero reía jocosamente y de manera picara cuando lo contaba, igualmente le preguntaba a la esposa cuando la veía en el mercado o coincidía en un sitio en común con ella y le respoindia a mi madre al inquirirle por su conyugue: "ese chango holgazan debe de estar viendo su diario en algún sitio donde apenas le calienta el sol.". Después de algunos años ella paso a mejor vida...el no soporto la soledad y murió a la semana posterior. Puede a veces mas el amor que el habito inevitable de la costumbre...

Conclusión

Recorrer los sitios en los cuales estuve con diferentes mujeres procura un mar de recuerdos y bellas reminiscencias. Recordar es vivir, bien dice un dicho. Ahora, pasadas varias décadas, sé que el amor es una construcción cultural que conocemos como el amor romántico. Sin embargo, puede crearse un hábito a fuerza de buena convivencia e incluso puede nacer un sentimiento curioso de amor en la rutina odiosa de una pareja.

Considero que he dado testimonio de anécdotas y reminiscencias, amén de que he hecho un ejercicio psicoanalítico de mi vida afectiva, sexual y emocional con muchas mujeres en mi vida. He descubierto que las mujeres son preponderantes, de alguna forma, en mi vida y han influenciado mi pensamiento aún más que el hombre. He descubierto muchas cosas de mí y mi género de las cuales ni siquiera tenía conciencia.

Para un ignorante que quiere aprender, lo primero es asumirse como ignorante. En mi caso, como pecador y mujeriego, lejos de evadirlo o justificarlo, tengo que asumirme como tal. Esa es la primera máxima: aceptar nuestra propia realidad. Sartre decía que hay desgracias sin solución, eso es una gran verdad, pero antes de saber si hay o no solución, es pertinente aceptar esa naturaleza y hurgar en nuestra propia historia. Ser mujeriego me ha dado herramientas para conocer mejor a la mujer y he sido consciente al saber qué tipo de mujeriego soy: no soy un Don Juan, pues me acerco más a ser un Casanova, y más bien incidental, accidental, por las circunstancias que he referido. No soy un mujeriego que se guía por la banalidad de la atracción física, pues en verdad he buscado la aceptación espiritual por parte de los demás.

Quizá no sea lo espiritual propio de los humanos, pero es una construcción cultural muy importante en nuestra percepción existencial.

No soy propiamente culto, pero los libros que he leído los gozo y los asumo en serio. De nada sirve leer si la lectura no nos atañe en nuestra existencia.

Mi vida ha sido espiritual, en gran parte, e idealista, ya que pretendo asumir mis principios e ideales.

Las ideas de éxito y poder son totalmente ajenas a este libro, pues no es una obra de superación personal ni de autoayuda, sino un testimonio de un ser que ha buscado libertad de preconcepciones, construcciones culturales y convencionalismos. Es esa la libertad que concibo. Sea entonces este libro una lucha de un hombre por su libertad.

A veces se nos olvida que somos primates y que el primate es un animal promiscuo por naturaleza para asegurar su propia subsistencia. Eso es una gran verdad, aunque lo neguemos. El ser humano es un primate y el hombre, como género, es promiscuo, por lo tanto, se produce una lucha que se da entre esa naturaleza y la aspiración, proyectada como construcción cultural, que radica en el estilo de vida monógamo. La monogamia no es parte de nuestra naturaleza.

La espiritualidad es algo maravilloso, pero tampoco es parte de nuestra naturaleza. No obstante, podemos consumar y superar esos impulsos promiscuos que yacen en los hombres. En verdad creo que todos los hombres somos mujeriegos en potencia, que todos reparamos en una mujer atractiva y que, simultáneamente, la mujer busca esa atracción de una forma inconsciente para asegurar el cortejo de un hombre y consumar una relación; lo cual, en sintonía con la búsqueda de una pareja, reafirma la autoestima, el autorreconocimiento que la mujer reclama de manera constante.

Como mujeriego, he querido conciliar el sexo y la lujuria con el amor platónico, con el amor de pareja cotidiano, sublime, etéreo; quizá no sean compatibles, quizá sea difícil concatenarlos, quizá tengamos que aprender a vivir con su inequidad, de tal manera que uno prevalezca más que el otro.

Hay un velo de misterio en el amor y en el sexo por demás; ese velo se manifiesta de forma inconsciente y lo hemos creado de forma alienada; esto es: la vestimenta. Si acaso fuere tan natural el estar desnudos, evidentemente no existiría ese misterio de instigarnos a la lujuria. La lujuria es instigada por la incertidumbre de lo que no se conoce.

Cuando era joven mi madre no interfería en mi aspiración profesional, empero, no deseaba que fuere yo un artista por los bajos ingresos que ellos perciben y la inestabilidad e inseguridad económica. El sistema sociocultural me impelió a especializarme en una sola actividad, profesión, algo que me agradase por completo. En verdad me agradaban muchas actividades: artes plásticas, literatura, teatro, poesía, biología, filosofía, etología. Quizá emulando al principito, a su aparente curiosidad e ingenuidad de estar interesado en varios aspectos de la vida, en no complicarse la vida al realizar una sola actividad, he aprendido a facilitarme la vida al no seguir preconcepciones, preceptos y convenciones culturales: matrimonio, hijos, familia nuclear, alimentación procesada y carnívora, tres comidas al día, dormir en una cama, tener una televisión, etcétera.

Leer *Crimen y Castigo* me ayudó a concebir la vida como un lapso libre de rutinas y horarios, esto para verla como un espacio existencial donde no tenía que seguir ceremonias, protocolos y rutinas preconcebidas de actividades enmarcadas por construcciones culturales.

Mi mentor en la vida me dijo alguna vez que no forzase las situaciones cuando, en cierto momento, no quería perder mi relación con "R". Esa hermosa mujer arrogante que nunca más me habló cuando me perdí la fecha de la llamada que habíamos acordado.

He aprendido a no forzarme ni a buscar el amor romántico, a la mujer ideal, a la vida en pareja, a tener hijos y todas esas derivaciones. He aprendido a no vivir las etapas de aprender una profesión, crear una familia, trabajar, crear una estabilidad y riqueza, atarse a relaciones culturales, seguir las etapas de escuela-profesión, trabajo-retiro, etc. Esa es la libertad que estaba enfrente de mí y que pasó casi desapercibida. He aprendido a ser social, a no ser desinhibido, a ser directo, expresivo y a no tomar la vida tan en serio cuando se trata de no seguir constructos culturales formales y todos los protocolos que conllevan.

Algunas novelas y obras literarias me han inspirado a asumir mi existencia, desde *El principito, Crimen y Castigo, La educación sentimental, Lo rojo y lo negro,* hasta *El Quijote.*

No renunciaré a ser activo, pues la pasividad nos mata y a nuestra espiritualidad también. Mi experiencia afectiva y amorosa ha sido la continua exploración del amor y la posibilidad de consumarlo. El sexo fue un misterio extraordinario que se me hacía lejano, al igual que la consumación del amor, de la pareja ideal y de la conformación de una familia. Se nos inculca, familiar y culturalmente, que el amor, la familia y la pareja han de llegar algún día. Ese mundo adulto era incuestionable cuando era niño, pero al crecer me di cuenta de que es un mito, y conforme más caía en cuenta de ello, más alejado estaba de los protocolos de pareja. Por lo tanto, me sumergí en la bohemia, en la experimentación del sexo con prostitutas y con otras mujeres, pero era todo un mundo de lujuria.

Mi mentor murió sin estar enamorado. Lo más probable es que yo siga ese camino, aunque es menester estar consciente de ello y romper el círculo vicioso de comprar sexo y creer que, otra vez, una prostituta me rescatará de la iniquidad amorosa. Aún tengo ímpetus de conquistar y consumar la conquista, sin embargo, el choque con la realidad burda del sexo, la decadencia de esa idea maravillosa de creer en el sexo como una cosa sublime, necesita ser alimentada por la ingenuidad de la imaginación. Mi cerebro sólo divaga en la idealización de lo que pudo ser y no fue. De esas mujeres que engañé, de esos amores idos, sólo queda la nostalgia y es sólo una idea.

De no haber consumado mi relación con mi exesposa, habría idealizado su imagen... habría sido mi Dulcinea. Pero, ¡oh, realidad! La relación se consumó y se castró la proclividad de mi imaginación. Bienvenido a la realidad. La imaginación, terrible traicionera de nuestra desolación, pero incauto consuelo a la desesperanza.

Soy dueño del tiempo de cada persona con la que conviví y que efluye en mi mente y corazón de por vida. Cada uno de esos instantes será un verso, una égloga de mi renuencia a ser idéntico a cada momento. Nunca me arrepentiré de lo que viví, pero sí de lo que no me atreví a vivir.

He reencontrado esa ingenuidad pueril arrumbada en la inocencia de mi infancia y he aprendido que sobrevaloramos la apariencia física, la cual es variable y sólo una primera impresión. Yo ya no encontraba esa belleza física con las mujeres que tuve, pues se vuelve monótona si uno sólo atiende a esa apariencia. La belleza física es el consuelo ante el vacío que el desconsuelo de la realidad procura durante choque contra la imaginación pretenciosa. El sexo sólo es una construcción de la imaginación en asociación con la voluptuosidad. Nunca pude reconciliar el sexo con la espiritualidad, nunca he sido lo agraciadamente retribuido con el afecto que he requerido, pues siempre ha habido esa lejanía íntima con las parejas que he tenido.

Qué difícil es saber qué se quiere. Esto es, en gran parte, porque se ignora el ser espiritual de uno mismo. El romanticismo ahora es un poco como esa diversión de actos de magia, de películas de ciencia ficción, de películas en general y de shows de televisión que uno reconoce como irreales, pero que nos entretienen y se inmiscuye uno mismo en el surrealismo de tales programas. Helen Fisher, en *Anatomía del amor*, acierta a decir que el amor a veces surge de la rutina y el buen convivir a diario. Así como puede surgir el odio, también es posible que surja un apego que se puede llamar amor.

He aprendido que la mujer es una eterna compulsiva en la búsqueda del amor romántico. El hombre no habla de ello, sino de la soledad. Los hombres somos unos timoratos y cobardes cuando no contamos con alguien que nos llene la soledad. He vagado solo desde los 3 o 4 años, y muchos sueños recurrentes se disponían cuando recorría la ciudad desolada, de noche, sin poder llegar a casa. Mi naturaleza es vagar, vagar sin vivir en esa estabilidad deseada; vago en los lugares que moro y en las relaciones, aunque voy enganchando en mi corazón, cual collar que ensortija perlas, a aquellos que dejan una huella y me desato de las relaciones que no tienen sentido.

Heme aquí con todas estas reminiscencias, charlando conmigo mismo en una situación que alude a *La educación sentimental*. Soy inestable, pero un inestable honesto; ese niño inestable e inquieto que aún vaga en mí, ese niño que indaga, que honesta e ingenuamente busca la verdad de la realidad, no la mentira sutil de los adultos, ese niño simplemente se está reconciliando conmigo en este último tramo de mi existencia… y me está diciendo que vaya y habite de nueva cuenta en su mundo maravilloso. Entonces aquí terminará mi búsqueda, mi travesía. Ese niño está esperando a que lo encuentre, sigamos juntos el final del camino y que por fin integre en mí todas esas etapas de mi vida, tan disímbolas entre sí, que han conformado mi propia historia individual. Ese niño es el machote original, ese inicio límpido y libre de contaminación cultural y de falacias que alguna vez fui y que, en un rescoldo de mi ser, aún conservo. Ese niño se ha insertado en mi alma y corazón de nueva cuenta; ese niño será entonces mi eterno cómplice en esta nueva aventura espiritual.

Si acaso creyese en la eternidad, en el alma que se desprende del cuerpo, me resultaría bello el imaginarme un reencuentro con mi madre, mi padre, mi abuela, mis mascotas, la familia artificial, la de la infancia, mi perrito-hermano, mi padre-amigo, mi hermana postiza, los dos vecinos, mi hermana-madre, mi otra madre y una madrina que me adoraba... Quisiera ser un eterno niño y nunca más adulto...

Es mi piel la mar. Ese pequeño océano de paz
contrita me rodea y en silencio me mece.
En plenilunio, mi entorno fútil ennoblece,
en un capullo exultante, los colores fulgurantes
y abriga el silencio que me arrulla, eterno esplendor.
Qué sensación el no sentir mi cuerpo anegado
en el arrullo del elixir; halito en efluvio; manto;
lirio gregario; suspiro prendido a la solitud,
halo de la esperanza atemporal de mi cuerpo,
aún feto inerte; vórtice de mi entorno... abrigas
mi pasivo placer desde mi inmovilidad no nacida.
En mi cuerpo suspendido, mar apenas reducido
que a mi ser, benjamín de paz eterna, alimenta.

Qué placer el sentir incólume mi ser que navega plácido.
Este feto que aún soy, de mi adusta soledad, ha ido
a deleite palaciego en la mar abigarrada que deseo:
el no salir nunca a la vida y permanecer lleno de paz, sin
saber nunca más del caos más allá de mi entorno de paz.

La vida tan sólo yace aquí…
en mi silencio de esta vida suspendida que, de la nada,
me alimenta. El entorno reniego y la vida exterior
ajena a mi paz será siempre el disturbio de mi eterno sueño.

Made in the USA
Columbia, SC
19 June 2023

17924480R00180